REINE AUDU

＃ OUVRAGES DU MÊME AUTEUR

Un Secrétaire de Louis XIV : Toussaint Rose. 1891.

Journal et Souvenirs de E. de Villiers sur l'expédition d'Égypte. 1899.

Les dernières années de la Louisiane française (*Ouvrage couronné par l'Académie des Inscriptions et Belles-lettres*). 1904.

Rois sans couronne : Conquistadores et Roitelets. 1906.

Histoire des Clubs de femmes et des Légions d'Amazones (1793-1848-1871). 1910.

Les 5 et 6 Octobre 1789

REINE AUDU

(LES LÉGENDES DES JOURNÉES D'OCTOBRE)

PAR

Le Baron MARC DE VILLIERS

PARIS

ÉMILE-PAUL FRÈRES, ÉDITEURS

100, rue du Faubourg-Saint-Honoré, 100

1917

AVANT-PROPOS

L'oubli profond dans lequel a sombré le nom de Reine Audu ne laisserait guère supposer de nos jours l'indéniable popularité dont profita, de 1791 à 1792, l'*Héroïne du 5 Octobre 1789*.

Toutefois, ne reprochons pas trop à l'Histoire cette ingratitude apparente, car l'Amazone révolutionnaire avait, comme tant d'autres figures de cette époque d'enthousiasme si souvent inconsidéré, grandement usurpé sa célébrité éphémère.

Certaines légendes possèdent cependant un reste de vitalité tout à fait merveilleux : encore tout récemment, M. Georges Caïn, dans les *Environs de Paris*, reproduit, sans la contrôler, cette étrange assertion des *Mémoires* de Georges Duval : « Thérouenne de Méricourt et son aide de camp Jeanne Leduc (autre nom de Reine Audu), une massacreuse de prisons, excitaient les enragés et dirigeaient les perquisitions opérées dans le château de Bellevue. »

Malheureusement pour la véracité de ce renseignement, le 19 février 1791, date de cette opération policière, Théroigne séjournait près de Liège, et Leduc-Audu se trouvait, depuis cinq mois, détenue dans les prisons du Châtelet ! Rien également ne permet de supposer que celle à qui Nodier, l'annotateur des *Mémoires* de Duval, attribue le surnom inattendu de « Jeanne d'Arc de la Révolution », ait pris part aux massacres du 2 Septembre 1792. Atteinte le 10 Août précédent d'un coup de feu à la cuisse, l'Amazone ne devait point encore se trouver en état de renouveler ses exploits révolutionnaires, et il faut d'autant plus se méfier des affirmations de Nodier que cet auteur commet ensuite l'erreur inexcusable de confondre notre héroïne avec Aspasie Carlemigelli, l'énigmatique folle des Journées de Prairial.

Pour nous, de tous les titres de Reine Audu à la célébrité, le seul incontestable consiste simplement en une trop longue incarcération préventive, alors que les véritables instigateurs des équivoques Journées du 5 et du 6 Octobre bravaient les poursuites du Châtelet, et que le peu de zèle du Comité des Recherches de la Municipalité parisienne avait laissé, même aux plus vulgaires malandrins, notamment au Grand Nicolas — dit

Coupe-têtes — tout le temps nécessaire pour se mettre en sûreté.

Par suite de son insouciance ou de sa maladresse à se cacher, la malchanceuse Audu sembla devenir le bouc émissaire responsable à lui tout seul de l'envahissement du château de Versailles et du massacre des Gardes du corps ! Elle ne méritait pourtant

Ni cet excès d'honneur, ni cette indignité !

Aussi ne lui chicanerons-nous pas trop le droit qu'elle s'adjugea de s'intituler bien pompeusement la première victime féminine des idées nouvelles. Soustraite par l'Assemblée nationale à la juridiction du Châtelet, la malheureuse Audu resta en effet pendant dix mois sans juges compétents pour ramener à de plus justes proportions son rôle légendaire de *Générale* des Amazones.

Élevée plus tard au rang de victime civique par les clubs des Cordeliers et des Jacobins, la lieutenante de Maillard ne se contenta pas longtemps de ce rôle avant tout passif, et elle parvint bientôt, grâce à une formidable *réclame* de son avocat Chenaux, à se faire considérer par tous les bons citoyens comme la véritable incarnation des Parisiennes patriotes. Dès sa sortie de prison, l'héroïne, oubliant qu'elle avait longtemps prétendu avoir été entraînée malgré elle à Versailles, s'attribua modestement tout l'honneur d'avoir mené à bien la révolution du 5 Octobre. A l'en croire, ce serait elle qui aurait armé les Parisiennes, pris la parole à l'Assemblée nationale, harangué le Roi, séduit les soldats du régiment de Flandre, et enfin fait arrêter les voitures du Roi et de la Reine! Nous n'insisterons pas trop pour l'instant sur l'invraisemblance de toutes ces gasconnades, puisque c'est la *légende* de Reine Audu, bien plus que sa personnalité assez insignifiante, qui mérite une petite place dans l'histoire.

Si Reine Audu apparaît comme une sorte d'entité, l'*armée* des Parisiennes semble presque un mythe. Malgré l'opinion plutôt unanime des historiens, il faut réduire de *huit mille* à *six cents* le nombre des Amazones du 5 Octobre, même en y comprenant les nombreuses citoyennes entraînées malgré elles à Versailles !

La *Journée des Femmes* est une pure légende, et la disette servit simplement de prétexte. Sans même tenir compte de la matinée du 6, l'après-midi du 5 Octobre fut une émeute essentiellement politique[1], dont les organisateurs eurent seulement l'habileté de cacher prudemment leurs poissardes soudoyées et leurs coupe-jarrets déguisés en femmes derrière un petit peloton de paisibles ménagères, la plupart recrutées de force. La précaution se montra efficace, puisque Louis XVI, en apercevant tant de jupons, répondit à Narbonne : « Des ordres de guerre, Monsieur, contre des femmes? Vous vous moquez ! »

Par un bien singulier *hasard*, Paris manqua de pain, mais *dans la matinée seulement*, le jour où tout le monde savait que Louis XVI rejetterait les articles de la Constitution avec la Déclaration des Droits de l'Homme ; et les Parisiennes arrivèrent *au moment précis* où les députés dans l'embarras s'apprêtaient, sans grand espoir, à envoyer une délégation pour demander au Roi de revenir sur sa décision !

En 1790, parut, sans nom d'auteur, un ouvrage intitulé *Les Forfaits du 6 Octobre ou Examen approfondi... du Rapport de M. Chabroud*. Les diverses parties de cette œuvre, attribuée à Lucas de Blaire, présentent une valeur fort inégale. Son ton de

---

[1] Voir p. 4 l'arrêté pris la veille par le district des Cordeliers.

polémique, ses tendances ultra-royalistes et aussi
un certain nombre d'exagérations ou d'erreurs,
notamment sur la conduite — nous ne disons pas
le rôle — du duc d'Orléans pendant les Journées
d'Octobre, ont jeté un discrédit en partie immé-
rité sur cet ouvrage qui a, pour le moins, le mérite
de nous donner dans son second volume une très
intéressante *Relation fidèle des événements passés à
Versailles les 5 et 6 Octobre ou Exposé de la conduite des Gardes du corps.*

Bien peu de détails seraient à rectifier dans cet
excellent précis de l'émeute, et, si les historiens
du XIXe siècle l'avaient connu — ou plutôt avaient
consenti à le prendre pour guide — que d'erreurs
involontaires, sans parler des autres, ils auraient
évitées! Montjoie et quelques auteurs ont bien
consulté cet ouvrage ; néanmoins, pendant près
d'un siècle, toutes les histoires de la Révolution — sauf peut-être celle de Louis Blanc —
racontèrent l'enlèvement du Roi d'une façon fort
inexacte.

De nos jours, MM. Le Roi, Batiffol, Maxime
de la Rocheterie[1] et Mathiez, à des points de vue
différents, ont étudié avec méthode les différents
épisodes de cette émeute « spontanée quoique

---

[1] *Les 5 et 6 Octobre* (1874) ; simple mais excellent précis.

préméditée ». A M. Le Roi[1] revient le grand
mérite d'avoir été le premier à débrouiller l'im-
broglio de ces complexes journées. M. Batiffol[2] a
soigneusement complété cet ouvrage ; malheureusement il accepte, sans les contrôler et bien à
la légère, toutes les accusations injustes lancées
contre les Gardes du corps.

Malgré les recherches de tous ces historiens, un
point capital reste toujours mystérieux : on ne
sait encore d'où partit *exactement* le mot d'ordre
qui entraîna la foule, puis la milice à Versailles.
Le problème paraît d'autant plus complexe que si
l'*entourage* du duc d'Orléans, Mirabeau, Danton,
Camille Desmoulins et Marat agirent ensemble,
ils avaient néanmoins des vues politiques différentes.

Dans une remarquable étude, intitulée *Étude
critique sur les Journées des 5 et 6 Octobre* 1789[3],
M. Mathiez arrive à la conclusion que les Journées « ne furent pas faites par ou pour le duc
d'Orléans, mais par des personnes qui aimaient
le prince ». A notre avis, M. Mathiez atténue un
peu trop le caractère nettement orléaniste de

[1] *Récit des Journées des 5 et 6 Octobre* 1789, Versailles, 1867.
[2] *Les Journées des 5 et 6 Octobre à Versailles*, parues en 1892 dans
les *Mémoires de la Société des Lettres de Seine-et-Oise*.
[3] *Revue Historique* (1898-1899).

l'émeute ; les deux partis agirent, sinon de concert, du moins ensemble, et la foule, *pour qui le mot de république ne signifiait encore rien*, croyait suivre celui qui devait prendre le nom de Philippe-Égalité.

Les partisans du duc d'Orléans voulaient déposer Louis XVI, les patriotes les plus avancés espéraient arriver un jour à changer la forme du gouvernement, mais acceptaient *provisoirement* l'idée d'un conseil de Régence, ne fût-ce que pour obtenir de Philippe l'argent dont ils manquaient complètement.

Pour réussir une révolution, il faut un prétexte populaire, un nom à mettre en avant et, fort souvent, beaucoup d'argent à distribuer. Quand Mirabeau, d'Orléans, Danton et Robespierre eurent disparu, la France attendit Bonaparte.

Le prince le plus sage qui ait participé à une révolution (le mot est de Rivarol) laissa prendre son nom et distribua son argent ; les patriotes se servirent de l'un pour électriser la foule, de l'autre pour recruter des émeutiers sans scrupules, exploitèrent habilement la disette... et agirent un peu au hasard, attendant le résultat des événements pour orienter définitivement leur conduite.

REINE AUDU

PREMIÈRE PARTIE

LES LÉGENDES DU 5 OCTOBRE

CHAPITRE PREMIER

LE DÉPART DES PARISIENNES FUT-IL SPONTANÉ? PARIS MANQUAIT-IL DE PAIN ?

> « Le matin du 5 octobre, une multitude de
> « pauvres ménagères, désespérées de ne pou-
> « voir se procurer du pain, décidèrent spon-
> « tanément de se rendre à Versailles pour en
> « demander au roi. »
>
> *Histoires officielles de la Révolution.*

Autant de lignes, autant d'erreurs systématiques.

L'*émeute* du 5 Octobre 1789 ne fut aucunement spontanée : les hommes seuls la préparèrent, et les femmes n'y jouèrent qu'un rôle de dupes ou de complices. Si Paris manqua de pain *dans la matinée*, c'est que des ordres, qui n'émanaient certainement pas de l'entourage de Louis XVI, arrêtèrent hors des barrières toutes les voitures de farine *jusqu'à une heure de l'après-midi.*

Enfin, à part les quelque deux cents ménagères qui de bonne foi crurent aller chercher du pain, et leurs compagnes entraînées de force, les poissardes soudoyées et leur escorte de coupe-jarrets déguisés en femmes, partirent avec le dessein bien arrêté de forcer Louis XVI à contresigner la Déclaration des Droits de l'Homme, et, si possible, de ramener à Paris la famille royale. L'expression de coupe-jarrets n'a point jailli d'une plume contre-révolutionnaire : elle émane d'un des principaux acteurs de la Journée, de Fournier l'Américain, le complice sinon l'instigateur du massacre des prisonniers d'Orléans !

Le mouvement politique du 5 Octobre avait été fort soigneusement préparé plusieurs jours à l'avance par d'ardentes polémiques de presse, et une propagande active dans divers districts, notamment dans celui des Cordeliers. L'agitation débuta la veille par l'organisation d'une manifestation féminine au Palais Royal, suivie, durant la soirée, d'importantes distributions d'argent dans les faubourgs Saint-Antoine et Saint-Marceau.

Comment d'ailleurs pourrait-on concevoir le moindre doute sur l'organisation préalable de l'expédition contre Versailles ? quand, pendant plusieurs mois, il ne vint à personne l'idée de nier la préméditation de cette émeute révolutionnaire.

Camille Desmoulins réclamait énergiquement le retour de Louis XVI à Paris ; Wall[1] rapporté avoir entendu déclarer au café Foy quelques jours avant la tentative de Saint-Huruge « ... qu'il fallait, pour ne pas être exposé à perdre ce bon Roi, députer vers lui

---

[1] *Procédure criminelle instruite au Châtelet de Paris sur les faits arrivés à Versailles le 6 octobre* (Dép. 317).

pour l'engager à faire enfermer la Reine à Saint-Cyr,
et amener le Roi à Paris où nous serons plus sûrs de
sa personne… » ; Dussaut proclamait également depuis
longtemps « que la demeure d'un roi devait être dans
sa capitale ».

Les 3 et 4 octobre, la feuille de Gorsas, *Le Courrier
de Paris et de Versailles*, dénonça en termes d'une
extrême violence les agissements de la Cour et la
conduite des Gardes du corps « à l'orgie » offerte aux
officiers du régiment de Flandre[1], qui ne coûta pourtant que sept livres dix sols par personne, plus trois
livres pour les pauvres, et à laquelle assistèrent simplement quatre-vingts Gardes sur cinq cents[2]. De
tous les faits dénaturés ou considérablement exagérés[3]
reprochés aux convives, le seul pourtant vraiment
impolitique, en dehors de quelques cris isolés de
« Vive la cocarde blanche ! » *qui était celle de leur
uniforme*, consista en l'omission volontaire de
porter un toast à la santé de la Nation. Mais qui
pouvait présumer que les patriotes se montreraient
tellement à cheval sur le protocole des banquets militaires ? Gorsas s'indignait sans conclure ; son ami
Loustalot, plus explicite, réclama aussitôt « un
second accès de révolution ». Dès le 22 septembre,

---

[1] La relation de la fête publiée par ce journal fut certainement
rédigée par Lecointre, qui, devenu le 5 Octobre commandant de la
Garde nationale de Versailles, contribua plus que tout autre au
succès des Parisiens.

[2] *Conduite des Gardes du Corps. — Relation très exacte.*

[3] L'air de *O Richard, O mon Roi !* fut traité par Chabroud « de
perfide allusion qui ne pouvait pas ne pas être sentie ».

les *Révolutions de Paris* annonçaient d'ailleurs « qu'on parle de se transporter à Versailles ».

Tous les journaux commencent leurs récits des « événements » par les troubles de la veille, et l'anti-aristocratique Mlle de Keralio déclare le 8 octobre dans son *Journal d'État et du Citoyen* : « Dimanche soir, on a eu connaissance dans les districts que l'*insurrection* était prête à éclater. » La future Mme Robert se trouvait fort à même de connaître la vérité, puisque son père commandait la milice du district des Filles-Saint-Thomas.

Villelongue [1] confirme l'annonce dès la veille de la marche sur Versailles, et Saint-Huruge, désireux de renouveler au plus tôt ses exploits révolutionnaires, avait écrit quelques jours auparavant à divers districts pour leur demander d'obtenir *immédiatement* sa mise en liberté [2]. Le 30 septembre, les Cordeliers firent une démarche près du Grand Prévôt pour réclamer l'élargissement de l'ex-marquis.

Enfin le 4, Danton fait prendre au district des Cordeliers, déjà presque érigé en club, l'arrêté suivant [3] :

Du 4 octobre 1789.

ORGIE DE VERSAILLES

« Le district des Cordeliers, cejourd'hui légalement et extraordinairement convoqué et assemblé,

---

[1] *Procédure* (Déposition 79).

[2] *Le Fouet national* et l'*Observateur* du 4 octobre.

[3] *Almanach des Patriotes français ou Précis des Révolutions*

instruit par les papiers publics et par les rapports des témoins oculaires que le jeudi, premier du courant, il avait été donné à Versailles, dans la salle de l'Opéra, par MM. les officiers des Gardes du corps, à MM. les officiers du régiment de Flandre, un repas auquel avaient été invités MM. les officiers des Trois-Évêchés, Dragons, des Suisses, Cent-Suisses, Garde nationale versalienne (*sic*), Maréchaussée et Prévôté, formant un total de deux cent cinquante convives, et, qu'après les santés du roi, de la reine et de monseigneur le dauphin portées (celle de la nation omise), l'air de *O Richard ! O mon Roi !* etc., avait été joué par la musique du régiment de Flandre, que quelques grenadiers et fusiliers des corps susnommés avaient été introduits pour se joindre à leurs officiers et confondre leurs sentiments et leurs libations ; qu'un grenadier avait tiré son sabre, en disant qu'il avait mal défendu son roi (comme si servir la nation était trahir son roi) ; que la cocarde nationale rouge et bleue avec ruban blanc avait été insultée ; qu'on y avait substitué la cocarde noire et ensuite la blanche ; qu'on avait dit hautement que c'était la seule bonne, quoique le roi et l'Assemblée nationale, et même tout le royaume, eussent adopté invariablement, depuis la prise de la Bastille et l'arrivée du roi à Paris, les couleurs de rouge, bleu et blanc[1] ; qu'une

---

de 1789, à Paris, chez Lagrange, 1790. Cet almanach, anti-aristocrate, prétend « que des Gardes du corps, ayant tenté de s'échapper, poignardèrent ceux qui les détenaient ».

[1] La cocarde patriotique avait d'abord été verte, puis bleue, aurore et blanche.

pareille injure faite au signe de la liberté et à la nation, qui la défendra jusqu'à la dernière extrémité, ne peut être que l'effet de cette aristocratie dont l'esprit se renouvelle, s'accroît et se vivifie chaque jour, même au sein de l'Assemblée nationale, ainsi que le prouvent les opinions qui ont injustement prévalu dans les affaires d'Orléans, Mâcon et Mariembourg ; qu'une semblable fête, donnée dans un moment où tous les bons citoyens sacrifient au salut de la France une partie de leur subsistance, est une insulte faite à la détresse publique ; que les personnes qui se la sont permise ont rendu suspect, pour ne pas dire plus, leur patriotisme et leurs sentiments, surtout quand on se rappelle que le jour fixé pour l'exécution du fatal projet que la vigilance des bons citoyens a fait échouer, a été précédé d'une semblable orgie ; que les cocardes noires dont se parent plusieurs individus de cette capitale doivent, sinon inspirer de la crainte, du moins une juste défiance, surtout lorsqu'on considère qu'au moment actuel les principes de la constitution déjà décrétés et ceux de la Déclaration des Droits sont livrés à l'incertitude de l'acceptation du roi, de laquelle acceptation cependant pure et simple dépend le salut de la patrie.

« A arrêté unanimement :

« 1° Que tout citoyen de Paris, et même tout étranger y séjournant, sera invité de nouveau et très expressément à conserver ou à prendre sans délai la cocarde nationale, composée des couleurs rouge, bleue et blanche, exclusivement à toute autre, et portée à la ganse extérieure du chapeau, ou à la boutonnière de l'habit.

« 2° Que tout particulier de quelqu'état, qualité et condition qu'il soit, français ou étranger, passant dans le présent district, paré d'une cocarde noire ou blanche seulement, sera d'abord invité par le premier fusilier de service, à l'ôter et à prendre celle nationale ; et, en cas de refus de se dépouiller de l'ornement réprouvé, qu'il sera conduit audit district pour y être interrogé, et être prononcé provisoirement par l'Assemblée tel jugement qu'il appartiendra ; l'Assemblée ne tenant pas, le présumé coupable sera conduit à l'Hôtel de Ville, par devant le comité de police, qui prononcera et communiquera ensuite son jugement.

« 3° Qu'en cas qu'un délinquant soit repris en récidive, soit par le présent district soit par les cinquante-neuf autres, et que la preuve en soit acquise, il sera accusé de trahison envers la patrie, et comme tel livré à la justice, pour son procès lui être fait et parfait à l'extraordinaire, et sans délai.

« 4° Que tous les districts auxquels le présent arrêté sera communiqué seront invités, dans l'attente qu'ils soient unanimes sur la réparation à prétendre et à recevoir de l'insulte faite à la cocarde nationale, et dont le présent district se fait réserve expresse à considérer que la patrie est dans la plus forte crise, *puisqu'elle attend l'acceptation royale de sa Constitution*, et qu'il ne faut pas rester un moment désarmé ni désuni si l'on ne veut d'abord voir Paris miné par la famine dont il est assiégé, *soit par un malentendu*,

soit par quelques menées sourdes, et cette capitale
ensuite, et tout le royaume, livré aux horreurs d'une
guerre qu'*il vaut mieux prévenir que soutenir*, mais
qui nous menace jusqu'à ce que la constitution soit
solennellement acceptée.

« 5° Enfin, comme tout calme trop profond, toute
indifférence sur le salut public seraient impardonnables
dans ce moment critique, s'il en résultait des effets
funestes, le présent district arrête que, sur-le-champ,
il sera député à l'Hôtel de Ville des commissaires qui
presseront la Commune *d'enjoindre à M. le Commandant général de se rendre dans le jour de demain lundi* 5
à Versailles auprès de la personne du roi, et d'y demander, au nom de tous les citoyens de Paris, le renvoi
prompt du régiment de Flandre. Offrent les dits
citoyens d'aider leurs frères de Versailles *à faire le
service du Château avec eux*, si le cas les requiert.

« L'Assemblée a définitivement prononcé que le
présent arrêté serait sur-le-champ imprimé, envoyé à
la Commune, dans tous les districts, et affiché. »

Danton fut, sinon le rédacteur, du moins l'instigateur de cet arrêté; il en revendiqua l'honneur
devant le Tribunal révolutionnaire : « Moi vendu ?
s'écria-t-il d'après le juré Topino-Lebrun [1], un
homme de ma trempe est impayable ! La preuve ?
Me taisais-je lorsque j'ai défendu Marat, lorsque j'ai
lutté contre La Fayette ? *Mon affiche pour insurger
aux* 5 *et* 6 *Octobre !* »

[1] Robinet. *Danton, homme d'État.* II, 179.

Les *Révolutions de France et de Brabant* (n° 47) annoncent d'ailleurs : « Danton, de son côté, sonne le tocsin aux Cordeliers. Le dimanche, ce district immortel affiche son manifeste et, *dès ce jour*, faisait l'avant-garde de l'armée parisienne et marchait à Versailles, si M. de Crèvecœur, son commandant, n'eût ralenti cette ardeur martiale. »

Tous les événements survenus les 5 et 6 Octobre — sauf le retour du Roi dont il eût été fort impolitique de s'occuper publiquement — se trouvent esquissés dans cette délibération, même la garde du Château par de bons patriotes. Ce document capital détruit à lui tout seul, et d'une façon irréfutable, la légende de la « Journée des Femmes », seulement jusqu'à ce jour on ne semblait le connaître que par un résumé en quelques lignes publié par le *Courrier de Paris et de Versailles*. Nous sommes heureux de réimprimer, pour la première fois croyons-nous depuis cent vingt-sept ans, cet arrêté déclaré introuvable par M. Lacroix.

Émiettera-t-il un peu le bloc des légendes de la Révolution ? Nous nous faisons peu d'illusions à cet égard, et beaucoup d'auteurs continueront à écrire, comme M. Adrien Lasserre dans son ouvrage sur la *Participation collective des femmes à la Révolution* : « Les hommes suivirent l'*impulsion des femmes, ils ne sont que les collaborateurs !* »[1]

---

[1] Tout le chapitre de cet ouvrage consacré aux Journées d'Octobre serait à citer, pour montrer comment, encore de nos jours, on peut *interpréter* l'histoire !

Marat, dans le numéro de son journal portant la date du 5, mais imprimé le 4, conseille à tous les bons citoyens, « en attendant qu'on fasse rendre compte au Comité militaire de sa conduite, de ne pas perdre un instant, et de s'assembler en armes pour enlever les poudres d'Essonnes », puis, exactement un mois plus tard, l'Ami du Peuple se vantera « d'avoir sauvé la patrie en dévoilant le noir complot des aristocrates, et *en préparant l'insurrection qui a eu lieu* », qualifiée par Mercier, dans les *Annales patriotiques*, de « nécessaire ». Au mois de décembre 1792, François Robert dira également que la Journée du 2 Septembre était « la conséquence forcée et nécessaire de celle du 10 Août, comme le *6 Octobre avait été celle de la prise de la Bastille* ».

Nombre de personnes se trouvaient du reste dans le secret de la conjuration, et Mirabeau en connaissait si bien les dispositions qu'il put informer Mounier un peu avant midi, c'est-à-dire à une heure où la plupart des Gardes nationaux parisiens n'étaient pas encore rassemblés, « que quarante mille hommes marchaient sur Versailles[1] ».

« Les femmes, déclarent *Les Révolutions de Paris* du 12 octobre, forcèrent les bourgeoises à venir prendre les ordres de leurs *chefs* », dont les principaux étaient Maillard, Burnout, le mystérieux bossu, Reine Audu et Fournier l'Américain. De plus,

---

[1] Pour sa justification, plus tard, Mirabeau se contentera de dire : « Je n'avais pas besoin de détails pour y croire : un augure qui ne trompe jamais, la nature des choses, me l'indiquait assez. »

comment se faisait-il que les portes de Paris eussent
été fermées de grand matin, avant même le commencement des premiers troubles ? Qui avait donné
l'ordre au poste de la barrière de Vaugirard de ne
laisser sortir personne de la capitale [1]? Par qui
avaient été postés sur la route de Versailles les soi-
disant postillons, munis de cocardes noires, qui
vinrent complaisamment s'exhiber aux Parisiennes ?
et qui expédia de Versailles ces nombreux courriers,
porteurs de fausses nouvelles, annoncer aux volontaires de la Bastille, puis à la milice parisienne, que
les Gardes du corps « faisaient un effroyable carnage
de ménagères » [2]?

Il n'y a d'ailleurs qu'à examiner les résultats poli-
tiques-de cette prétendue émeute de ménagères pour
se rendre compte que la disette fut un simple prétexte
dont se servirent tous les adversaires de la royauté ou
de Louis XVI. En peu de mots, Camille Desmoulins
résuma admirablement les conséquences des Journées
d'Octobre : « Le Roi est au Louvre, l'Assemblée
nationale aux Tuileries ; la calotte est par terre,
l'aristocratie expire ! les projets de Mounier sont
déjoués, la Constitution est signée. » [3]

Que de grandes choses accomplirent, sans s'en
douter, quelques pauvres ménagères en quête de pain !
et quel merveilleux hasard les fit arriver à Versailles
précisément l'après-midi du jour où le Roi venait de

---

[1] *Procédure criminelle.* Déposition 381, etc.
[2] Voir pages 104 et 145.
[3] *Révolutions de France et de Brabant,* n° 1.

rejeter la Déclaration des Droits, et à l'heure précise
où les députés allaient tenter une nouvelle démarche
pour décider Louis XVI à revenir sur sa détermina-
tion !

Si le rôle de la plupart des Parisiennes se réduisit
en réalité à servir de porte-respect aux émeutiers, un
certain nombre de poissardes à la langue bien déliée
préparèrent pourtant dès la veille le mouvement au
Palais-Royal et au café Foy. Dans cette taverne
célèbre, « une dame, voyant que son mari n'était pas
écouté dans son district, vint la première dénoncer
les cocardes anti-patriotiques (des Gardes du
corps)[1] ».

Toutefois, ce fut surtout dans les jardins du Palais-
Royal que le beau sexe se livra à sa propagande
révolutionnaire. Charles Lefebvre, graveur de l'Assemblée nationale, déclara devant les conseillers
instructeurs du Châtelet[2] : « qu'il a entendu au
Palais-Royal faire plusieurs motions par des particulières ; une entre autres, âgée d'environ trente-six
ans, dont la mise indiquait une femme d'une classe
au-dessus du médiocre, après avoir dit aux assistants
qu'elle manquait de pain, exhorta ceux qui l'enten-
daient à l'accompagner pour aller en demander à la
famille royale. Voyant que personne ne s'apprêtait à
la suivre, elle donna un soufflet à un particulier qui
avait répondu un peu indécemment aux plaintes et

---

[1] *Révolutions de France et de Brabant,* n° 1.

[2] *Procédure criminelle du Châtelet* (Déposition 62).

aux propositions de cette femme ; elle dit ensuite être très connue dans le Faubourg Saint-Denis, que le lendemain lundi, elle avait résolu de partir pour Versailles à la tête de ses voisines pour demander au Roi et à la Reine les causes de la disette qui affligeait la capitale. Cette motion fut vivement applaudie et fit des sectateurs. Le lendemain, lundi, le déposant rencontra la même femme armée d'un sabre dans la rue Neuve-des-Petits-Champs, avec beaucoup de femmes, annonçant qu'elles allaient à Versailles. Elles y furent en effet, car le déposant reconnut la même femme à cheval sur un canon de l'armée parisienne à son retour à Paris le mardi suivant. » On verra plus loin que le Châtelet crut pouvoir identifier cette fougueuse oratrice avec Reine Audu, dont la langue passait, suivant Lairtullier [1], pour être fort bien pendue.

Le capitaine Demontardat (Déposition 349) entendit également plusieurs femmes crier au Palais-Royal « qu'elles se rendraient le lendemain à Versailles, que les hommes viendraient ensuite et les aideraient à ramener le Roi et la Reine à Paris ». Dufraisse-Duchey, Blaire, Perrin, Pirault et le marquis de Foucauld [2] confirment ces deux témoignages. Le dernier recueillit ce propos féminin : « Demain les choses iront mieux : nous nous mettrons à la tête des affaires. »

Le *Fouet National* (n° 3) rapporte qu'une femme

---

[1] *Les Femmes célèbres de la Révolution.*
[2] Dépositions 120, 171, 243, 316 et 119.

« en train de déclarer que dix mille de ses compagnes étaient prêtes pour partir le lendemain à Versailles, répondit à un citoyen qui lui demandait comment elles pourraient se défendre si on les attaquait : — Qu'à la guerre, comme en amour, toute ruse est permise — et elle lui cita à ce sujet plusieurs traits d'histoire romaine dont il fut étonné ».

L'émeute était si bien préméditée qu'elle éclata *à la même heure* près de la pointe Saint-Eustache, aux alentours de Sainte-Marguerite, où fut sonné pour la première fois le tocsin, à la Bastille[1] et dans le faubourg Saint-Marceau. Ce ne fut donc point une « petite fille » battant le rappel dans les environs des Halles, qui provoqua les rassemblements ; et l'arrestation d'un boulanger servit simplement de prétexte pour conduire la foule à l'Hôtel de Ville. « Beaucoup de femmes, dit Louise Chéret[2], demandaient pourquoi on avait tant de peine à se procurer du pain ; d'autres voulaient que le Roi et la Reine vinssent à Paris *où ils seraient infiniment mieux qu'à Versailles.* »

La Journée du 5 Octobre ne fut d'ailleurs qu'une répétition réussie de la folle tentative du 31 août précédent faite par le ci-devant marquis de Saint-Huruge pour entraîner à Versailles une bande de gens déguenillés protester contre le véto absolu. Les patriotes avaient à cette occasion rédigé au Palais-Royal une motion qui, entre autres choses, décidait « qu'à l'exemple de cette foule de jeunes gens qui

---

[1] Voir page 102 la déclaration des volontaires de la Bastille.

[2] *Evénements de Paris et de Versailles.*

allaient chercher Cicéron à sa maison du Mont Palatin
et l'escortaient jusqu'au Sénat au milieu des applaudissements, l'élite des patriotes irait offrir à M. de
Mirabeau une garde défensive, et au moins le bou-
clier de son corps »[1].

Malheureusement pour ces précurseurs, l'idée
d'une expédition contre Versailles n'était pas encore
populaire, et la Garde nationale arrêta leur marche à
la barrière des Bonshommes[2]. Saint-Huruge, incar-
céré le 2 septembre, fut remis en liberté deux mois
plus tard sur ses représentations « qu'il n'avait fait
que proposer ce que le peuple avait depuis exécuté ».

Le 22 septembre, les ouvriers du chantier de charité de l'École militaire parlèrent à leur tour de se
rendre en troupe à Versailles. Enfin, trois semaines
avant le 5 Octobre, La Fayette écrivait au comte de
Saint-Priest : « Monsieur de la Rochefoucauld vous
aura dit l'idée qu'on avait mise dans la tête de mes
grenadiers d'aller cette nuit à Versailles[3]. Je vous ai
mandé de n'être pas inquiet parce que je comptais
sur leur confiance en moi pour détruire ce projet. Je
leur dois la justice de dire qu'ils avaient compté me
demander la permission, et que plusieurs croyaient
faire une démarche très simple et qui serait ordonnée

---

[1] *Réclamation contre de nouveaux abus.*

[2] Située quai de Passy, près de l'endroit où débouche actuellement la rue Beethoven.

[3] « On avait persuadé aux ci-devant Gardes-françaises de venir
reprendre leurs postes à Versailles » (*Les Forfaits du 6 Octobre*).
Ce fut à la suite de cette tentative que la Cour fit venir le régiment
de Flandre.

par moi. *Cette velléité est entièrement détruite par les quatre mots que je leur ai dits,* et il ne m'en est resté que l'idée des ressources inépuisables des cabaleurs... On avait fait courir l'avis dans toutes les compagnies de grenadiers, et le rendez-vous était pour *trois heures* à la place Louis XV. »

Dans quel but avait-on choisi une heure aussi tardive qui aurait fait arriver les manifestants à la nuit ? La Fayette, dans ses *Mémoires,* raconte qu'à la suite de cet incident il voulut faire garder la route de Versailles, mais qu'il en fut empêché par les protestations d'un certain nombre de députés.

Qui eut l'idée géniale de mettre les citoyennes en avant ? Sans doute Mirabeau qui peu de temps auparavant avait déclaré : « Si une insurrection est possible, ce ne serait que dans le cas où les femmes s'en mêleraient et se mettraient à la tête [1]. »

***

> Paris n'a pas mangé ! Paris meurt de famine !
> C'est bien ! Chargez la table, avides courtisans !
> Arrondissez autour vos visages luisants...
>
> BARTHÉLÉMY.
> *Douze Journées de la Révolution.*

Pendant tout le cours de la Révolution, la disette fut un mal endémique, occasionné, certaines années, par de mauvaises récoltes, le reste du temps, soit par une circulation défectueuse des blés, soit, le plus

[1] Bertrand de Molleville. *Histoire des erreurs de la Révolution française.*

souvent. par la méfiance intéressée des cultivateurs, qui attendaient toujours pour vendre leurs grains de plus hauts cours, ou craignaient, non sans raison, de voir piller leurs envois.

La récolte de 1789 passant pour avoir été « généralement abondante » (termes employés par la plupart des nombreux factums contemporains relatifs à la pénurie de farine), la disette qui régnait alors dans Paris, mais seulement *à intervalles périodiques*[1], paraît incompréhensible, car l'ordre, d'une prudence évidemment intempestive, de supprimer deux fois par semaine le voyage du bateau qui amenait les farines de Corbeil, ne suffit pas pour l'expliquer. Le Dr Rigby, qui, pendant les mois de juillet et d'août 1789, traversa la France de Calais à Toulon, s'extasie sans cesse dans ses *Lettres* sur l'abondance des récoltes.

Aucun contemporain d'ailleurs ne prit au sérieux cette prétendue famine : « Elle est, dit le *Patriote français*, provoquée par de vaines terreurs et augmentée par quelques accapareurs de pain. » Brissot, le 7 octobre, reconnaît que « la disette n'existait pas réellement »; Dulaure avoue[2] : « Cette famine était factice au milieu de l'abondance »; Lacourt[3], en septembre, l'attribue à une « exportation illimitée »; Rabaut Saint-Étienne déclare : « Paris était livré à

---

[1] Après quelques jours d'extrême abondance, le 22 octobre, on recommença à se battre aux portes des boulangeries. *Histoire authentique et suivie de la Révolution; le Spectateur patriote; l'Ami du Peuple* (de Jourdan de Saint-Farjeux), etc.

[2] *Commentaires sur la procédure du Châtelet.*

[3] *Moyens de détruire les accaparements,* septembre 1789.

toutes les horreurs de la famine au milieu même de l'abondance[1] » ; Mlle de Keralio ajoute : « La disette était opérée pour faire ameuter Paris et ameuter quelques brigands qui auraient mis le feu à deux ou trois quartiers de Versailles ; on aurait ainsi effrayé le Roi, calomnié le peuple[2]. » Enfin le député Duquesnoy, qui notait jour par jour ses observations, inscrit à la date du 8 : « Les subsistances abondent dans Paris. » Bien d'autres témoignages pourraient être cités, mais nous n'avons voulu reproduire que les opinions de partisans convaincus de la Révolution.

La pénurie de farine cessa en effet comme par enchantement dans l'après-midi même du 5 octobre. Les Parisiens traités par le *Moniteur* de « panivores », d'ordinaire plus curieux, auraient bien dû s'enquérir près de la Municipalité, chargée seule depuis le mois d'août précédent du détail de l'approvisionnement[3], pourquoi les convois de farine ne franchirent les barrières qu'après le départ des ménagères[4]. « La Municipalité, déclarait le *Spectateur Patriote* du 30 septembre, arrête les convois. »

L'approvisionnement de Paris se trouvait *le 5 au soir* si largement assuré qu'un certain nombre de

---

[1] *Précis de l'Histoire de la Révolution française.*

[2] *Journal d'État et du Citoyen.*

[3] Voir la lettre du comte de Saint-Priest au Comité des Recherches de l'Assemblée.

[4] Rose Baré (Déposition 343) déclare qu'il n'entra le matin que deux charrettes de blé sur soixante-dix ; le *Journal de la Ville* du 6 octobre annonce « qu'il est arrivé *dans la journée de la veille* un grand nombre de voitures de farine ».

districts[1], notamment celui des Cordeliers, « représentèrent à l'Assemblée qu'il paraissait nécessaire d'envoyer du pain à la Garde nationale soldée, absente de Paris ». « En un moment, raconte Mlle de Keralio[2], des voitures furent prêtes et remplies de pain par toutes les citoyennes du district Saint-Thomas pour subvenir aux besoins de l'armée voyageuse. » Le matin, les poissardes en partant brandissaient avec désespoir quelques méchants croûtons de pain moisi; *six heures plus tard*, leurs concitoyens prévoyants s'empressaient de leur envoyer force pains frais !

Gorsas, alors un des plus implacables adversaires de la Cour, écrit le 7 dans son *Courrier de Paris et de Versailles :* « Lundi matin, on se battait à la porte des boulangeries pour se procurer du mauvais pain, aujourd'hui nous en avons de l'excellent en abondance, et l'on fait jeter tous les sacs de mauvaise farine. »

Toutefois, pour une cause ou pour une autre, la disette, il faut bien le reconnaître, avait été malheureusement réelle certains jours précédents et elle ne tarda pas à se reproduire. Le pain valait d'ordinaire douze sols et deux liards les quatre livres, et sa mauvaise qualité augmentait encore sensiblement son prix, sans même tenir compte du temps perdu à faire queue aux portes des boulangeries. Par crainte de la lanterne, les boulangers établis dans les faubourgs,

---

[1] *Journal de Paris,* 6 octobre.
[2] *Journal d'Etat et du Citoyen,* p. 180.

n'osant élever le prix du pain, se rattrapaient sur la qualité de la farine.

Quelques journaux révolutionnaires semblaient s'appliquer à exciter le peuple : « Les bons Parisiens, déclare le *Fouet national* du 7 octobre, ont toute la peine du monde à avoir du pain ; il n'y a que M. Le Réverbère qui puisse leur en procurer, mais ils dédaignent de s'adresser à ce bon patriote ! »

Quinze jours plus tard, la populace suivit les conseils du journal et pendit un boulanger de la rue du Marché-Palu (rue de la Cité) ; son meurtrier, un porte-sacs nommé François Blin, fut exécuté deux jours plus tard en compagnie d'un certain Michel Adrien reconnu coupable d'avoir essayé de soulever le peuple pour aller piller les couvents. Le doreur Joseph Advenel, dit Noble-Épine, convaincu d'avoir porté en triomphe dans les rues de la Cité la tête du malheureux boulanger, s'en tira avec neuf années de bannissement ; Noble-Épine força quelques mitrons à embrasser la tête sanglante !

Le manque de pain, simple *malentendu*, d'après le district des Cordeliers lui-même, ne fut le 5 Octobre qu'un prétexte. Brissot de Warville ne chercha d'ailleurs pas à le nier, et, au contraire, félicita les Parisiens (*sic*), dans le *Patriote français*, « de s'être rendus à Versailles *pour punir les Gardes du corps et enlever le Roi à l'influence des aristocrates* ». De même Loustalot, dans sa déposition devant le Châtelet, reconnaît « que le 4 la fermentation portait *principalement* contre la Reine ».

Quand la populace, six ans plus tard, envahit la Convention, ce fut encore aux cris de : « *Du pain ! Du pain !* » mais les meilleurs effets finissent par s'user, et aucun historien n'a osé prendre cette seconde famine « louche » au sérieux.

CHAPITRE II

NOMBRE EXACT DES MANIFESTANTES

La principale difficulté pour déterminer rigoureusement le nombre des Héroïnes du 5 Octobre provient du fait que les Parisiennes ne partirent pas toutes en même temps : sans parler de celles qui accompagnèrent les volontaires de la Bastille ou la Garde nationale et, par conséquent, n'arrivèrent à Versailles que vers sept heures et demie, ou après onze heures, un certain nombre de femmes voyagèrent par petits pelotons isolés.

Plusieurs témoins affirment en effet que de nombreuses citoyennes se trouvaient encore près de Chaillot à *quatre* heures du soir[1]. « La troupe nationale avait été précédée par divers détachements de femmes, de volontaires et de citoyens armés[2]. » « Nombre de brigands et de femmes continuèrent à arriver pendant toute la soirée. » « Pendant que je dînais (après le départ de Mounier pour le Château) il arriva encore une plus grande quantité de femmes[3]. »

Toutefois, la première bande conduite par Maillard

---

[1] Voir notamment la déposition de Girin de la Morte (48).
[2] *Journal de Paris*, p. 1291.
[3] Dépositions de Derosnet et de La Châtre (211 et 139).

et Reine Audu joua seule un rôle important. Bien que cette soi-disant *armée* fût en grande majorité composée de femmes ne se doutant en rien des véritables projets de leurs chefs de file, voire même recrutées de force, ce fut pourtant sa présence à Versailles dans la soirée du 5 qui permit aux Parisiens de ramener le lendemain Louis XVI à Paris.

En obtenant pour la populace l'autorisation de sortir de la capitale ; en masquant la marche inquiétante d'une troupe d'émeutiers professionnels « vagabonds volontaires, espèces de sauvages que l'on trouve dans toutes les grandes villes[1] » ; en réduisant par le ridicule l'Assemblée nationale à l'impuissance et en désarmant par leur apparente faiblesse le régiment de Flandre, les ménagères facilitèrent grandement le rôle des poissardes et des filles de Paris, qui consistait à achever de séduire les derniers soldats restés fidèles et à provoquer coûte que coûte un conflit indispensable avec les Gardes du corps.

Quel pouvait donc être l'effectif de ces Amazones de la première heure pour leur permettre d'accomplir si rapidement tant de besogne patriotique? Le hâbleur Maillard déclare modestement six à sept mille, et ce chiffre a été admis bien à la légère — parfois même grossi — par tous les historiens de la Révolution.

Un tel nombre semble pourtant très considérablement exagéré : le *Journal politique et national,*

---

[1] Cet aveu est tiré du *Courrier de Provence,* journal inspiré par Mirabeau, l'un des plus actifs partisans de la Journée !

Mme de Gouvernet (marquise de la Tour du Pin)[1] et Paganel[2] réduisent ce nombre à trois ou quatre cents poissardes, « accompagnées, ajoute ce dernier, de tout ce que Paris renfermait d'hommes crapuleux et de scélérats »; Weber[3] parle d'une colonne de quatre cents citoyennes ; le conseiller Lourdet (Déposition 38) et la *Gazette nationale*, du 10 octobre, évaluent à quatre ou cinq cents le nombre des manifestantes rassemblées devant l'Hôtel de Ville à dix heures du matin ; Louison Chabry, l'oratrice des Parisiennes reçues par le Roi, le ministre Saint-Priest, le chevalier de Commeyras et d'Albignac, lieutenant aux Gardes, comptent tous les quatre[4] « cinq à six cents femmes ». L'avocat Chenaux, même après la mise en liberté de Reine Audu, ne porte l'effectif de l'armée de sa cliente « qu'à plus de huit cents femmes »[5]; Mounier déclare dans l'*Exposé de sa conduite* « qu'on a *prodigieusement* exagéré le nombre des Parisiennes »; le *Courrier de Provence* parle « d'un bataillon de femmes qui s'était grossi dans sa marche », et Maillard raconte qu'à Sèvres douze brocs de vin suffirent à désaltérer toutes les citoyennes assoiffées.

Pour occuper militairement les deux routes qui

---

[1] *Journal d'une femme de cinquante ans*, publié par le comte de Liedekerke-Beaufort.

[2] *Essai historique et raisonné de la Révolution*, publié en 1790.

[3] *Mémoires de Weber, frère de lait de Marie-Antoinette.*

[4] Déposition 183. Lettre du 10 octobre, au Comité des Recherches. *Justification des gardes du corps.* Lettre de d'Albignac (Archives nationales, C. 222. 160^{157}.)

[5] *Aux Citoyens dignes de ce nom.*

reliaient Paris à Versailles et être sûre d'intercepter tous les courriers, la populace s'était séparée en deux bandes à un moment assez difficile à préciser. Les ouvriers des faubourgs, précédés d'une bande de femmes armées de piques, gagnèrent la route de Saint-Cloud à Versailles, tandis que le gros des ménagères, encadré simplement d'un nombre de poissardes suffisant pour obliger les récalcitrantes à marcher, passa par Sèvres et Chaville. La marche de ces deux troupes avait été si bien réglée qu'elles franchirent en même temps la barrière de Versailles : on ne voit pas alors très bien comment Maillard aurait pu haranguer dans l'avenue de Paris *sept* mille citoyennes « après les avoir, suivant sa propre déposition, fait mettre en cercle sur *trois rangs* ». Ensuite les Parisiennes détrempées par la pluie s'empressèrent de chercher un abri, et elles purent, d'après Target, « entrer *presque toutes* dans la salle de l'Assemblée ».

Enfin la foule répond à Lecointre qui lui demandait le nombre de rations dont elle avait besoin : « Six cents. — Autant de livres de pain suffiront-elles ? — Oui. » Les manifestants comprenaient si bien l'importance de dissimuler leur faiblesse numérique qu'ils regrettèrent aussitôt d'avoir répondu si franchement à cette question indiscrète. « Je partais, raconte Lecointre, peu suspect de partialité, pour chercher des vivres, quand deux hommes de la troupe vinrent à moi avec fureur

---

¹ *Déclaration de M. Lecointre au Comité des Recherches de la Municipalité de Paris.*

prétendant que *c'est pour les trahir* que je me suis informé de leur nombre. »

La Municipalité royaliste de Versailles montra fort peu de bonne volonté pour nourrir tous ces intrus, et le patriote Lecointre ne put d'abord obtenir de sa générosité que deux tonneaux de riz, aliment incontestablement difficile à préparer et à distribuer. Ne plaignons pourtant pas trop les manifestants des deux sexes, car la plupart avaient les poches assez bien garnies pour pouvoir se livrer à force dépenses chez les traiteurs [1]. Nous ne savons si les autres mangèrent le riz municipal, mais en tout cas, sans parler de la viande du cheval du brigadier Bérard, ils obtinrent, grâce à Lecointre, du pain, du vin et du cervelas; une note de cent soixante-dix livres, réclamées plus tard par le buvetier de l'Assemblée le prouve surabondamment.

En réalité jusqu'à sept heures du soir, avant l'arrivée des volontaires de la Bastille, l'effectif des forces de Maillard ne dépassait guère six cents personnes, les retardataires n'ayant fait que combler les vides produits par la fuite rapide d'un grand nombre de bourgeoises recrutées de force.

Le Courrier français, les Révolutions de Paris (de Tournon) et les *Annales patriotiques et littéraires* portent bien tous les trois le nombre des femmes à quatre ou cinq mille, mais leurs relations exagèrent tellement les moindres faits qu'il est impossible d'en

[1] Voir p. 66.

tenir compte. L'un déclare que trois mille femmes entrèrent à l'Assemblée, l'autre « qu'on a enterré *dix-sept* personnes ». Seul de tous les témoins de l'envahissement de Versailles Montlosier estime le nombre des femmes à deux mille, toutefois il ajoute que *quelques* pelotons de gendarmes en auraient eu vite raison. Le journal *Versailles et Paris* compte treize mille citoyennes; *L'Observateur* simplement mille.

Ainsi la prétendue *armée* des Amazones se réduisait à un simple bataillon d'environ cinq cents femmes. Si cette erreur considérable d'évaluation ne fut pas tout de suite relevée, c'est que royalistes et partisans de la Révolution trouvèrent également intérêt à grossir le nombre des citoyennes : les premiers, dans l'espoir de diminuer aux yeux de la province l'importance *politique* du mouvement; les seconds, pour essayer de transformer cette journée essentiellement révolutionnaire en simple manifestation d'ordre purement économique.

CHAPITRE III

COMPOSITION ET EXPLOITS DE L'ARMÉE
DES PARISIENNES

Poissardes soudoyées. — Ménagères crédules.
Bourgeoises recrutées de force.
Coupe-jarrets des faubourgs et hommes déguisés en femmes.

Cette faible cohorte ne possédait même pas la force de l'homogénéité : « Jamais, reconnaissent les *Révolutions de Versailles et de Paris* (n° 1), on ne vit de spectacle plus singulier que celui de ces modernes Amazones[1]; les unes, écumant de rage, les autres pâles et tremblantes, mais n'osant déserter leur poste crainte d'étrenner les nouvelles cordes dont on avait pris soin de munir les réverbères. »

Étaient-ce des citoyennes « plus sensibles comme femmes que les hommes, excitées par le besoin de leurs maris, de leurs enfants, exaltées par le cri de l'amour et de la nature au delà des bornes du courage de leur sexe[2] » ou « de viles créatures, le rebut

[1] Ce journal, *dédié aux dames françaises*, ne peut être taxé d'aristocratie : « O généreuses Françaises, dit-il, c'est à vous que les Français doivent une seconde révolution qui va décider le sort glorieux qui était réservé à leurs hautes destinées. Après avoir concouru au salut de la nation par des offrandes civiques, il ne vous restait plus qu'à la servir par votre courage. Puissiez-vous recueillir à jamais le fruit d'un si noble dévouement ! »

[2] Mlle de Keralio. *Journal d'Etat et du Citoyen*.

et l'abus de la civilisation, qui, après avoir été prostituées dans leur jeunesse, sont, vieilles, courtières d'amour. Ce furent elles qui commirent tous les désordres[1] ».

Louis Blanc chercha à concilier ces deux opinions : « C'était une foule mêlée, indescriptible, indéfinissable, où, à la honte éternelle de cette civilisation, de sinistres desseins germaient parmi les plus généreuses pensées, où les courtisanes marchaient à côté des mères, où, contre des cœurs de brigands, battaient *peut-être* des cœurs de héros, où le crime cheminait derrière la faim ! »

En réalité l'armée des citoyennes se composait de Parisiennes appartenant à trois classes sociales d'humeur et de condition tout à fait dissemblables, et renfermait un certain nombre de poissardes soudoyées, quelques ménagères affamées et beaucoup de bourgeoises recrutées de force.

*
* *

L'élément le plus turbulent, et en réalité le seul actif, ne comprenait certainement guère plus de cent cinquante viragos résolues, soigneusement recrutées à l'avance et obéissant aveuglément à des ordres secrets. Elles avaient été racolées dans les faubourgs Saint-Antoine ou Saint-Marceau[2], aux Halles et au Marché de l'Abbaye[3].

---

[1] Rétif de la Bretonne. *Les Nuits révolutionnaires.*
[2] *Courrier de Provence.*
[3] *Les Héroïnes de Paris.*

Ce chiffre résulte d'un assez grand nombre de dépositions : Brémont (Déposition 12) remarque une troupe de cinquante femmes ameutant le peuple à la porte Saint-Antoine ; le conseiller Lourdet (Déposition 38) compte : « huit à dix groupes de vingt à vingt-cinq femmes chacun ». Rose Baré (Déposition 343) déclare avoir été entraînée à l'Hôtel de Ville par une centaine de femmes ; Daubencourt (Déposition 338) estime à quarante, Frétot d'Abancourt (Déposition 318) à cent le nombre des enragées assiégeant les grilles du château de Versailles à une heure où il y avait tout au plus une centaine de citoyennes *révolutionnaires* jetant le trouble dans l'Assemblée nationale.

A la tête de ce groupe *conscient* se trouvaient les oratrices du Palais-Royal, la femme qui ameuta à sept heures du matin le quartier de la pointe Sainte-Eustache en déblatérant contre les boulangers et les accapareurs, et la « petite fille, qui, d'après ce qu'entendit raconter l'avocat Delavigne (Dép. 43), partie du quartier Saint-Eustache ou des Halles, entra dans un corps de garde, s'empara d'un tambour et circula dans les rues adjacentes en battant dudit tambour ; ce qui causa l'attroupement de plusieurs femmes, dont le nombre grossit sensiblement et se porta à l'Hôtel de Ville. » M. Dreyfous, dans ses *Grandes femmes de la Révolution*, identifie évidemment à tort cette jeune pécore avec l'accorte et paisible Louison Chabry entraînée de force à Versailles.

Quintin (Déposition 274) signale également « une femme très puissante et médiocrement grande, coiffée d'un bonnet de très belle dentelle, chaussée de brodequins noirs à talons de femmes, à ce qu'il croit le visage vergeté, tenant un très beau fusil à deux coups, canon damasquiné, paraissant commander sept à huit femmes passablement mises qui entrèrent à dix heures du matin, dans un cabaret de la rue Saint-Honoré, et y burent trois ou quatre bouteilles de vin ; l'une d'elles fut reconnue par un de ses camarades pour être une cuisinière ».

En tête des Parisiennes marchait encore une femme, appelée par ses camarades leur « capitaine », leur « lieutenante » ou leur « générale »[1] qui criait sans cesse à ses compagnes : « Hé bien ! me suit-on ? Marchez donc, sans-cœur ! » Cette Amazone, que l'auteur des *Lettres à M. le Comte de B...*[2] traite de « prêtresse », en arrivant à Versailles, cavalcadait « sur un mauvais cheval alezan », enlevé à un des postillons dépouillés en route ; suivant Arnauld, « elle était vêtue d'une étoffe couleur feuille morte et allait et venait d'un bout de l'avenue à l'autre comme un aide de camp près de ses troupes » (Déposition 26).

A la même heure et au même endroit, Chauchard remarqua « une femme assez jolie, qui avait un sabre nu à la main, et qui assemblait d'autres femmes ». Ce signalement correspond à celui de Reine Audu, malheureusement le capitaine ne nous dit pas si l'héroïne était à cheval (Déposition 101).

[1] Dépositions de Dault et de La Rivière (181 et 234). Rétif de la Bretonne. (*Nuits révolutionnaires*).

[2] Écrites par J.-B. Duplain de Sainte-Albine (ou par M. de Luchet ?).

Derrière ces quelques meneuses, auxquelles vint
à Versailles se joindre Théroigne de Méricourt, vêtue,
dit-on, d'une veste écarlate, empanachée d'un grand
plumet et armée jusqu'aux dents, suivait une bande
de mégères, payées à l'avance[1] ou alléchées par
l'espoir de quelque pillage fructueux. Une de ces
fausses poissardes criait : « On n'a fait que mettre
un emplâtre sur la plaie, il faut aller le percer ! »[2]
Elles se reconnaissent toutes au mot d'ordre de la
conjuration : « Êtes-vous de la Nation ? »

Nougaret, malgré sa sympathie pour la Révolution,
les traite de « femmes les plus viles ». Le député
Duquesnoy juge dans son *Journal* « qu'elles n'étaient
pas même des poissardes, mais des filles publiques
des plus dégoûtantes ». Nous évitons toujours de rapporter les opinions des « Aristocrates »; pourtant,
citons, à titre d'échantillon, l'appréciation de l'auteur
de la *Relation très exacte des Événements* qui appelle
l'armée de Maillard et de Reine Audu : « la plus vile
crapule des plus sales rues de la plus dégoûtante cité
de l'Univers ! »

Quelques exaltées cependant, traitées par Lacretelle
de « furies de salon », appartenaient à une classe
plus relevée : telle la séduisante Beaupré, dont nous
reparlerons plus loin, qui voulait laver dans le sang
des Gardes du corps l'affront de n'avoir point été
admise près du Roi et d'avoir été bousculée sans
ménagement, bien qu'elle possédât une loge à l'Opéra.

[1] Nous reviendrons un peu plus loin sur cette question capitale.
[2] *Chronique de Paris* du 6 octobre.

* *
*

La Journée du 5 Octobre commença par le pillage de la boutique d'un boulanger du quartier Saint-Eustache à qui une ménagère reprochait de lui avoir vendu un pain de deux livres auquel il manquait sept onces. Un détachement de la Garde nationale parvint à sauver de la lanterne ce commerçant dont la culpabilité ne semble d'ailleurs pas autrement prouvée, en le conduisant à l'Hôtel de Ville où M. de Gouvion, après l'avoir interrogé, lui fournit les moyens d'échapper à la fureur de la populace. Grâce à ce prétexte sans doute prémédité, le peuple s'était porté en foule vers l'Hôtel de Ville qui se trouvait fort mal gardé. En prévision des troubles annoncés la veille, la Municipalité avait veillé toute la nuit; mais, à cinq heures du matin, Bailly, croyant à une fausse alerte, s'était retiré après avoir renvoyé les cinq cents Gardes nationaux de service. Six commissaires siégeaient bien encore à la Commune, mais l'un d'eux, le conseiller Lourdet de Santerre, nous apprend « que quatre de ses collègues furent bientôt obligés de quitter *pour diverses affaires !* » Dès lors, l'anarchie la plus complète régna à l'Hôtel de Ville.

Les mégères sordides eurent soin de ne pas se montrer tout d'abord ; plusieurs témoins rendent hommage à la conduite paisible des ménagères qui entrèrent les premières. Elles prièrent Santerre « de donner asile à deux ou trois femmes grosses qui couraient le risque d'être écrasées, et se retirèrent de la salle où il se trouvait, en déclarant qu'elles n'avaient envie de faire mal à personne ». L'avocat Henri de Blois constate même que, dans la première bande, « très peu appartenaient à la vile populace ; la plupart jeunes, vêtues de blanc, coiffées et poudrées, avaient l'air enjoué »[1]. Elles semblaient fort s'amuser, et quelques-unes se mirent à danser.

Malheureusement cette manifestation pacifique dégénéra rapidement en véritable émeute, quand une bande de viragos fut parvenue à s'introduire dans l'Hôtel de Ville « par la petite porte située sous l'arcade ». Avec l'aide de tous les malandrins des faubourgs, ces furies enfoncèrent les portes, délivrèrent les prisonniers, mirent à sac le magasin d'armes, sonnèrent le tocsin et entreprirent de piller la caisse municipale.

Cinq détenus se trouvaient sous les verrous : quatre d'entre eux, dont la conscience ne devait pas être fort tranquille, s'empressèrent de disparaître, le cinquième, un vieil invalide, accompagna ses libératrices à Versailles. Une collecte, faite par quelques citoyennes dans le but de permettre aux prisonniers d'acheter des vêtements, produisit la coquette somme de soixante écus. Une telle générosité montre la curieuse mentalité de cette foule disparate et prouve que toutes les manifestantes ne manquaient pas précisément d'argent pour acheter du pain !

Sans s'inquiéter des prisonniers libérés, les pseudo-

---

[1] Dépositions 39 et 35.

ménagères et leurs sinistres compagnons coururent s'emparer des fusils déposés au magasin d'armes ; heureusement, vers onze heures, M. de Coron parvint, avec le concours des grenadiers du premier bataillon de la quatrième division, à reprendre aux pillards une assez grande quantité d'armes. Néanmoins, d'après un inventaire conservé à la Bibliothèque de l'Arsenal [1], sept cent vingt et un fusils et deux mille neuf cent quarante cartouches disparurent.

Avant de quitter l'arsenal, un des malfaiteurs s'amusa à pendre dans le beffroi l'abbé Lefèvre [2], chapelain de Sainte-Marie l'Égyptienne et garde général du magasin d'armes : « Un homme de la taille d'environ quatre pieds cinq pouces, raconte-t-il, lui passa une corde au cou et l'a accroché à un morceau de bois ; qu'une seconde plus tard, lui qui avait perdu la tête, aurait perdu la vie, mais qu'une femme ou un homme déguisé a coupé la corde et qu'il est tombé comme une masse [3]. »

Les pillards n'eurent garde d'oublier le greffe : Veytard, greffier en chef de l'Hôtel de Ville, a donné, dans sa déposition du 28 octobre [4], la liste hétéroclite des objets dérobés : 1° Plusieurs pinces et outils de maçons déposés comme pièces à conviction dans une procédure pour vol intentée à un ouvrier du pont

[1] Mss. 6316 (13).

[2] Lefèvre s'était rendu fort impopulaire en défendant courageusement le 13 juillet l'arsenal de l'Hôtel de Ville contre les émeutiers.

[3] Déposition 44.

[4] Archives nationales. Y. 13, 319.

Louis XVI ; 2° quelques fusils à secrets et pertuisanes enlevés au Garde-meuble le 13 juillet ; 3° un vieux drapeau ; 4° plusieurs épées cassées; 5° des pelles et pincettes à l'usage du bureau ; enfin 6° la hache du turc Achmet Bender, déjà tristement célèbre dans les annales criminelles.

La plupart de ces objets serviront aux manifestants : le drapeau si glorieusement conquis leur tiendra lieu d'étendard ; une des *épées cassées* armera Reine Audu, la hache qui, deux ans auparavant, avait servi à tuer ou blesser neuf personnes[1], permettra à l'Homme à la Grande Barbe de défoncer la trésorerie et lui servira le lendemain à décapiter deux Gardes du corps.

De si faciles succès encouragèrent les émeutiers, et les incitèrent à piller la caisse municipale où se trouvait une somme de 2.545.356 livres. « Entre dix et onze heures, déclara le soir même le trésorier général Vallet de Villeneuve au conseiller du Châtelet Grandin[2], une grande quantité d'hommes et de femmes ont désarmé les gardes, défoncé la porte du bureau des comptes, celle du cabinet du trésorier et l'armoire du sieur Armand, sous-caissier du domaine, sous prétexte de chercher de la poudre. » Trois cartons contenant chacun cent billets de mille livres de la Caisse d'Escompte allaient être emportés, quand un clerc de procureur nommé Pic et le garde Courtois, aidés d'un certain nombre de volontaires[3], parvinrent à

---

[1] Voir p. 310.

[2] Arch. nat. Y. 13, 319.

[3] La Ville accorda une gratification de 2 000 livres à Courtois et

en reprendre un aux voleurs. Les billets noirs de mille livres dérobés se trouvaient d'une négociation si difficile que leurs propriétaires momentanés s'empressèrent de les restituer anonymement.

Les pertes au contraire auraient été considérables si les bandits étaient parvenus à forcer la porte de fer du placard où se trouvaient 332.221 livres en numéraire; heureusement les coups qu'ils portèrent d'abord sur la serrure, avant de découvrir la clef, empêchèrent plus tard les gâches de manœuvrer. « L'un des particuliers, vêtu d'une veste de ratine gris blanc, taille de cinq pieds un pouce, cheveux noirs, âgé d'environ trente ans (ce signalement correspond exactement à celui du Coupeur de Têtes) a menacé le garde du trésor Courtois, s'il ne se retirait, de lui donner dans le ventre de la cognée qu'il tenait à la main, et, avec cette cognée, il a haché la porte de fer et cherché à l'enfoncer; mais, voyant qu'il ne pouvait réussir, il a haché de haut en bas la feuillure dans la pierre de taille où étaient scellées les gâches dont quelques-unes furent descellées. » Cette déposition, faite par Villeneuve le jour même à quatre heures du soir, nous renseigne sur la conduite tenue le 5 Octobre par le Grand Nicolas qui allait devenir si tristement célèbre le lendemain. Rencontrant le conseiller Lourdet de Santerre dans un corridor, l'homme à la hache lui avait dit : « Allons, bougre,

des rubans et des diplômes aux volontaires de Belleville pour leur rapide intervention. M. de Coron réclama le même honneur pour son bataillon.

donne-moi des armes ; veux-tu J. F. me mener où il y en a ? »

Enfin, pour augmenter encore le désordre, trois ou quatre citoyennes munies de torches entreprirent de mettre le feu aux bâtiments ; sans l'intervention énergique de quelques bons citoyens, tout le monument flambait. Maillard s'attribua le mérite d'avoir à lui seul sauvé l'Hôtel de Ville, mais ce hâbleur émérite ne pouvait se trouver partout à la fois ; en tout cas, il partagea cet honneur avec Poursin de Grandchamp, Louis Le Fèvre, maître de musique, Monnoyer et le brigadier de la Prévôté Lelièvre qui s'empressèrent d'éteindre les paperasses embrasées.

Les étranges ménagères résolurent ensuite de poursuivre leurs exploits en allant délivrer quelques prisonniers détenus à la Conciergerie ; vers onze heures, elles s'attroupèrent en si grand nombre sur le pont au Change et devant le domicile de M. de Tillière, conseiller à la première Chambre de la Cour des Aides, que trois Gardes nationaux, membres du district Saint-Séverin, vinrent à midi prier ce magistrat de vouloir bien signer immédiatement « pour empêcher de nouveaux troubles » l'ordre d'élargissement d'un maçon nommé Horlier dont la foule réclamait à grands cris la mise en liberté.

M. de Tillière se laissa convaincre sans trop de difficultés, bien que sa qualité de simple rapporteur de l'affaire ne lui conférât aucunement le droit de prendre

---

¹ Déposition 50. *Procès-verbal de ce qui s'est passé à l'Hôtel de Ville le 5 octobre. Actes de la Commune* (II, 167).

une pareille décision. Il se borna à demander pour sa décharge une réquisition signée du président du district, et, quand les envoyés revinrent accompagnés de quelques députées du beau sexe, il accorda aussitôt l'élargissement du prisonnier.

Un peu plus tard, d'autres femmes vinrent encore lui demander la mise en liberté de Jeanne Martin, la complice du maçon, mais cette fois le conseiller refusa ; pourtant il consentit à contresigner le lendemain une requête en sa faveur. La Cour des Aides, moins pusillanime que lui, s'empressa de la rejeter[1].

Pendant toute la durée de ces scènes de désordres, Bailly et Lafayette restèrent introuvables : le maire déjeunait à la campagne[2], le général oubliait de se montrer. Souet d'Ermigny, major général de la Garde nationale, représentait à lui tout seul la milice absente et la Municipalité en déroute. Sans troupes suffisantes, sans grande autorité personnelle, par suite sans aucun moyen pour l'en empêcher, il finit par laisser Maillard *débarrasser la capitale* (cette expression peu flatteuse émane de Maillard lui-même !) de toute cette écume des faubourgs.

Les Amazones du sergent Maillard, dignes ancêtres des futures tricoteuses — nous ne parlons bien entendu que de l'élément conscient — se répandirent aussitôt dans tout Paris à la recherche de manifestantes plus

---

[1] Arch. Nat. Z *a*¹, 640.

[2] « Santerre, dit Lafayette, commandant de bataillon et instrument de la faction orléaniste, avait invité Bailly à une petite maison de campagne... Il put revenir grâce à l'escorte que je lui envoyai » (*Mémoires*).

ou moins volontaires, et recrutèrent de force toutes les passantes qu'elles rencontrèrent.

Maillard, en quittant l'Hôtel de Ville, avait donné rendez-vous à ses émissaires une heure plus tard sur la place Louis XV. Cet atermoiement prouve le petit nombre des émeutières de la première heure, et montre combien l'expédition des Parisiennes ressemble peu à ce mouvement patriotique, populaire, spontané et irrésistible célébré par tant d'historiens !

Trouvant la place de la Concorde actuelle trop encombrée de badauds, le *général* conduisit sa garde d'Amazones aux Champs-Elysées, — « où arrivèrent bientôt, raconte-t-il, de toutes parts des détachements de femmes armées de manches à balais, de lances, de fourches, d'épées, de pistolets et de fusils, sans cependant qu'aucune d'elles ait pu se procurer de munitions ».

Devant les observations de Maillard, ou plus probablement sur la réclamation de l'élément pacifique, la plupart de ces guerrières improvisées durent abandonner aux hommes leurs armes meurtrières, même les deux anciennes vivandières qui, armées de fusils et munies de cartouches, déclaraient fièrement « qu'elles étaient en état de se défendre et demandaient à servir d'avant-garde ». Puis, sur le refus de son général d'envoyer chercher de la poudre à l'Arsenal, tout le cortège, précédé de deux tambours et d'un drapeau[1] à

---

[1] *Les Héroïnes de Paris.*

la hampe duquel pendait une balance, se mit en route pour Versailles en suivant la berge de la Seine, jusqu'à la rue actuelle du Vieux-Pont-de-Sèvres à Boulogne. Les Parisiennes traînaient avec elles deux petits canons obligeamment prêtés par la compagnie de la Basoche qui était alors le corps le plus révolutionnaire de la Garde nationale ; leurs compagnons emmenaient une troisième pièce. Les poissardes avaient essayé de s'emparer de l'artillerie du district des Petits-Pères ; mais Mutel, avec l'aide de ses canonniers, parvint à repousser les femmes, malgré leurs menaces.

En cours de route, elles démolirent force enseignes et s'amusèrent à défoncer nombre de portes. Ces héroïnes brutalisèrent quelques particuliers rencontrés sans cocarde et prirent, aux courriers rencontrés, leurs dépêches et leurs montures. Elles firent également descendre tous les voyageurs de leurs carrosses, sauf le député Le Chapelier dont l'identité et le civisme furent garantis par le patriote Loustalot, rédacteur des *Révolutions de Paris*.

Pendant toute l'après-midi, ces mégères ne cessèrent de vomir contre la Reine les injures les plus ordurières, les menaces les plus sanguinaires : « Que j'aurais de plaisir à couper le cou à cette bougresse ! (Déposition 24). — Où est cette sacrée coquine ? il faut lui manger le cœur ! (Déposition 9). — Ah ! la sacrée p..., il faut l'emmener au Val de Grâce ; — ou : Nous n'avons pas besoin de son corps, mais il faut porter sa tête à Paris (Déposition 12).. — C'est moi qui lui couperai le cou à cette g... là [1] ! — Marie-Antoinette a chaud, je me baignerai les mains dans son sang (Déposition 243). — Nous rapporterons sa tête au bout d'une épée (Déposition 82). — Il ne faut plus que l'ivrogne soit roi davantage ; quant à la g..., on lui coupera la tête (Déposition 214). — Si c'est trop long de la conduire à la lanterne, on lui tordra le col (Déposition 268). — Ma foi, je ne peux me résoudre à le tuer lui, mais elle volontiers (Paganel). — Nous avons une serviette pour y mettre les entrailles de la Reine (Déposition 199), etc. »

D'autres disaient « ses tripes » ou « ses boyaux », et portaient des baquets « pour y mettre les tronches (têtes) des Gardes du corps ». Une citoyenne, en train d'aiguiser un couteau sur une borne, déclara à Forget « que c'était pour arracher le cœur de la Reine... » Les plus modérées se contentaient de crier : « Nous la ramènerons morte ou vive » (Déposition 48), ou « Si nous ne la pendons pas, nous la mettrons pour toute sa vie dans un couvent » (Dépositaire 350). La haine contre la Reine était à cette époque tellement générale qu'un des aides de camp du général Lafayette alla jusqu'à dire le lendemain au comte de Montmorin : « Marie-Antoinette a dansé pour son plaisir, nous la ferons danser pour le nôtre » (Déposition 182).

Leur fureur n'empêcha cependant pas les citoyennes de prendre durant leur expédition quelques sages

----

[1] Déposition de la veuve Ravet devant le Comité des Recherches de la Municipalité.

précautions. Elles se renseignèrent soigneusement près de tous les Versaillais qu'elles rencontrèrent du nombre de députés présents à l'Assemblée et du véritable effectif des dragons et des Gardes du corps; à Sèvres elles eurent soin, avant de continuer leur marche, de reconnaître la route, et d'*attendre que le Roi soit revenu se constituer prisonnier à Versailles.*

Mais, dès qu'elles eurent franchi la barrière de la cité royale, située alors en face de la rue de Noailles, les poissardes et leur escorte engagèrent immédiatement les hostilités. Beaulieu, l'auteur des *Essais historiques,* qui, se promenant là par hasard, indiqua à Maillard le chemin de l'Assemblée, raconte : « Au même instant, j'entends siffler tout près de mes oreilles des balles destinées à un Garde du corps. » Deux détachements de Gardes, envoyés au-devant du Roi, et revenant sans avoir pu le rencontrer, furent en effet assaillis, et le cheval du maréchal des logis Colomb reçut un coup de pique (Lettre du garde d'Aubiac).

Les mégères poursuivirent également M. de Lastours, page du Roi, en criant « A la lanterne ! » (Déposition 38) et, ne connaissant pas bien encore l'uniforme des Gardes du corps, se mirent à assaillir tous les passants vêtus de bleu ou galonnés. Un commis de la marine Bellet de Mireman faillit devenir leur victime (Déposition 305) ; et Frélot d'Abancourt, ingénieur des Camps, entouré de femmes qui coupèrent la bellière de son sabre, ne dut son salut qu'à la vitesse de son cheval (Déposition 318.)

Toutes ces agressions se produisirent sans que les

dragons de Montmorency postés à la barrière jugeassent utile d'intervenir : « Ils se déclarèrent pour les femmes, constate le *Fouet national* » ; ils crièrent : « Vive la Nation ! » ajoute Louvet de Coudrai[1]. « On avait bien, confirme Beaulieu, laissé des dragons sur l'avenue de Paris, mais ils ont laissé passer cette effroyable multitude sans bouger de place. » Le civisme de ces braves soldats alla même un peu plus tard jusqu'à ouvrir leurs rangs pour laisser la foule attaquer tout à son aise quelques Gardes du corps qui les appuyaient![2].

En face de la rue Saint-Martin (actuellement rue de l'Assemblée-Nationale), les Parisiennes se séparèrent en deux bandes, les unes entrèrent dans la cour de l'Hôtel des Menus Plaisirs où siégeait l'Assemblée, les autres se dirigèrent vers le Château, en vue duquel elles arrivèrent à trois heures et demie.

Sur la Place d'Armes, les troupes défendaient les grilles de la cour des Ministres dont les portes avaient été cadenassées : « M. de Guiche, raconte le brigadier Mondollot, nous rangea un peu en avant. Le régiment de Flandre était à la gauche des Gardes du corps, et les dragons en colonne avaient leur tête à la hauteur de la cour de la caserne des ci-devant Gardes-françaises et la queue dans la rue de la Chancellerie[3]. Les Gardes de Monsieur étaient rangés

[1] *Paris justifié contre M. Monnier.*
[2] Voir p. 121.
[3] Actuellement rue Gambetta.

(à gauche) derrière la compagnie Écossaise (qui formait le centre). L'artillerie de Versailles et celle du régiment de Flandre étaient adossées aux casernes et couvertes par deux piquets d'infanterie, celui du régiment de Flandre à la droite, et celui de la Garde nationale à gauche, laissant libre l'entrée de l'esplanade. »

Quelques Suisses se tenaient derrière la grille, et cent cinquante chasseurs des Trois-Évêchés flanquaient les huit cents soldats du régiment de Flandre. Il y avait donc sur la Place d'Armes de quinze à seize cents hommes de troupes régulières.

Naturellement, l'attitude de tant de Parisiennes si mal assorties ne se ressembla guère ; les unes se bornèrent à demander aux Gardes pourquoi ils méprisaient la cocarde patriotique, les autres essayèrent de les séduire ou de les intimider par des injures et des menaces. Le très intéressant recueil de lettres écrites par les Gardes du corps, conservé aux Archives nationales[1], dont nous aurons plus d'une fois à parler, montre bien l'extrême diversité de condition des Amazones.

« Beaucoup causaient avec nous. Quelques-unes nous dirent des graciosités. — Les unes nous menacèrent, d'autres essayèrent de nous séduire par des promesses. » Une femme déclara à Bailleul « qu'elles comptaient bien remporter le lendemain quelques têtes, et qu'elles donneraient la préférence à la sienne ».

---

[1] Voir p. 135.

Une autre dit à Ligny : « Vous montez des chevaux qui nous ramèneront à Paris ». Un de leurs compagnons répondit à **M.** de Beauvilliers, qui lui demandait pourquoi ils tenaient tant à parler au Roi : « Pour qu'il donne sa démission et tout sera fini. — Sur quoi, deux de ses compagnons le frappèrent sur le bras et lui dirent : — Tais-toi, tu parles comme une bavarde. »[1]

« Vers six heures, raconte le brigadier de Girardot, leur nombre s'étant accru, les femmes environnèrent les grilles, et tantôt menaçantes ou suppliantes, elles demandèrent à parler au Roi. Nous faisions nos efforts pour les calmer et les reprenions avec douceur lorsqu'elles grimpaient aux grilles ; elles criaient que nous les maltraitions, alors que nous ne leur faisions aucun mal. Leurs cris étaient : *Du pain ! Du pain !* néanmoins elles refusèrent l'argent que nous leur offrîmes pour leur permettre d'aller en acheter... Enfin, désespérant de pouvoir pénétrer, elles nous menacèrent de l'arrivée des hommes qui, disaient-elles, les suivaient pour nous mettre à la raison. »

« Chaque Garde avait son colloque particulier... Pour ma part, note d'Albignac, je m'adressai à une femme assez bien vêtue en noir, paraissant avoir cinquante ans... je l'arraisonnai sur les plaintes du pain... Elle m'écoutait assez bien et semblait goûter mes raisons, mais elle me parla avec irrévérence de l'Assemblée nationale, avec horreur de **M.** de La

---

[1] Lettres de Flormont, de d'Albignac, de Bailleul, etc.

Fayette, de M. Bailly avec rage et surtout de la Reine à qui elle attribuait tout : — Ah, la mâtine ! disait-elle, si je la tenais, comme je la déchirerais ! Et, en même temps, elle me montrait ses deux griffes de furie... Une autre moins traitable, armée d'un petit couteau... me disait : — J. F... laisse-moi passer où je te perce la cuisse. Tu me tueras si tu veux : je ne crains pas la mort ! — et elle me menaça de son couteau, mais un homme le lui arracha en lui disant : — Nous n'avons pas besoin de ça pour passer. — ... Un homme armé d'une pique me répondit : — Ce que nous voulons c'est que tu mettes bas les armes ! F...! — Pour l'instant, déclara d'Albignac, à un de ses camarades, ce n'est qu'une amusette, mais comment finira-t-elle ? » ,

Le maréchal des logis Lhuillier donna à une femme un petit pain qu'il avait dans sa sacoche, et un Garde, nommé Marc, de la compagnie Écossaise, alla chercher au Château deux serviettes remplies de pain [1]. Alors les vraies ménagères crièrent : *Vive les Gardes !* par contre d'autres citoyennes demandèrent à M. de Lamortie qui leur proposait de les conduire chez un boulanger, « s'il se moquait d'elles ? »

Pendant que les citoyennes s'entretenaient avec les Gardes et que les poissardes essayaient de leur faire perdre patience en les injuriant sans répit, dans l'espoir d'amener un utile conflit, une bande de « filles de la rue du Pélican » ou de « Bacchantes des Porcherons » dont le nombre, suivant les témoins, varie

---

[1] Lettre du chevalier de Gartry.

de cinquante à plus de cent, pénétra dans les rangs du régiment de Flandre. Les soldats, gagnés depuis la veille à la cause de la Révolution, accueillirent avec empressement ces nouvelles Circés. « Nous allons je crois, dit l'un d'eux, avoir un plaisir de mâtin »[1], et ils placèrent les baguettes de leurs fusils dans les canons pour prouver que leurs armes n'étaient pas chargées.

D'Estaing, dans l'espoir d'apaiser les Parisiennes, sortit à cheval pour les haranguer, mais mal lui en prit, car il faillit être aussitôt désarçonné. « Il fut assailli par autant de femmes qu'il en put approcher de son cheval ; voyant alors le danger, il se rapprocha de la compagnie de Luxembourg, mais cinq ou six femmes saisirent la bride de son cheval ; les autres prirent le pan gauche de son habit de façon à le terrasser, car il avait le pied droit à plus de quatre pieds du sol, il reçut même quelques coups de baguettes ». Saint-Front et Jacquinot volèrent alors à son secours : « Les têtes de nos chevaux suffirent heureusement à le dégager[2]. »

Ces aimables citoyennes restèrent sur la Place d'Armes jusqu'après la bagarre occasionnée par le départ des Gardes du corps, puis poursuivirent tous ceux qu'elles rencontrèrent isolément : elles saisirent l'un d'eux, M. de Moucheron, et lui firent subir un supplice impossible à rapporter. Plus tard elles se dispersèrent dans les cabarets voisins, mais revinrent

[1] Dépositions 1, 18, 29, 89, 98, 152, 294, 316, 317, etc.
[2] Lettres de d'Albignac, de Saint-Front et de Bailleul.

à plusieurs reprises avec leurs compagnons pour essayer de persuader aux artilleurs versaillais d'aller canonner l'Hôtel de Ville ou de mitrailler les Gardes après leur retour[1] dans la cour des Ministres.

* * *

Le plus grand nombre des Parisiennes, fatiguées et traversées par la pluie, s'était arrêté dans la cour de l'Hôtel des Menus Plaisirs[2] où siégeait l'Assemblée nationale.

La séance était orageuse : elle avait débuté à neuf heures du matin par la lecture de la réponse du Roi au sujet des décrets dont on lui demandait l'approbation. Louis XVI accordait bien une sorte de sanction aux dix-neuf articles de la Constitution, mais seulement, expliquait-il, « à la condition positive, dont je ne me départirai jamais, que, par le résultat général des délibérations de l'Assemblée, le pouvoir exécutif aurait son entier effet entre les mains du Monarque...

« Il me reste, continuait-il, à vous témoigner avec franchise que si je donne mon accession aux divers articles constitutionnels que vous m'avez fait remettre, ce n'est pas qu'ils me présentent tous indistinctement l'idée de la perfection, mais je crois qu'il est louable en moi de ne pas différer d'avoir égard au vœu présent des députés de la nation, et aux circons-

[1] Voir p. 132.

[2] Il était situé au coin de l'avenue de Paris et de la rue Saint-Martin (actuellement rue de l'Assemblée Nationale).

tances alarmantes qui vous invitent si fortement à vouloir par-dessus tout le prompt rétablissement de la paix, de l'ordre et de la confiance.

« Je ne m'explique point sur votre Déclaration des Droits de l'Homme et du Citoyen ; elle contient de très bonnes maximes propres à guider vos travaux, mais des principes susceptibles d'explications, d'applications et même d'interprétations différentes ne peuvent être appréciés qu'au moment où leur véritable sens est fixé par les lois auxquelles ils doivent servir de base... » Louis XVI ajoutait : « J'ai fait garnir toutes les frontières du royaume pour empêcher l'exportation des grains. »

Immédiatement le député Muguet proposa de ne plus voter d'impôts, tant que le Roi n'aurait pas accepté la Constitution ; Robespierre s'éleva contre le maintien sur les actes royaux de la formule : « Tel est notre bon plaisir » ; puis Duport, après s'être étonné qu'aucun ministre n'ait contresigné la réponse royale, ajouta : « Pourquoi faut-il que nous payons des impôts pour subvenir aux fêtes scandaleuses du Château ? »

Aussitôt Pétion dénonça le caractère incivique du banquet des Gardes du corps ; M. de Monspey, ayant crié à l'orateur : « Dénoncez alors, mais signez ! » Mirabeau vint au secours de son collègue : « Je commence, dit-il, par déclarer que je trouve souverainement impolitique la dénonciation réclamée ; cependant, si on persiste, je suis prêt, moi, à fournir tous les détails, et à les signer. Mais, auparavant, je demande que l'Assemblée déclare que la personne du Roi est *seule* inviolable, et que toutes les autres personnes, *quelles qu'elles soient*, sont également sujettes et responsables devant la loi. » Il aurait même ajouté plus bas : « Le duc de Guiche... et même la Reine ». Le marquis de Digoine, député d'Autun, déclare avoir entendu dire à ce moment par une personne qui se trouvait à côté de Mme de Sillery et du duc de Chartres : « La Reine, comme une autre, si elle est coupable ».

La tribune où se trouvait la famille d'Orléans avec la duchesse d'Aiguillon et Mme de Lameth se fit remarquer à plusieurs reprises par son civisme : quand les députés royalistes protestèrent contre les insinuations de Mirabeau, M. de Barbentane s'écria : « On voit bien que ces Messieurs veulent encore des lanternes. Eh bien ! ils en auront[1] ! » D'après M. de Raigecourt, député de Nancy, le futur Louis-Philippe aurait même opiné : « Oui, oui, il faut encore des lanternes ». Le même représentant entendit également le duc de Chartres demander : « Est-ce que vraiment les Gardes du corps n'ont pas prêté serment ? — Je ne crois pas, Monseigneur. — Alors on le leur fera prêter. » Peu de temps après les Parisiennes arrivèrent et le prince s'empressa de disparaître avec Mme de Genlis.

Vers midi, Mirabeau prévint le président Mounier de l'approche des manifestants. « Paris marche sur

[1] Le 3 octobre 1790, Puget-Barbentane rectifia ainsi sa phrase : « Mon Dieu ces gens-là veulent donc toujours des lanternes ! »

nous, lui dit-il. Croyez-moi, trouvez-vous mal. Allez au Château, donnez-leur cet avis ; dites, si vous le voulez, que vous le tenez de moi, j'y consens. Mais faites cesser cette controverse scandaleuse ; le temps presse et il n'y a pas une minute à perdre. » Mounier raconte qu'il se contenta de répondre simplement au tribun : « Tant mieux si Paris marche sur nous, nous serons plus vite en république ! — Le mot est joli — répondit Mirabeau ; plus tard, il ajoutera : « Si l'on se rappelle que Mounier voyait en moi le boute-feu de Paris, on trouvera que ce mot, qui a plus de caractère que le pauvre fugitif n'en a montré depuis, lui fait honneur. »

Le but de Mirabeau en cherchant à faire lever la séance était sans doute de dégager la responsabilité de l'Assemblée et de laisser la Cour se débattre seule avec les manifestants ; il comptait peut-être aussi sur cet isolement pour décider le Roi à prendre la fuite. Il ne faudrait pourtant pas croire que Mirabeau se soit toujours montré ce jour-là l'adversaire implacable de la Cour ; il fut même violemment rappelé à l'ordre par les patriotes, et dut présenter des excuses ; la plupart des journaux notent l'incident, mais presque seul le *Point du Jour* rapporte le propos de Mirabeau qui occasionna le tumulte [1] : « Si nous frappons toujours l'autorité royale, avait-il déclaré, le pouvoir exécutif sera sans vigueur et l'anarchie renaîtra. »

Entre temps, l'abbé Grégoire s'était levé pour

---

[1] « Une réclamation générale, dit le *Point du Jour*, a rappelé à l'ordre M. le vicomte. »

affirmer que des meuniers étaient payés pour ne pas moudre, et la discussion devint de plus en plus confuse.

« En vain M. de la Galissonnière, dit le *Journal* manuscrit attribué au comte de Castellane [1], voulut faire décider qu'il y avait lieu à délibérer, en vain l'évêque de Langres voulut qu'on allât aux voix pour savoir si l'Assemblée était contente ou non de la réponse du Roi, la motion de Mirabeau (consistant à prier le Roi d'ordonner aux chefs de corps de maintenir leurs subordonnés dans le respect qu'ils doivent à l'Assemblée, et à lui demander de vouloir bien expliquer sa pensée relativement à l'acceptation) a obtenu la priorité ; mais elle n'a passé qu'avec un amendement de M. Guillotin qui demandait que le Roi fût supplié d'adopter purement et simplement les Constitutions. »

Finalement, l'Assemblée arrêta « que le Président, à la tête d'une députation, se retirerait aujourd'hui même devers le Roi à l'effet de le supplier de donner son acceptation pure et simple aux articles de la Déclaration des Droits et à ceux de la Constitution qui lui ont été présentés ». Bouché, Prieur, Barnave, Simon de Caux, La Galissonnière, l'évêque de Châlons, Guillotin, le baron de Menou, Vernier, le prince de Broglie, Dumiez et le comte de Miremont furent désignés pour accompagner le président Mounier.

---

[1] Bibl. nat. Mss. Fr. n. a. 4121.

Juste au moment où la délégation s'apprêtait à se rendre au Château, par un merveilleux *hasard*, les Parisiennes et leur escorte de bandits arrivèrent apporter leur concours aux députés dans l'embarras [1].

Maillard, très habilement, pour ne pas trop effrayer les représentants, se présenta en respecteux pétitionnaire, et se borna à demander l'autorisation d'introduire simplement une délégation composée d'une quinzaine de femmes. Le général des Amazones, revêtu d'un « mauvais habit noir qui ne paraissait pas fait pour lui (Dép. 38) », pénétra dans la salle des séances encadré par deux femmes, d'une « adjudante » qui brandissait une épée (Reine Audu) et d'une citoyenne portant au bout d'une pique un objet étrange qui intrigua tous les spectateurs. Les uns l'appellent « une sorte de tambour de Basque », les autres « une espèce d'écusson ovale », ou « un tableau sur lequel on n'a rien pu distinguer » (peut-être une balance ?). Maillard tenait à la main les clefs de l'Hôtel de Ville.

Deux discours furent prononcés, l'un par Maillard, l'autre par un bossu « extrêmement déguenillé », qui commandait avec Burnout le détachement des faubouriens et des hommes déguisés en femmes. Ce bizarre et mystérieux personnage se donnait comme un ancien Garde-française, et se vantait bruyamment

---

[1] Bien que le fait ait été nié, il paraît certain qu'un instant auparavant un député vint lire une adresse des forçats de Toulon qui, à défaut d'argent, proposaient à l'Assemblée le secours de leurs bras.

d'avoir failli être pendu le matin même pour avoir le premier sonné le tocsin à l'église Sainte-Marguerite. Selon lui, il n'avait dû son salut qu'à l'intervention des femmes du faubourg Saint-Antoine, et prit soin de garder toute la journée une corde en guise de cravate.

Maillard, suivant sa modeste habitude, s'attribua tout l'honneur des harangues prononcées à l'Assemblée nationale, mais il paraît certain que le bossu prit également la parole. Ce fut même probablement lui qui reprocha à l'archevêque de Paris « d'avoir envoyé à un meunier deux cents livres pour l'empêcher de moudre, avec promesse de continuer à lui en donner autant chaque semaine ».

Cette accusation ridicule déchaîna un formidable tapage, et Mounier somma aussitôt le dénonciateur de donner le nom des propagateurs de cette nouvelle inattendue. Maillard se hâta de répondre « que ses compagnons l'avaient apprise de deux ou trois personnes montées dans une voiture de la Cour qu'ils avaient rencontrées sur la route, dont il ne se rappelait plus les noms, mais qui demeuraient rue du Plâtre-Saint-Avoye ». Duport réfuta cette absurdité, et personne ne semblait la prendre au sérieux, « quand M. de Robespierre opina que l'étranger introduit dans la diète auguste avait fortement raison, et qu'il croyait qu'il en avait été question le matin, que M. l'abbé Grégoire pourrait donner des éclaircissements. Ce qui le déchargea, lui Maillard, d'en donner d'autres ».

Barnave, dans une lettre, qualifie de « barbare » l'éloquence du commandant des Parisiennes. D'après lui, Maillard réclama quatre choses : du pain, des excuses de la part des Gardes, la suppression des aristocrates et l'assurance de la liberté pour le peuple. « Il employait souvent, dit le marquis de Virieu (Dép. 140) ces mots : *Nous voulons; nous exigeons*. Sur cela, l'indignation que manifestèrent plusieurs députés le fit rentrer un peu dans la décence. »

Selon sa déposition, Maillard pria l'Assemblée « de nommer une députation qui voulût bien se transporter près de MM. les Gardes à l'effet de les engager à prendre la cocarde nationale et de faire réparation de l'injure qu'on disait qu'ils lui avaient faite ». Il montra ensuite les cocardes noires enlevées en cours de route à des compères déguisés en postillons, et auxquels, malgré certaines déclarations, *on ne fit aucun mal*, puis déclara « qu'il ne devait exister aucune personne qui ne se fît honneur d'être citoyen et que, s'il y avait parmi cette auguste Assemblée des membres qui se trouvassent déshonorés de ce titre, ils devaient en être exclus sur-le-champ » ; toutefois, Mounier, dans l'*Exposé de sa conduite*, attribue au bossu l'honneur d'avoir déclaré : « Nous forcerons tout le monde à porter la cocarde », et, de fait, les députés qui n'en portaient pas s'empressèrent d'en arborer.

Au même moment on vint apporter à l'Assemblée une cocarde patriotique de la part des Gardes du corps, et le calme se rétablit. Maillard demanda alors, « pour éviter des malheurs, l'éloignement du régiment de Flandre parce que les citoyens craignaient une révolution de sa part... et que, dans cette période de disette, c'était toujours mille bouches de plus à nourrir ».

L'orateur entreprit ensuite de démontrer que le pain coûtait trois livres dix sols la livre... puisque, pour se la procurer, il fallait perdre une journée à faire la queue devant les boulangeries. Il réclama ensuite des mesures sévères contre les municipalités qui se permettaient de retenir pour leurs besoins les convois de grains destinés à Paris; enfin, il insista pour l'envoi immédiat d'une députation auprès du Roi.

Une fois leur chef dans la place, les Parisiennes ne tardèrent pas à se faufiler d'abord par petits groupes, puis finirent par envahir en foule la salle de l'Assemblée, sous prétexte de s'assurer « si leur porte-parole ne venait pas d'être empoisonné » (*sic*). Les poissardes se ruèrent sur les banquettes réservées aux députés ; les ménagères, heureuses de trouver enfin un abri contre la pluie, entrèrent également, mais, plus respectueuses des convenances, elles montèrent dans les vastes tribunes qui entouraient la salle de trois côtés et pouvaient contenir près de cinq cents personnes.

Des femmes se mirent aussitôt à chanter ; d'autres déblatérèrent contre l'*Autrichienne ;* une citoyenne réclama le droit de faire des perquisitions à domicile pour découvrir les accapareurs. Bref, reconnaît lui-même le journal de Marat, « les femmes se mirent à parler toutes à la fois, et demandèrent à ce que l'Assemblée fixe le prix du pain à deux sols la livre, et à huit celui de la viande ». Elles voulurent même contraindre le député Faydel, qui siégeait au bureau, à rédiger un décret taxant les vivres ; sur son refus, un jeune homme à la figure maigre et livide, portant un tablier, lui dit : « Faites ce qu'on vous mande, n'imaginez pas que nous soyons des enfants que l'on joue ; nous avons le bras levé ! »

Après le départ de Mounier et de la délégation des députés et des citoyennes, un grand nombre de députés s'empressèrent d'aller dîner, et l'évêque de Langres, à qui revint la présidence, ne possédait pas une autorité suffisante pour parvenir à calmer cette foule en délire pendant que Duquesnoy discourait longuement sur la division du royaume.

Vers huit heures, le Dr Guillotin parvint à ramener un instant la tranquillité en venant annoncer « qu'il apportait des ordres pour les grains ». Maillard, dont le rôle était terminé, s'empressa fort habilement de reprendre au plus vite le chemin de Paris pour porter à la Municipalité les ordonnances du Roi. Une soixantaine de ménagères, trop heureuses de trouver une occasion de rentrer dans leurs foyers, se hâtèrent de l'accompagner[1].

Le départ de Maillard, seule personne dont les

----

[1] Voir p. 247.

poissardes reconnussent tant soit peu l'autorité, devint le signal d'un effroyable tapage; Mounier ne revenant pas, elles proposèrent d'envoyer près du Roi une seconde députation, puis, n'ayant plus de pain à réclamer, se mirent à demander la diminution du prix de la viande ou de la chandelle [1] et recommencèrent à houspiller sérieusement les députés du clergé. « Un prélat portant une croix ayant proposé à une de ces femmes de lui baiser la main pour l'engager à la tranquillité, elle lui donna un compliment en lui disant : « Qu'elle n'était pas f... pour baiser la patte d'un chien » et toutes les femmes se récrièrent : « A bas la calotte ! C'est tout le clergé qui a fait le mal [2] », ou « Vous ne ferez rien de bon avec tous ces calotins. »

Elles s'en prirent surtout à M. de la Luzerne, évêque de Langres, et forcèrent le malheureux président « à mettre les pouces sur le bureau, en guise de soumission », alors la première dame des Halles, Reine Audu, surnommée la *Reine de Hongrie,* lui dit : « Nous sommes contentes, il faut que tu nous embrasses [3]. » « Ces baisers, remarquent les *Lettres à M. de B.*, ne répandaient pas l'odeur de la tubéreuse, mais le brûlant du patriotisme. » M. de Rochebrune, ayant voulu prendre la défense du clergé, fut interrompu de toutes parts par les cris répétés de : « *A la grève ! A la grève !* [4] ». Finalement le pauvre évêque

[1] *Journal politique national.*
[2] Déposition de Maillard.
[3] Déposition de Dufraisse-Duchey et *Histoire authentique et suivie.*
[4] *Journal* du député Duquesnoy.

dut céder son fauteuil à une présidente en jupon qui en profita pour réclamer le retour du Roi à Paris.

Pendant ce temps, d'autres poissardes mettaient à la raison, ou plutôt en fuite, la plupart des députés noirs dont elles commencèrent par s'approprier les cocardes. « Cède-moi ta place, leur disaient-elles, nous sommes tous égaux. » ou « Parle, toi, député ! » ; à d'autres elles criaient : « Tais-toi ! »[1] ; une des Amazones demandait à tout le monde où siégeait « *Petit moineau*, un aristocrate qu'elles avaient décidé de pendre ». François de Virieu, qu'elles dénommaient ainsi, s'était attiré la haine de la populace en demandant quelque temps auparavant à l'Assemblée « de rendre, au nom de la Patrie, au pouvoir exécutif et au pouvoir judiciaire, les forces dont ils avaient besoin ». Bruyamment interrompu par les tribunes, il avait vertement répondu : « Eh quoi ! faut-il que l'Assemblée nationale soit emportée par une poignée de démagogues ? Ah ! non ! F... » Cette expression énergique faillit lui coûter la vie ; le lendemain, M. de Cocherel, pris pour lui, aurait été assassiné s'il n'avait pu faire à temps reconnaître son identité. D'autres aimables citoyennes essayaient la solidité des cordes des lanternes en criant qu'il fallait y accrocher l'archevêque de Paris, Mounier, l'abbé Maury et le député d'Espremenil[2].

Virieu, Mounier, Lally-Tollendal, Malouet, pour ne citer que ceux dont les noms reviennent dans cet

---

[1] *Histoire authentique et suivie.* — Beaulieu, *Essais historiques.*
[2] Dépositions 268, 280, etc.

ouvrage, après avoir commencé par applaudir « le beau spectacle du 14 Juillet », n'avaient point tardé à perdre leurs belles illusions, et la foule leur en voulait d'autant plus qu'elle avait tout d'abord compté sur eux.

En désespoir de cause, l'évêque de Langres prit, vers neuf heures et demie, le parti de lever la séance, et les derniers députés venaient de se retirer quand Mounier revint enfin du Château annoncer l'acceptation par le Roi des articles de la Constitution. Mounier décida de reprendre la séance, mais il dut d'abord parlementer avec la présidente qui siégeait à sa place. Cette citoyenne finit par consentir à lui restituer son fauteuil, non sans lui avoir toutefois, dit-il, reproché « d'avoir défendu ce vilain véto », et charitablement prévenu « de bien prendre garde à la lanterne ». Tout en reproduisant ces propos, Michelet déclare « que ces femmes de *bonnes manières causaient* avec Mounier ! » D'après les papiers de Faydel, cités par le baron de Maricourt, le nom de cette femme serait Landelles, mais nous ne croyons pas qu'Anne Andelles, veuve Ravet, ait joué aucun rôle actif le 5 Octobre, et son interminable déposition dans la *Procédure* est une simple mystification.

Dans la soirée[1], les citoyennes émirent la prétention de voter au même titre que les députés. Il se trouva même un singulier législateur, M. de Gouy

---

[1] Faute de procès-verbaux précis, il est souvent impossible de déterminer à quel moment de la séance, qui dura jusqu'à trois heures du matin, se passèrent certains incidents.

d'Arcy, l'auteur de cette définition scientifique de la royauté : « un roi n'est que la collection de tous les pouvoirs exécutifs »[1], pour appuyer cette demande qui fut vivement combattue par les représentants Antoine et Goupilleau (Déposition 220). Un certain nombre de députés flattaient la populace, et Duquesnoy déplore que quelques-uns de ses collègues « aient eu l'indécence de quitter leurs places pour aller causer avec les femmes des tribunes ».

« Elles votèrent, racontent les *Révolutions de Paris et de Versailles,* comme les députés sur les motions et amendements. Elles exercèrent donc, dans cette incomparable journée, les fonctions du pouvoir législatif et du pouvoir exécutif. » Les citoyennes auraient pu faire remarquer pour soutenir leur prétention que leurs suffrages étaient nécessaires pour atteindre le *quorum* et remplacer ceux de tous les députés en fuite.

Lors de la reprise de la séance, il ne restait plus dans la salle « qu'un très petit nombre de députés au milieu de quatre ou cinq cents femmes » (Frondeville, Dép. 177). Le baron de Batz estime à huit ou neuf seulement le nombre de ses collègues encore présents — restés par curiosité, ajoute Mounier ! — A dix heures du soir, le député Camus écrit à sa femme : « ... La salle est encore pleine de femmes ; je viens de m'en informer, *car je t'écris des archives* », et il ajoute, après avoir annoncé qu'il allait rentrer chez lui « bien

---

[1] *Discours à l'occasion de la première séance de l'Assemblée à Paris.*

accompagné : des gens sensés trouvent d'un exemple bien dangereux que tant de personnes se soient introduites dans notre salle » [1].

L'Assemblée siégeait depuis neuf heures du matin sans autre interruption qu'une courte suspension de séance à l'heure du déjeuner; aussi quand Mounier entreprit, sur la demande du Roi qui désirait s'entourer des députés pour recevoir La Fayette, de réunir à nouveau ses collègues, un grand nombre d'entre eux ne daignèrent pas se déranger malgré le rappel de tous les tambours de la Garde nationale.

Cette dernière séance fut encore plus tumultueuse. Le député Deschamps dont le discours juridique ennuyait prodigieusement les citoyennes, se vit si vivement pris à parti que Mirabeau lui-même finit par s'indigner : « Je voudrais bien savoir, s'écria-t-il, pourquoi on se donne des airs de nous donner des lois ! Ce n'est pas au milieu d'un tumulte scandaleux que les représentants de la Nation peuvent discuter avec sagesse ; et j'espère que les amies de la Liberté ne sont pas venues ici pour gêner la liberté de l'Assemblée ! » Les vraies ménagères entassées dans les tribunes applaudirent l'orateur aux cris de : « Vive notre comte Mirabeau ! » toutefois, sa proposition de faire évacuer la salle n'obtint aucun succès, et toutes les femmes crièrent en chœur : « Nous n'entendons pas cela [2]. » Le tribun pourtant était leur idole, et elles le lui prouvèrent en allant par pelotons

<hr>

[1] *Revue de la Révolution* (1885).
[2] *Courrier français,* p. 49.

l'embrasser patriotiquement. « On voyait, *raconte le
député Faydel*, ces séditieux se rouler avec les
femmes sur les banquettes et rendre les vins et les
liqueurs dont ils s'étaient gorgés. » Quand le comte
de Custines quitta l'Assemblée, il fut suivi par deux
citoyennes qui le sommèrent de leur offrir à souper;
« ensuite, elles se couchèrent dans son lit, avec l'honnêteté cependant (*sic*) de lui offrir de venir prendre
place avec elles; ce dont il n'eut pas envie ».

Le spectacle donné par l'Assemblée fut lamentable;
néanmoins de tous les journaux, le *Courrier français* eut seul le courage de relever le rôle piteux des
députés : « Cette séance, remarque-t-il, fera époque
dans nos fastes, par le spectacle attendrissant qu'elle
a présenté de la nullité de tous les pouvoirs et du
relâchement absolu de tous les ressorts qui soutiennent la puissance publique; elle a été alternati-
vement gaie, douloureuse et profondément attris-
tante. »

Les représentants ne retrouvèrent même pas leur
courage après le départ des émeutiers : les jours
suivants un si grand nombre de députés (trois cents,
dit-on) demandèrent des passeports, que l'Assemblée
se vit forcée, le 10 octobre, de décider qu'elle n'en
accorderait plus sans motif sérieux. Mounier était
parti dès le 8 !

Un grand nombre de femmes passèrent la nuit sur
les banquettes de l'Assemblée nationale; les plus
exaltées allèrent avec quantité de malandrins se loger

dans l'Hôtel de la Surintendance, au ministère de la Guerre, ou dans la caserne des Gardes-françaises, à deux pas du théâtre de leurs exploits du lendemain. Les émeutiers en effet, fidèles à leur habile tactique de toujours mettre quelques femmes en avant, eurent soin, avant de risquer l'attaque du Palais, d'envoyer de bon matin quelques filles hardies, accompagnées d'hommes déguisés en femmes, reconnaître la disposition des lieux et le nombre exact des Suisses ou des Gardes du corps en faction.

Comme derniers exploits, une bande d'odieuses poissardes profana le lendemain les cadavres des deux Gardes du corps massacrés pendant l'invasion du Château. « Je vis alors, raconte Borg, des femmes danser sur son corps (celui de Deshuttes)... puis on apporta le corps d'un autre Garde (Varicourt) aussi privé de sa tête, on les mit tous deux le long de la tente et on les couvrit de paille. On ne les fit pas garder, et à chaque instant des femmes venaient contenter leur barbare curiosité en levant la paille qui couvrait ces cadavres, leur donnant des coups de pied et arrachant des morceaux de leurs habits pour servir de monuments à leur victoire. »

Quelques-unes de ces véritables harpies parties en avant avec les deux scélérats, qui portaient en triomphe les têtes de leurs victimes, firent mettre à Sèvres des papillotes aux boucles ensanglantées de l'infortuné Pagès-Deshuttes[1]. D'après George Duval,

---

[1] Beaulieu. — Mme Campan. — *Relation très exacte.* — *Conduite*

le perruquier, un nommé Gelé, devint subitement fou à la suite de cette macabre frisure.

Un des plus chauds admirateurs des Parisiennes, l'auteur des *Héroïnes du 5 Octobre*, se voit forcé de reconnaître que « si elles cachaient un grand caractère, elles avaient un dehors peu avantageux... Elles eurent aussi le tort de faire des quêtes qui les avilirent[1] », et, en terminant, il leur conseille dorénavant « de moins boire avec excès ».

Nous avons à plusieurs reprises déclaré que nombre de manifestants des deux sexes avaient été préalablement soudoyés. Une quarantaine de témoins vinrent en effet affirmer devant le Châtelet[2] avoir assisté à des distributions d'argent ou constaté que les citoyennes, même les plus déguenillées, faisaient tinter joyeusement les poches de leurs tabliers. Rappelons encore que *tous* les débitants de Versailles rendirent hommage à l'honnêteté des Parisiens et des Parisiennes qui réglèrent sans se faire prier leurs fortes dépenses en gros écus, voire même *en or.*

« Un de ces malheureux, écrit le garde d'Aucourt, qui n'avait même pas de culotte, possédait dix écus. » Un des bandits qui envahirent l'Infirmerie royale, bien que très mal vêtu, montra à la Supérieure une poignée d'or en lui disant : « Vous voyez, ma sœur,

---

des Gardes du corps. — Bertrand de Molleville. — *Les Forfaits du 6 Octobre.*

[1] Voir p. 252.

[2] Dépositions 1, 10, 18, 20, 45, 48, 49, 56, 71, 81, 87, 89, 91, 110, 125, 144, 152, 164, 178, 179, 181, 182, 199, 230, 235, 236, 238, 243, 254, 261, 272, 284, 294, 316, 328, 351, 373, 387, 3° partie, p. 71, etc., etc.

nous sommes bien férés », et La Fayette, malgré sa réserve, parle de « factieux payés ». Un certain nombre de soldats du régiment de Flandre avaient très certainement reçu les jours précédents chacun un écu pour se rendre à Paris, pendant que quelques ex-Gardes-françaises, bons patriotes, recevaient pareille somme pour porter à Versailles la bonne parole[1]. « Nous venons, disaient-ils, prendre langue, chercher des instructions, et bientôt nous reviendrons pour mettre l'ordre[2] », ou « d'ici huit jours, nous viendrons chercher le Roi ». (Dép. 148).

Malgré le nombre et la précision de plusieurs de ces dépositions, le député Chabroud consacre à peine une dizaine de lignes à cette question pourtant capitale dans son volumineux *Rapport sur la Procédure du Châtelet*, et se borne à déclarer dédaigneusement « passer légèrement sur ces témoignages vagues ». L'étrange rapporteur partageait sans doute l'opinion de la femme qui répondit à la veuve Ravet « que, si le Pont-Neuf lui avait donné de l'argent, la Samaritaine n'en saurait rien ». Louis Blanc pourtant admet la présence « de quelques brigands qu'on avait payés pour ajouter leur fureur à l'emportement général ».

Au mois d'août 1790, la légende de la spontanéité du mouvement commençait déjà à prendre corps, mais au lendemain de l'émeute personne ne songea à mettre en doute la réalité de ces largesses suspectes. Camille Desmoulins, avec sa rude franchise,

---

[1] Voir notamment les dépositions 19, 22, 87, 88, 89, etc.
[2] Montjoie. *Histoire de la Conjuration de Philippe d'Orléans.*

avoue : « C'est au Palais-Royal que les patriotes dansent en rond avec les militaires de tous corps, et, prodiguant l'or et l'argent pour les faire boire à la santé de la nation, ont gagné toute l'armée. » Mlle de Kéralio, après avoir déblatéré longuement contre « le banquet infâme et les indécentes orgies de Versailles », ajoute : « On sait qu'on a répandu près de 200.000 livres dans deux faubourgs pour révolter le peuple[1]. »

Seulement, les journaux patriotiques attribuaient ces libéralités équivoques aux aristocrates : « On voulait, soutiennent les *Révolutions de Paris*, dégoûter le peuple de la liberté par l'anarchie. » Le même journal, dans un autre article, déclare que le mouvement a été suscité par les nobles qui espéraient, à la faveur du désarroi causé par une révolution, pouvoir quitter la France sans passeports. D'après les *Annales patriotiques* du 7 octobre, « l'émeute du 5 a été tramée par les ennemis du peuple qui voulaient empêcher la Constitution » ; et Mlle de Kéralio affirme que l'or provenait « d'un certain parti de la Cour qui voulait effrayer le prince et le faire fuir des dangers excités par *nos* ennemis ».

La « première Française républicaine » n'avait pas tout à fait tort ; seulement elle oubliait de comprendre parmi les « corrupteurs » les nombreux ennemis de la royauté et s'abusait un peu trop sur la crédulité de ses lecteurs en cherchant à leur persuader que son ami

---

[1] *Journal d'Etat et du Citoyen*, 8 octobre.

le duc d'Orléans se trouvait en dehors de ce « parti de la Cour ».

Après la « fuite » pour Londres du Régent manqué, Mlle de Kéralio changea quelque peu d'avis et lui consacra même divers articles peu flatteurs ; toutefois le prince ne lui en garda pas rancune et vint, deux ans plus tard, s'asseoir de temps à autre à sa table.

Il est certain qu'au mois de septembre le duc d'Orléans signa pour une somme très considérable de billets au porteur qui furent presque tous escomptés par Laborde de Merville. Ses partisans n'osèrent pas nier ce fait, admis même par le peu suspect auteur de l'opuscule intitulé *Pelletier crèvera dans sa peau*, seulement ils essayèrent d'expliquer cette opération financière par un brusque et vertueux désir du duc de régler quelques-unes de ses énormes dettes.

D'autre part, de très fortes sommes ayant passé, à cette époque, de Londres à Paris, par l'intermédiaire de banquiers hollandais, quelques auteurs pensent que le gouvernement anglais subventionna également les révolutionnaires. L'exil du duc d'Orléans fut même déguisé par la mission « d'aller s'enquérir en Angleterre jusqu'à quel point le cabinet de Londres a cherché à fomenter nos troubles, quels agents elle a employés ». Si les ministres le pensaient réellement, il faut avouer qu'ils choisirent un bien singulier enquêteur ! Le duc en effet remplit fort mal sa mission, car nous ignorons encore si le gouvernement anglais prit une part vraiment *active* aux complexes Journées d'Octobre.

L'argent provenait certainement *au moins* de deux partis bien distincts, dont l'un voulait simplement changer de Roi, et l'autre établir un nouveau système de gouvernement. Le seul lien qui les réunissait consistait dans leur espoir commun d'effrayer Louis XVI et de lui faire prendre la fuite. Mais, au lieu du Roi, dont le courage passif déjoua le plan des conjurés, ce fut d'Orléans qui, le 16 octobre, passa la frontière.

« Les Journées d'Octobre, conclut M. Mathiez [1], ne furent pas faites par ou pour le duc d'Orléans, elles furent faites par des personnes qui aimaient le duc d'Orléans. » Cette appréciation, nous l'avons déjà dit, ne nous paraît qu'en partie exacte. Si elle explique la participation de Danton, de Camille Desmoulins, de Marat, de Loustalot, de Dussault, de Barnave et de tous ceux qui, s'ils ne l'étaient pas déjà, allaient bientôt se déclarer républicains, elle diminue beaucoup trop sinon le rôle actif du duc d'Orléans, du moins celui de ses amis Biron, La Touche et Laclos, « son âme damnée ».

La Fayette, dont les appréciations sont souvent discutables, a, suivant nous, parfaitement raison quand il déclare que la faction orléaniste et les aspirants jacobins « *agirent plutôt ensemble que de concert* ».

Tout prêt à en profiter si la Révolution réussissait, décidé à la désavouer en cas d'échec, le duc d'Orléans ne fut pas le principal auteur de la conjuration, mais

[1] *Etude critique sur les Journées du 5 et 6 Octobre* 1789.

le complice essentiel. Il donna son nom et son argent, les *patriotes* firent le reste.

La Fayette ne cacha pas en diverses occasions [1] qu'il savait exactement à quoi s'en tenir sur l'organisation de l'émeute, mais, dans sa déposition laconique devant le Châtelet, après avoir parlé des « efforts faits par quelques factieux *payés* ou intéressés au désordre », il se borne à déclarer « qu'en pressant le départ pour Versailles, il entendit quelques-uns de ses soldats prononcer le mot de *Conseil de Régence* [2], et d'autres expressions qui paraissaient dans leurs bouches n'être que des répétitions de ce qu'ils avaient entendu ». La haine que porta toujours La Fayette au duc d'Orléans, l'insistance qu'il mit à obtenir du Roi l'éloignement de celui à qui il attribuait la nécessité où il s'était trouvé de suivre ses grenadiers à Versailles complètent cette déposition diplomatique.

Bertrand de Molleville reproduit une lettre du général bien compromettante pour le duc, et dont l'authenticité peut d'autant moins être mise en doute qu'elle se trouve certifiée par Duveyrier, le propre avocat du prince. Voici le commencement de cette épître portée à Londres par M. de Boinville avec l'assentiment du comte de Montmorin, ministre des Affaires Étrangères, et remise en présence de l'ambassadeur de France. « J'ai l'ordre de déclarer à

---

[1] Il aurait même, dit-on, crié au peuple, après l'envahissement du Château : « Calmez-vous ; je connais vos ennemis ; je vous les ferai connaître. *Ils ne sont pas loin !* »

[2] Voir page 141.

Monseigneur qu'il doit se souvenir qu'il a promis de ne pas retourner en France, tant que l'Assemblée actuelle ne sera pas dissoute ; *que c'est d'après cette parole qu'il a obtenu que le Roi, son maître, lui donnerait une mission qui sauvegarderait les apparences.* »

L'empressement avec lequel Philippe accepta, malgré les supplications de tous ses partisans, un exil à peine déguisé fut unanimement considéré comme un aveu de culpabilité, et sa « fuite » lui fit perdre en un jour son immense popularité. Paris se mit à chansonner son idole de la veille.

> Le duc d'O ne vient pas !
> Tous les matins on nous l'annonce,
> Le duc d'O ne vient pas !
> Sa fuite seule le dénonce ;
> On le désire, on le désire,
> Le duc d'O ne vient pas !...
>
> Aisément il triomphera :
> Mais, pour que son destin s'achève,
> Son cher La Clos le conduira
> Aux Porcherons, même à la *Grève !*
> On l'y désire ! on l'y désire !
> Ah ! nous verrons s'il s'en tirera !... [1]

Barras, qui certainement se trouvait aussi bien renseigné que La Fayette, a écrit dans ses *Mémoires :* « Il s'agissait d'autre chose que de quelques gâteaux de farine à jeter dans la gueule de ces nouveaux Cerbères... Si le duc d'Orléans se fût montré dans

---

[1] *Club des Observateurs,* n° 5.

ce moment avec quelque velléité d'ambition, il aurait été naturellement placé sur le trône... »

Les *Mémoires* de Barras, du moins tels qu'ils ont été publiés, sont fort laconiques sur les événements d'Octobre et ne contiennent plus aucune trace des passages qui inquiétaient tellement la haute police sous la Restauration. Mais, après la mort de Barras, ses *Mémoires* ont passé par tant de mains vénales ou hostiles qu'on ne saura jamais sans doute qui les a le plus amputés ou travestis [1].

*
* *

Le second élément composant l'armée des Amazones comprenait quelque deux cents ménagères souffrant réellement de la cherté du pain et de sa mauvaise qualité.

Rien n'avait été plus facile de faire croire à ces femmes crédules que toute la farine destinée à Paris allait s'emmagasiner à Versailles pour servir aux besoins des gargantuesques banquets des Gardes du

[1] A la mort du général, son secrétaire Paul Grand parvint à les soustraire aux recherches de la police en les confiant au chevalier de Fonvielle, parent de Barras, avec mission de les remettre plus tard à Hortentius Saint-Albin qui en avait déjà été à plusieurs reprises dépositaire, quand le général redoutait une perquisition. Pour tromper la police, Barras avait placé bien en évidence dans son bureau des cartons remplis de vieux papiers étiquetés *Mémoires, Documents importants*, etc., qui furent en effet saisis.

Saint-Albin, à la première occasion, vendit le manuscrit de Barras fort cher à Louis-Philippe qui le conserva toujours soigneusement dans son cabinet ; et Paul Grand, malgré son farouche républicanisme, obtint une place dans la magistrature.

En 1848, lors du pillage des Tuileries, un émeutier déroba les *Mémoires* et les transporta à Bruxelles, où M. Duruy les acheta.

corps ou des officiers du régiment de Flandre. Le pain pourtant n'était guère plus abondant à Versailles qu'à Paris : le 13 septembre précédent, la boutique d'un boulanger, du nom prédestiné d'Augustin Boulanger, avait été saccagée sur le bruit qu'on allait faire payer quarante sous au lieu de trente-six le pain de douze livres[1]. Versailles souffrit même sérieusement de la famine après le départ des Parisiens qui s'étaient emparés de toutes les farines en magasin ; le 10 octobre, la municipalité versaillaise se plaignit de ce qu'on lui avait dérobé deux mille huit cents setiers de grains.

Les histoires de pains découverts dans les égouts[2], de boulangers payés grassement pour ne pas cuire trouvaient à cette époque un crédit stupéfiant. La *Sentinelle du Peuple* du 28 octobre raconte très sérieusement à ses lecteurs qu'une femme venait d'être surprise à Pont-de-Vaux, en Bresse, en train de jeter nuitamment de nombreux sacs de pains dans la rivière; le *Journal de Paris* (n° 24) affirme qu'un boulanger « a reçu vingt-cinq louis pour ne pas fabriquer de pain »; Montjoie, dans son *Histoire de la Conjuration de Philippe d'Orléans*, note avoir entendu raconter le 4, dans les faubourgs, qu'on venait de repêcher quatre mille pains dans les filets de Saint-Cloud! et Paganel « qu'en certains endroits

---

[1] Deux des pillards furent pendus huit jours plus tard (Couard Luys. *Une émeute populaire à Versailles*).

[2] Ce fut la dénonciation d'un fait de ce genre, suivie d'un effroyable tumulte, qui provoqua en 1793 la fermeture du célèbre club des *Citoyennes Révolutionnaires*.

la Seine était blanchie par les farines qu'on y avait jetées[1] ».

Pour mieux convaincre le peuple qu'on l'affamait à plaisir, les agitateurs prenaient soin de faire circuler des ordres fantaisistes, signés de l'archevêque de Paris ou de La Fayette, interdisant de moudre ou contremandant les convois de grains. Comment d'ailleurs la population parisienne aurait-elle pu douter de la véracité de ces documents quand elle vit, le 6 octobre, soixante grandes charrettes de blé accompagner le cortège qui ramenait le Roi à Paris ?

Les ménagères du moins étaient sincères ; elles n'allaient pas chercher la Reine, mais *la Boulangère*, et se bornaient à demander « du pain et la fin des affaires ». L'une d'elles disait en partant pour Versailles : « Nous ne voulons qu'être écoutées ; et nous arriverons parce que l'on n'osera pas tirer sur nous[2]. » Les Parisiennes de 1789, un siècle avant les syndicalistes modernes, avaient inventé une formule des *trois huit :* la leur était « 8 sols le pain de quatre livres, 8 sols la viande, 8 sols le vin ! »

Quand, un peu avant dix heures du soir, Mounier vint annoncer triomphalement à l'Assemblée nationale l'acceptation par le Roi de la Déclaration des Droits de l'Homme et des articles de la Constitution, les véritables ménagères réfugiées dans les tribunes, pendant que les poissardes siégeaient dans la salle, s'écrièrent de toute part : « Ce n'est pas cela qu'il nous faut ! —

[1] *Essai historique et raisonné de la Révolution.*
[2] *Journal de la Ville,* 6 octobre.

Est-ce bien avantageux? Cela nous donnera-t-il du pain ? » ou : « Du pain! Du pain! Pas tant de discours !¹ » D'autres, ne comprenant rien aux débats engagés sur la réforme de la procédure criminelle, répétaient sans cesse : « Que nous importe toute cette jurisprudence, quand Paris manque de pain ? » ou « Ce n'est pas des lois criminelles qu'il nous faut : c'est du pain que nous demandons. »

Ces mêmes femmes répondirent à l'offre faite par l'évêque de Langres de leur distribuer quelque argent : « Si vous en avez à donner, il faut le verser dans les caisses patriotiques », et Faydel, qui représente les poissardes sous un jour fort peu avantageux, reconnaît pourtant : « Beaucoup de vraies femmes du peuple me pressèrent de recevoir en dons patriotiques leurs bagues, leurs pendants d'oreille, demandant de vouloir bien en retour faire mention de leurs noms dans le procès-verbal. » Enfin, elles applaudirent Mirabeau quand il chercha à rétablir l'ordre.

Ajoutons que quelques-unes d'entre elles étaient presque élégamment habillées, et s'exprimaient en femmes de bonne compagnie. Mirabeau jeune raconte « qu'au moment où, par suite de quelques erreurs, il déchirait la première copie d'un décret pour le recommencer, une femme lui dit : — Est-ce qu'un secrétaire de l'Assemblée nationale doit soigner son écriture comme un commis de bureau? »

Ces véritables Parisiennes firent, presque cons-

---

¹ Mounier. *Exposé de sa conduite*, et *Suite des Nouvelles de Versailles*.

tamment, preuve d'une louable modération : devant le guichet du Louvre, elles facilitèrent la fuite d'une pauvre dame que leurs malfaisantes compagnes voulaient entraîner de force à Versailles après l'avoir fait descendre de son carrosse ; à Sèvres elles désarmèrent quelques-uns des bandits de leur escorte, « s'emparèrent de hallebardes et formèrent la chaîne pour maintenir l'ordre ». En arrivant à Versailles, elles chantèrent *Vive Henri IV*, et cherchèrent à couvrir de « Vive le Roi ! » les imprécations ordurières des poissardes. Peut-on leur en vouloir beaucoup de s'être laissé terroriser par une minorité menaçante, quand la compagnie bien armée des volontaires de la Bastille se laissa docilement conduire de la même façon par une petite bande de forcenés[1] ?

'Le seul conflit dont les ménagères puissent être rendues en partie responsables se produisit aux Tuileries par suite de leur désir enfantin de traverser les jardins.

« Le Suisse Frédéric s'étant refusé à les laisser passer[2], cela a donné lieu à une rixe entre ce Suisse et le sieur Maillard qui était à leur tête ; qu'elle, déposante, voyant deux épées tirées et craignant un malheur, a porté sur les deux épées un coup de bâton qu'elle avait, duquel coup les combattants ont été désarmés ; qu'un homme armé d'une baïonnette ayant voulu tomber sur ce Suisse, et qu'une femme assez mal vêtue, ayant à la main une lame d'épée rouillée

---

[1] Voir chapitre IV.

[2] Déposition de la femme Lavarenne (n° 82).

sans garde, ayant voulu porter un coup à ce Suisse,
elle déposante et d'autres femmes s'y sont opposées et,
dans la bagarre, elle a été blessée à la main. » D'après
Maillard, « le Suisse reçut d'une autre femme un coup
qui le fit tomber et un homme voulut l'achever ». A sa
« mauvaise épée », nous pouvons reconnaître Reine
Audu, la capitaine des Amazones.

Ce fut naturellement parmi les rangs des ménagères
authentiques que Mounier prit soin de choisir la délégation féminine qu'il se trouva forcé d'introduire
près du Roi à la suite de la députation de l'Assemblée
nationale. « Elles avaient, constate Prieur, la peau
très blanche et douce, et plusieurs étaient fort jolies. »
« Parmi ces femmes, remarque Paroy, deux me parurent assez bien, et n'être point de la classe du peuple,
quoiqu'elles en affectassent le langage [1]. »

« Toutes les femmes m'environnèrent, raconte
Mounier, en me déclarant qu'elles voulaient m'accompagner chez le Roi. J'eus beaucoup de peine à obtenir,
à force d'instances, qu'elles n'entreraient chez le Roi
qu'au nombre de six, ce qui n'empêcha pas un grand
nombre d'entre elles de former notre cortège. Nous
étions à pied dans la boue avec une forte pluie ; une
foule considérable d'habitants de Versailles bordait de
chaque côté l'avenue qui conduit au Château. Les
femmes de Paris formaient divers attroupements,
entremêlés d'un certain nombre d'hommes, couverts
de haillons pour la plupart, le regard féroce, le geste

---

[1] Lettre à sa femme, publiée en 1883 par la *Revue de la Révolution*.

menaçant, poussant d'affreux hurlements. Ils étaient armés de quelques fusils, de vieilles piques, de haches, de bâtons ferrés ou de grandes gaules ayant à leur extrémité des lames d'épées ou des lames de couteaux... Nous nous dispersons dans la boue. »

« On nous dispersa » aurait été plus exact, car les Gardes du corps, voyant cet étrange cortège essayer de traverser leurs rangs, commencèrent par repousser égalitairement députés, faubouriens et citoyennes. Le maréchal des logis Lhuillier, reconnaissant enfin Camus, Guillotin et Bonnegens, s'aperçut le premier de la méprise, et les représentants furent alors reçus « avec honneur ». Mounier pénétra dans la cour des Ministres avec douze citoyennes qu'il fut finalement forcé d'admettre. « Pour qu'il n'en entrât plus, dit Lhuillier, il fallut des attentions incroyables pour ne pas les blesser. »

Saint-Priest, après être venu demander aux Parisiennes dans l'Œil-de-bœuf ce qu'elles demandaient, en laissa seulement quatre ou cinq pénétrer près du Roi dans le cabinet de la Pendule, mais leur nombre exact paraît impossible à déterminer. Le *Journal de la Ville*, Françoise Rolin, Rose Baré, Marie Nemery et La Châtre disent quatre, Prieur quatre ou cinq, Louise Chabry cinq. Schmidt cinq ou six, Anne Forest six, Saint-Priest d'abord cinq ou six (*Journal de Paris*, p. 1307), ensuite sept, Prioreau sept, Marie Sacleux, le député Camus et le chevalier de Fougères huit, Jeanne Martin neuf, Basire et Mounier douze.

Et nous ne citons que les déclarations de témoins oculaires !

Connaître le nombre exact des déléguées ne présente pas grand intérêt ; si nous relevons la discordance de toutes ces estimations, c'est pour montrer combien il est souvent difficile de préciser historiquement le moindre petit fait, même quand on possède un grand nombre de témoignages désintéressés !

Mirabeau reprocha plus tard à Saint-Priest d'avoir objecté aux citoyennes : « Quand vous n'aviez qu'un Roi, vous aviez du pain ; maintenant que vous en possédez douze cents, allez leur en demander ! » Mais le prudent ministre se défendit énergiquement d'avoir jamais pu être aussi spirituel. D'après Françoise Rolin, Saint-Priest leur aurait simplement demandé : « Pourquoi n'avez-vous pas été demander du pain à la ville ? — Qu'elle lui répondit : — Nous y avons été, mais nous n'avons trouvé personne — ; qu'il lui dit alors : — Il fallait apporter les clefs après avoir fermé les portes pour faire voir au Roi que sa ville était bien gardée. » Maillard avait prévenu son désir !

A la tête de la députation féminine se trouvaient la bouquetière Françoise Rolin (ou Raulin) « présidente » et Louison Chabry, « vice-présidente » ; mais la première, brutalement assaillie à coups de pied par un Suisse au moment où elle voulait pénétrer chez le Roi, dut être soignée par le galant comte d'Estaing, et ne put rejoindre qu'à la fin de l'audience ses compagnes, Rose Baré, dentellière, et Anne Forest, vendeuse chez une mercière.

Nous ignorons le nom des autres déléguées, sauf celui de Marie Némery qui resta dans l'Œil-de-bœuf. Rien ne prouve, malgré l'affirmation de l'*Histoire de la Révolution par deux Amis de la Liberté*, qu'il faille ajouter à cette liste les femmes Babet Lairot et Le Clerc, car ces noms sont pris dans la déposition de Françoise Rolin qui se borne à déclarer qu'elles se trouvaient sur la Place d'Armes au moment où elle venait de sortir des grilles. Françoise Rolin avait eu l'honneur de donner le bras à Mounier, mais par suite de l'agression dont elle avait été victime, elle ne put prendre la parole et fut réduite à revendiquer quelques jours plus tard son titre de présidente dans les *Révolutions de Versailles et de Paris*.

Louison Chabry, âme tendre « qui avait donné le matin douze livres moins quatre sols aux prisonniers de l'Hôtel de Ville pour s'acheter des chemises et des souliers », la remplaça. Brousse des Faucherets l'appelle Madeleine ou Marguerite, dite Louison. *Les Révolutions de Versailles et de Paris* déclarent que le véritable prénom de Chably (*sic*) est Louise et non Marie, qu'elle demeure rue Richelieu et exerce la profession de bouquetière. Au mois d'avril 1790, Chabry qui demeurait alors avec son père, chez un marchand de vin du marché Sainte-Catherine, s'accorde dix-sept printemps et se déclare ouvrière en sculpture, mais elle pouvait bien, vu son jeune âge, être encore bouquetière l'année précédente.

A titre de curiosité, nous allons reproduire le texte incontestablement apocryphe de sa harangue, publié par la *Chronique de Paris* (n° 8). « Nous ne t'en voulons pas, dit-elle à ce bon monarque. Nous savons que tu hais le mal, que tu veux le bien, que tu ne vis que pour nous rendre heureuses. Tu es juste, bienfaisant, nous t'aimons, nous t'adorons et nous te regardons comme un père ; nous n'en voulons qu'à ceux qui te conseillent ; nous ne..., mais nous leur pardonnons à cause de toi ; viens au milieu de ton peuple, de tes enfants, viens voir la Salpétrière, tu connaîtras la misère des femmes, viens voir l'Hôtel de Ville, tu connaîtras la misère des hommes... ; en passant dans les rues, tu seras témoin de nos souffrances. Ta touchante simplicité fera tourner l'argent destiné à un luxe insultant au profit de la misère. Tout le monde voudra être juste, bon, vertueux, sensible parce que tu l'es. Les mœurs renaîtront, les arts, le commerce fleuriront et tu joindras à ta gloire d'être le plus grand monarque de l'Europe, le bonheur d'être aussi le plus aimé ! »

Le récit de Rose Baré (Déposition 343) paraît plus exact. « Elles supplièrent le Roi de vouloir bien faire escorter les voitures de farine destinées à l'approvisionnement de Paris, parce que, suivant ce qui leur avait été dit au pont de Sèvres, de soixante-dix voitures qui étaient destinées pour Paris, deux seulement y étaient entrées. » D'après les éditeurs des *Mémoires* de Bailly, l'éloquence des citoyennes se réduisit à : « Du pain ! Du pain ! » la seule femme, en effet, qui avait pu préparer une harangue, était Françoise Raulin, demeurée dans la salle du Conseil.

Chabry affirme bien que Louis XVI lui répondit « que la Reine consentirait à aller avec lui à Paris », mais, même si le fait était exact, il ne pouvait en tout cas s'agir que d'une visite dans la capitale, comme celle du 17 juillet précédent, car la question du retour définitif de la famille royale à Paris ne fut certainement pas agitée, du moins au Palais, le 5 Octobre par les citoyennes.

Par contre, à l'Assemblée nationale, « vers les neuf heures du soir, raconte Françoise Raulin, quelques femmes déclarèrent qu'elles désiraient que le Roi vînt à Paris, qu'il connaîtrait mieux ce qui se passait et que les affaires en iraient mieux ; qu'alors un des députés leur a dit de se taire, qu'elles ne savaient ce qu'elles demandaient ; qu'ils leur ont offert de l'argent qu'elles ont refusé de recevoir, en disant qu'elles n'étaient venues que pour avoir du pain ». C'est évidemment cette motion, présentée très probablement par Reine Audu, qui a servi de thème à la *Chronique de Paris* pour rédiger le prétendu discours de Louison Chabry.

L'audience des Parisiennes se prolongea à peine une demi-heure, et Mounier affirme qu'il ne fut à aucun moment question de politique. Frondeville et Digoine se trompent certainement d'heure, quand ils rapportent à la sortie des déléguées les cris de : « Nous savions bien que nous le ferions sanctionner ! » « Nous avons forcé le b... à sanctionner ! »

La jeune oratrice se trouva mal d'émotion, et on dut lui faire respirer des « eaux spiritueuses ». Revenue à elle, Louison Chabry voulut baiser la main du Roi, mais Louis XVI la prévint et l'embrassa sur les deux joues en lui disant « qu'elle était trop jolie ». Détail vraiment typique, la présidente, la porte-parole de la délégation des Parisiennes et Rose Baré, choisies à cause de leur bonne mine, avaient été *toutes trois entraînées de force à Versailles* ! [1]

Les ménagères ravies de leur réception, enchantées « d'avoir bu d'excellent vin dans de grands gobelets d'or », sortirent « en claquant des mains », embrassèrent les Gardes et crièrent : « Vive le Roi ! nous avons obtenu ce que nous demandions, nous retournons à Paris. » « Vive les Gardes du corps ! On nous a trompées à leur égard. » [2] Ces cris anti-révolutionnaires déplurent aux mégères massées sur la Place d'Armes. « Je venais à peine d'ouvrir la grille pour les laisser sortir, raconte le maréchal des logis Lhuillier, quand plusieurs cris s'élevèrent de la cour des Ministres pour leur demander si elles avaient un écrit qui prouvait ce qu'elles disaient ; elles répondirent que non, mais que la parole du Roi valait bien un écrit. Alors mille cris partent à la fois avec les épithètes connues par ces dames, et l'aréopage femelle décide d'une voix unanime qu'il fallait les pendre puisque c'étaient des coquines qui avaient reçu de l'argent pour les abuser. »

Aussitôt une bande de viragos parmi lesquelles se firent remarquer la grosse Louison et Rosalie, toutes deux vendeuses au marché Saint-Paul, s'empressèrent

---

[1] Voir leurs dépositions, n°ˢ 183, 187 et 343.
[2] Dépositions 9, 209, 225, 275, 362 et *Lettres des Gardes du corps.*

de détacher leurs jarretières pour accrocher Louison Chabry et Rolin au plus prochain réverbère. Sans l'intervention généreuse des femmes Lairot et Leclerc, les deux pauvres bouquetières eussent été, après Savonnières, les premières victimes de la Journée des Parisiennes. Lhuillier voyant le danger couru par les déléguées s'avança avec quelques hommes, parvint à les arracher des mains à la foule hurlante, puis s'empressa de faire entr'ouvrir la grille.

« Sur la demande de ces femmes, ajoute Lhuillier, j'en conduisis deux au Château jusque dans la Chambre, malgré les protestations de l'huissier à qui je dus assurer que l'étiquette était hors de saison en ce moment-là. Mes compagnes avaient eu l'honnêteté et la discrétion de prendre leurs sabots dans leurs mains en entrant dans les appartements. Je les remis à M. de Luxembourg qui alla parler à M. de Saint-Priest, puis je sortis, et profitai de l'occasion pour aller un peu me sécher. »

Bientôt d'Estaing vint remettre aux pauvres déléguées l'ordre suivant signé de Louis XVI : « Le Roi, ayant appris par le président de l'Assemblée nationale le bruit répandu à Paris qu'il se trouve des blés arrêtés à Lagny et à Senlis, ordonne, au cas où ce rapport serait exact, que ces blés soient transportés, ainsi que ceux qui seraient arrêtés ailleurs, à Paris sans délai ; Sa Majesté entendant qu'on n'apporte aucune résistance à ce qui peut servir à l'approvisionnement de Paris, objet qu'elle veut être rempli de préférence à tout autre. A ces causes, ordonne Sa

Majesté que les commandants militaires et officiers municipaux accomplissent exactement cette disposition. Fait à Versailles le 5 octobre. »

Le Roi remit en même temps à Mounier un billet conçu en ces termes : « Je suis sensiblement touché de l'insuffisance de l'approvisionnement de Paris, je continuerai à seconder le zèle et les efforts de la Municipalité de ma capitale par tous les moyens et les ressources qui sont en notre pouvoir. »

Quand, munies des ordres du Roi, les déléguées sortirent avec Guillotin, « elles étaient si gaies qu'elles se mirent à danser avec quelques députés présents ». Lhuillier leur fit ouvrir la grille, et elles lui dirent alors : « Aucun de vous n'a donc de cocardes noires ? on nous a alors vilainement trompées ! »

« Plusieurs femmes, déclare Derosnet [1], en sortant du Château ouvrirent l'avis de retourner à Paris, mais beaucoup d'autres dirent qu'il fallait bien s'en garder, *et qu'on leur avait donné l'ordre exprès de rester.* » Néanmoins une soixantaine de citoyennes, pressées de retourner dans leurs ménages et satisfaites de l'assurance de ne plus manquer de pain, se hâtèrent de retourner le soir même à Paris dans les voitures de la Cour ou dans d'autres réquisitionnées aux Messageries [2].

Une bonne parole ou une attention aimable calmait facilement l'excitation de ces vraies femmes du peuple : un certain nombre d'entre elles s'amusaient à dévaster

[1] Déposition 211.

[2] Voir chapitre XII.

l'Orangerie, quand Dulaurier eut l'idée de leur offrir à chacune en guise de trophée une brindille d'arbuste rare. Elles acceptèrent avec enthousiasme... et se laissèrent ensuite mettre docilement à la porte [1].

Toutes les ménagères ne pouvaient retourner le soir même à Paris; aussi beaucoup d'entre elles, pour trouver un abri, suivirent les poissardes, quand elles parvinrent dans la soirée à pénétrer dans les ministères. « Deux ou trois cents femmes, raconte Mme de Gouvernet [2], découvrirent une petite porte ouvrant sur la rue de la Surintendance, donnant accès à un escalier dérobé qui aboutissait au-dessus du corps de logis où nous demeurions; quelque affilié probablement leur montra cette issue. Elles s'y précipitèrent en foule et, renversant à l'improviste le Garde suisse de faction en haut de l'escalier, se répandirent dans la cour et entrèrent chez les quatre ministres logés dans ces bâtiments (aile sud de la cour des Ministres); il en pénétra un si grand nombre chez nous que les vestibules, les antichambres et l'escalier en furent encombrés. » Mme de Gouvernet s'empressa de leur céder la place; « les femmes qui avaient envahi les ministères, ajoute-t-elle, après avoir mangé ce qu'on avait pu leur procurer, dormirent, couchées par terre dans la cuisine. »

Ceci explique comment il se trouva le lendemain au petit jour, dans la cour des Ministres, bon nombre de femmes paisibles mélangées aux mégères. Quand

---

[1] *Chronique de Paris*, 18 octobre.
[2] *Mémoires d'une femme de cinquante ans.*

les Gardes du corps furent assaillis, plusieurs d'entre eux entendirent des voix féminines crier : « Grâce ! Grâce ! » et Gartry raconte que pendant qu'on l'entraînait une citoyenne cria : « Pas celui-là, il nous a rendu service. »

*
* *

Le troisième élément, complètement mêlé au précédent, comprenait quelques femmes poussées par la curiosité et un grand nombre de petites bourgeoises entraînées de force. Les dépositions 83, 85, 90, 102, 103, 105, 106, 108, 187, 284, 343, 355, etc., ne laissent aucun doute à cet égard.

« Les bonnes patriotes, avoue lui-même Camille Desmoulins, recrutèrent des compagnes de leur sexe, comme on recrute des matelots à Londres. »[1] « On dispensa, racontent les *Révolutions de Versailles et de Paris*, la cuisinière de préparer ce jour-là le dîner de son maître ; on fait quitter à la dévote le chemin de l'église pour celui du combat... Un mari donnant le bras à sa femme est forcé de la céder .» L'opuscule très anti-aristocratique intitulé *Détail de ce qui s'est passé à Paris le 6 Octobre* ajoute : « Les dames de la Halle se répandirent dans les rues à commencer par celle de la Ferronnerie et forcèrent toutes les femmes à les suivre, *entrant même dans les maisons pour grossir leur nombre* » ; *le Courrier national* du 6 octobre confirme également le fait.

[1] *Révolutions de France et de Brabant.*

On alla en effet chercher des recrues jusque dans les mansardes, et les poissardes ne reculèrent souvent devant aucun procédé d'intimidation pour convaincre les récalcitrantes. Ainsi Élisabeth Girard, plus connue sous le nom de la Beaupré, beauté fort connue des habitués de l'Opéra, qui passait pour être une des maîtresses du duc d'Orléans, dut, suivant elle, se rendre à Versailles « parce qu'on la menaçait de lui couper les cheveux si elle ne marchait pas ». Toutefois nous n'insisterons pas trop sur les malheurs de cette infortunée, car le baron de Batz déclare formellement qu'elle était venue parfaitement de son plein gré et qu'elle avait pris soin de se déguiser en harangère[1] ; « Elle se plaignit, dit-il, vivement à moi de ce que ce n'était point elle qui avait pu arriver dans l'intérieur du Château avec les autres femmes, puis elle me fit voir une petite meurtrissure qu'elle avait à la main en me disant que c'était un Garde du corps qui l'avait frappée du pommeau de son épée pour l'empêcher de pénétrer, mais qu'elle serait vengée et que la meurtrissure de sa main serait lavée dans le sang des Gardes. »

La Beaupré n'était pas la seule nymphe qui prit part à l'expédition des Amazones. On entendit à Versailles une chanteuse de l'Opéra nommée La Haise ameuter également la foule contre la Reine[2]. Le retour d'Élisabeth Girard à Paris fut beaucoup moins fatigant, car elle revint très confortablement le lende-

---

[1] Dépositions 90 et 201.

[2] *Nouveau Pot-Pourri ou Mémoire par une dame de qualité.*

main « dès quatre heures, dans une voiture de la Cour » !

« Ce ne sont pas des claquements que nous atten-
dons, crièrent les vraies Amazones aux bourgeoises
qui les applaudissaient, prenez les armes et venez
prendre les ordres des chefs. »[1] Les émeutières firent
descendre plusieurs femmes de leurs carrosses et « pressèrent » à Bellevue quelques bourgeoises assez im-
prudentes pour venir regarder défiler leurs sœurs de
Paris. Pour inculquer à ces aristocrates l'amour de la
patrie, leurs cornacs femelles les battaient quand elles
refusaient de marcher, ou les attelèrent, jusqu'à ce
qu'elles eurent pu s'emparer de quelques chevaux[2],
aux deux petits canons de la compagnie de la Basoche.
D'après le comte de Paroy, « les canons furent alors
assujettis avec des câbles sur des voitures. » Les
citoyennes, le lendemain, jugèrent inutile de s'encom-
brer de leur artillerie, et elles l'abandonnèrent à Versailles ; la Municipalité parisienne dut réclamer le
15 octobre les glorieux canons de la Basoche!

L'avocat Perin (Déposition 243), arrêté pour
regarder passer « deux chariots des Ventilateurs
attelés de fort gros chevaux, et remplis de femmes
qui faisaient des cris et des hurlements prodigieux,
vit, en face de la grille du chemin qui conduit à
Meudon, un nombre considérable d'hommes et de

---

[1] *Révolutions de Paris*, 12 octobre.

[2] Les attelages, et même les carrosses réquisitionnés, ne furent
jamais retrouvés par leurs propriétaires (Déposition 381). Il en fut de
même pour un grand nombre de chevaux enlevés le lendemain
dans les écuries des Gardes du corps, voire même aux officiers de
la Garde nationale. Un canonnier nommé Poujet en retrouva
pourtant seize (Arch. nat. C. 197, 160[36]).

femmes arrêtés occupés à frapper très violemment une autre femme, assez proprement vêtue en casaquin et jupon de toile fond vert et toile jaune, qui refusait de marcher et se jetait à terre en pleurant ; qu'après lui avoir donné beaucoup de coups, un des acteurs de cette scène a pris cette femme par le bras et l'a jetée le long du mur où elle parut rester sans mouvement ». « Elles se faisaient, note également Rétif de la Bretonne, dans ses *Nuits révolutionnaires*, un plaisir de faire tripoter dans les boues des femmes et des fillettes délicates. »

Le temps était en effet exécrable, la pluie tombait sans discontinuer, et la marche sur Versailles ressemblait fort peu à une partie de plaisir. Pour ranimer le zèle de ses compagnes découragées, une des Amazones répétait sans cesse : « Marchez donc, sans-cœur ! » tandis qu'une autre criait en menaçant de son poing le ciel aristocrate : « Bougre de pluie, tu n'éteindras pas notre courage ! »[1] L'aumônier du régiment de Flandre (Dép. 71) entendit dire à une femme « toute mouillée et crottée : — Voyez comme nous sommes arrangées ! Nous sommes faites comme des diables, mais la B... nous le payera cher ! » Beaulieu décrit ainsi l'arrivée à Versailles de ces héroïnes récalcitrantes : « Plusieurs pâles, tremblantes, transies de froid, ressemblaient bien à des cadavres nouvellement retirés de l'eau. »

Les commères des faubourgs savaient également

[1] *Chronique de Paris.*

rappeler à leurs devoirs les citoyens pusillanimes ; entendant un volontaire se plaindre des éclaboussures qu'il recevait, une blanchisseuse lui cria : « Si tu salis tes guêtres avec honneur, je te les nettoyerai avec plaisir ! »[1] Les Gardes nationaux de 1789 ne semblent guère plus belliqueux que leurs confrères du règne de Louis-Philippe : « Nous avons eu, raconte le *Fouet national* (numéro du 17 novembre), le plaisir inexprimable de voir plusieurs Gardes nationaux le fusil sur l'épaule et le parapluie à la main. » Daumier et Gavarni n'ont rien inventé !

Ne nous étonnons pas trop du genre d'arguments employés par les mégères de 1789 vis-à-vis de leurs compagnes involontaires puisqu'en notre beau pays de France, l'an 1911 a pu voir se répéter pareille bacchanale lors des troubles causés par le renchérissement des produits alimentaires :

Valenciennes, 2 septembre.

« Les manifestations prennent un caractère révolutionnaire : plusieurs Parisiennes, qui étaient venues voir à Bruay des amis, furent réveillées à cinq heures du matin par le chant de l'*Internationale*. Des milliers de femmes venaient les chercher pour marcher à la tête de la manifestation. Les portes furent enfoncées et une bande de ménagères força les malheureuses à

---

[1] *Révolutions de Paris et de Versailles.*

s'habiller tant bien que mal et à se mettre en route pour Valenciennes, qui est à huit kilomètres.

« Les Parisiennes se trouvaient au milieu des femmes des gros cultivateurs, fabricants de sucre ou négociants, qui avaient été embrigadées de la même façon. A droite et à gauche, de solides gaillardes, avec des triques, remettaient dans le droit chemin les dames qui, épuisées par la fatigue, manquaient de tomber à chaque pas.

« Cette marche dura trois heures, coupée par de nombreux arrêts dans les cabarets, sans que les gendarmes et les chasseurs à cheval qui patrouillaient le long de la colonne, comprenant trois mille femmes, aient fait quelque chose pour délivrer celles qu'on emmenait ainsi de force ! »[1]

Cette armée d'Amazones détrempées, en dépit des énergumènes qui la dirigeaient, n'aurait pu être malgré tout fort à craindre, si elle n'avait été suivie « d'escouades d'hommes bien plus redoutables que les troupes régulières ; c'était une foule de gens mal minés, mal vêtus, armés de bâtons ferrés, de piques, de croissants, de faux et de broches. » Ce tableau peu flatté sort de la plume de Lindet[2], un des principaux partisans de la faction d'Orléans. Nous avons déjà vu que Fournier l'Américain les traitait de coupe-jarrets

---

[1] Dépêche reproduite par de nombreux journaux parisiens.
[2] *Lettres aux officiers municipaux de Bernay.*

et le journal de Mirabeau « d'espèces de sauvages ». Il n'y en avait certainement pas une douzaine qui fussent citoyens actifs, autrement dit électeurs. La plupart étaient partis sans armes, mais Maillard leur en avait fourni en désarmant les citoyennes. Involontairement ou non, les femmes avaient empêché l'intervention de la Garde nationale, car il est assez peu probable qu'elle eût laissé partir avec des armes cette bande de gens sans aveu.

Le bailli de Crussol en les voyant arriver à Versailles s'écria : « *Que de sans-culottes !* » et, d'après Montlosier, ce serait cette exclamation, aussitôt répétée, qui aurait donné naissance à cette appellation vouée à de si hautes destinées.

L'opuscule intitulé *Trouvaille* distingue quatre catégories de manifestants masculins : 1° « Des vagabonds de diverses nations (il y avait en effet un grand nombre de Suisses et d'Allemands sans ouvrage) ; 2° des gens sans aveu venus de la province parce qu'ils manquaient de pain ; 3° de nombreux ouvriers sans travail à la solde du duc d'Orléans ; 4° quelques particuliers ennemis de la force, témoins tremblants qui augmentaient la cohue. » « Parmi ces gens, remarque Rabaut-Saint-Étienne[1], se trouvaient des hommes de figures étranges et qui semblaient y avoir été appelés, car le peuple de Paris a sa physionomie. »

La cohorte de ces étranges citoyens comprenait en outre un certain nombre de paisibles promeneurs,

---

[1] *Précis historique de la Révolution française.*

recrutés de force en même temps que les « dévotes ». « A peine arrivé sur la place de Grève, raconte le basochien Delalain [1] nous sommes entourés ; on nous enjoint de nous rendre à Versailles pour aller chercher le Boulanger et la Boulangère. Nous suivons la bande au milieu de laquelle on nous a placés, et nous allons jusqu'aux Tuileries assez gaiement, pensant que c'était une plaisanterie. Les acteurs ayant bon appétit proposent, arrivés là, de prendre quelque chose. Beaucoup dans cette foule étaient munis de pain, de pâtés, de gâteaux, de vin ; on s'assied, on mange... » Delalain n'en vit pas davantage, ayant trouvé rapidement le moyen de s'esquiver.

Montlosier qui exagère facilement les chiffres, porte leur nombre à douze cents ; il ne devait pourtant pas dépasser cinq à six cents, même après l'arrivée tardive des trois cents ouvriers travaillant à la démolition de la Bastille qui conduisirent à Versailles la pique dans les reins les héros du 14 Juillet [2]. Pour mieux marcher, la plupart de ces farouches citoyens avaient attaché leurs souliers au bout de lances, et le lendemain, ceux qui n'eurent pas la chance de ramener les têtes de Varicourt et de Deshuttes tinrent à rapporter du moins quelque trophée. L'un d'eux « promenait au bout d'une pique des lambeaux bleus et rouges entièrement ensanglantés d'un habit des Gardes du

---

[1] *Revue de la Révolution* (1885).

[2] Voir le chapitre suivant. Mounier déclare que, dans l'après-midi, les hommes étaient moins nombreux que les femmes.

corps. Ces lambeaux étaient arrêtés dans la pique par un tronçon de pain [1] ».

Dans les rangs de cette sinistre arrière-garde, commandée par le bossu, se trouvaient un grand nombre d'hommes déguisés en femmes, appelés par Louis Blanc, « *des jeunes gens couverts de costumes symboliques* » ! Le fait se trouve constaté dans la *Procédure* par plus de *cinquante* témoins et quelques-uns d'entre eux, notamment Jeanne Tillet, Tardivet du Repaire et le soldat suisse Bernard en donnent des preuves non équivoques ! La première vit une de ces prétendues femmes qui, en lui montrant sa poitrine velue, lui fit voir une paire de pistolets cachés sous son fichu, et lui dit : « Veux-tu voir mes tétons ? »

Un certain nombre de ces pseudo-Amazones, la plupart fort mal rasées, portaient, « sous des robes dégoûtantes, des jupons très propres », des bas de soie blanche, des souliers d'hommes, voire même des culottes de casimir jaune. Pourtant, malgré l'unanimité de tant de témoignages, Chabroud se borne à déclarer dans son *Rapport* « que la présence d'hommes habillés en femmes lui paraît suspecte, parce que ce sont des hommes *sans masques* qui ont marché *le 6 au matin*, à la tête de la populace de Paris » !

Le Carnaval était passé et on se déguise rarement pour faire une bonne action ; admettre la présence d'hommes habillés en femmes eût été reconnaître la préméditation de l'émeute ; Chabroud le comprit et

[1] Déposition du député Madier-Demontjau (170).

s'empressa de nier ce que ses peu suspects amis Perron, Oudart et Brissot avaient pourtant formellement reconnu dans leur arrêté du 23 novembre : « Entre cinq et six heures, une troupe de bandits armés, accompagnés de quelques femmes et d'*hommes déguisés en femmes*, firent une irruption soudaine dans le Château. »

Ces déguisements montrent avec quel soin minutieux et prévoyant avait été préparé le retour « volontaire » du Roi à Paris ; en cas de défaillance du beau sexe, ces ménagères barbues devaient ranimer son courage, puis lui prêter le secours de leurs robustes biceps.

La mission principale dont étaient chargés les hommes consistait à réduire à l'impuissance, par un moyen quelconque, les fidèles Gardes du corps. L'un des émeutiers, ayant entendu dire à Sèvres que les Gardes avaient quitté Versailles, s'écria : « Sacré n... de D... s'ils ne sont pas là, nous mettrons le Château en canelle ! » (Déposition de Flamion, 237).

Fort peu de ces malandrins avaient pu se procurer des armes à feu ; aussi pour être en mesure d'envahir le Château le lendemain matin, allèrent-ils, vers les onze heures du soir, piller le dépôt d'armes des Grandes Écuries : « La chaîne qui fermait la grille principale de la cour, ayant été brisée à coups de hache par des particuliers quelconques, mal vêtus et sans uniformes [1], ils entrèrent dans la cour où le

---

[1] Déposition du marquis de Valfond, lieutenant-colonel du régiment de Flandre.

régiment était en bataille sur deux lignes, pénétrèrent dans les manèges, pillèrent plusieurs effets et plus particulièrement les armes qui s'y trouvèrent, sans que le régiment opposât aucune résistance à ces méfaits, pour se conformer rigoureusement à l'ordre du Roi de ne commettre aucun acte d'hostilité. »

Le 1ᵉʳ Prairial, jour de la seconde et dernière grande émeute *féminine* de la Révolution, on vit reparaître dans les rues une foule d'hommes déguisés en femmes. « Ce furent eux, dit M. Claretie dans *Les Derniers Montagnards,* qui délivrèrent Tinel », un des envahisseurs de la Convention. Il monta sur l'échafaud pour avoir *promené* dans les rues de Paris la tête du représentant Féraud. Varicourt et Deshuttes n'étant pas députés, les bandits qui portèrent leurs têtes à Paris furent relâchés immédiatement !

CHAPITRE IV

MÉSAVENTURES HÉROI-COMIQUES DES VOLONTAIRES
DE LA BASTILLE

L'épopée tragi-comique des volontaires de la Bastille et le récit de leurs « exploits » du 5 Octobre, fort peu connus, seront d'autant mieux placés à la suite des hauts faits des Parisiennes, que les meneurs de la Journée firent jouer, bien malgré eux, aux infortunés héros du 14 Juillet un rôle de porte-respect absolument identique à celui des ménagères entraînées de force à Versailles.

L'Histoire a confondu ces citoyens plutôt timorés avec leurs farouches cornacs qui les contraignirent à se couvrir de gloire. « Les citoyennes, déclare Louise Chéret, conduites par Hulin...[1]. » « Les femmes, raconte Nougaret dans son *Histoire des Guerres civiles*, choisirent Hulin pour chef », etc. Comment beaucoup d'historiens n'auraient-ils pas ajouté foi à toutes ces assertions, quand Saint-Priest, lui-même, écrit le 10 octobre : « Les femmes marchèrent sur Versailles sous la conduite des volontaires de la Bastille ». Cette confusion montre l'étrange façon dont étaient renseignés les ministres !

[1] *Événements de Paris et de Versailles.*

Une autre erreur encore plus générale consiste à gratifier le *sergent* Maillard du titre de *capitaine* des volontaires de la Bastille, bien que ce grade ne lui ait été décerné par ses camarades que le 10 octobre. Encore, pour des raisons mystérieuses, Maillard ne dut pas conserver son commandement bien longtemps, puisque son nom ne figure déjà plus sur la liste des officiers de la compagnie, annexée par Dusaulx à la suite de son *Discours prononcé à l'Assemblée nationale le* 6 *février* 1790, en l'honneur des héros de la Bastille. A cette date le chef des Parisiennes n'avait pourtant pas encore été traité par Marat de mouchard et d'agent provocateur[1]. Notons encore que Maillard ne fut jamais huissier comme le veut la légende ; tout au plus a-t-il pu travailler parfois chez son frère qui exerçait cette profession.

Pour en finir avec ce fort peu sympathique personnage, rappelons son titre de président de la féroce commission de la prison de l'Abbaye qui ordonna, le 2 Septembre 1792, le massacre de tant d'innocentes victimes. En souvenir peut-être de son ancien titre de général des Amazones, il ne laissa pourtant égorger aucune prisonnière. Maillard mourut à l'âge de trente et un ans, le 15 avril 1794 ; il venait d'être condamné pour s'être approprié l'argent de détenus arrêtés par ses soins. Son dénonciateur à la Convention se trouva être Lecointre[2], son ancien compère des Journées

---

[1] Le 19 décembre 1790, ses camarades déclarèrent ces accusations mal fondées.

[2] Plus tard Lecointre fut, à son tour, accusé d'accaparement par Billaud-Varenne.

d'Octobre! moins unis que les loups, les sans-culottes d'alors se mangeaient entre eux. Lecointre réserva toute son indulgence pour Philippe-Égalité qu'il osa défendre courageusement.

Au commencement d'octobre 1789, les volontaires de la Bastille, sortes d'aristocrates de l'émeute, manquaient totalement d'esprit révolutionnaire. S'ils précédèrent l'armée de La Fayette, c'est qu'ils y furent contraints la pique dans le dos, et leurs tergiversations durèrent si longtemps, qu'en fin de compte ils n'arrivèrent à Versailles que vers sept heures et demie, par conséquent quatre heures après les citoyennes conduites par Maillard et Reine Audu.

Pour retracer les vicissitudes éprouvées ce jour-là par les héros du 14 Juillet, nous ne pouvons mieux faire que de transcrire en partie le long compte rendu publié le 12 octobre par *Versailles et Paris*. Nous compléterons ce récit, incontestablement très exact, par quelques passages tirés de la *Journée des Volontaires de la Bastille*, ou des *Services du sieur Curtius, vainqueur de la Bastille depuis le 12 juillet jusqu'au 6 octobre*. On remarquera que ces héros, qui rechignaient à se mettre en route « crainte d'être pris pour des brigands », cinq heures plus tard, la grâce révolutionnaire aidant, tirèrent froidement et sans provocation sur les Gardes du corps sous prétexte « qu'ils s'enfuyaient ».

« Après avoir conquis la forteresse de la Bastille le 14 Juillet dernier, nous dispersâmes, peu de temps ensuite, cette horde d'ouvriers rassemblés à Montmartre[1] [où[2] les brigands s'étaient mêlés dans les ateliers en grand nombre aux bons ouvriers. Cette opération se fit avec tant d'intelligence que, dans l'espace de deux jours, quatorze mille hommes furent payés, munis de passeports et conduits hors de la ville. Pour rendre hommage à leur patriotisme, le curé de Saint-André-des-Arcs leur distribua des rubans d'honneur.]

« Les volontaires de la Bastille de garde à ce poste[3], au nombre de vingt, entendant battre la générale le lundi 5 de ce mois, se mirent sous les armes à huit heures du matin. Plusieurs citoyens du faubourg Saint-Antoine vinrent trouver à la Bastille les huit cents ouvriers occupés à sa démolition pour les engager à *forcer* les volontaires de marcher avec eux à Versailles, ajoutant qu'il fallait leur prendre leurs armes... » Le poste refusa de livrer ses fusils, et répondit fièrement « qu'il ne s'en servirait que pour maintenir la liberté et protéger leurs concitoyens contre les attentats de l'aristocratie... Tous les ouvriers applaudirent à une résolution si généreuse, mais persistèrent à les faire marcher ».

Quarante volontaires étant arrivés sur ces entrefaites, le commandant Hulin[4] envoya demander des

---

[1] Quinze terrassiers de l'atelier de charité de Montmartre furent arrêtés avec Saint-Huruge le 1ᵉʳ août (Arch. nat. Y. 12 083).

[2] *Services du sieur Curtius.*

[3] Situé dans l'ancien corps de garde des invalides, construit dans l'avancée de la Bastille (Dusaulx, *Les Héros de la Bastille*).

[4] Hulin était alors directeur de la buanderie de la Briche, mais

instructions au district de Saint-Louis de la Culture qui se borna à répondre « qu'il ne savait rien ». Énervés de rester en butte aux menaces des faubouriens, les volontaires finirent par prendre le parti de se rendre à l'Hôtel de Ville ; si l'on en croit Maillard, ce serait lui qui aurait décidé ses camarades à sortir de leur inaction. Huit hommes seulement, sous le commandement de Curtius, restèrent pour garder la Bastille.

« Arrivés, au nombre de soixante, *vers les onze heures*, sur la place de Grève, accompagnés d'un drapeau de la Bastille, ils y restèrent environ trois quarts d'heure sans qu'il leur fût possible de pénétrer à la Ville à cause de l'affluence du peuple. Le commandant dirigea sa marche sur le quai Pelletier où le peuple criait : *A Versailles ! A Versailles !* Dans leur chemin, deux cents citoyens environ, armés de piques et de bâtons, les forcèrent encore à continuer leur marche. Les volontaires firent halte de loin en loin ; arrivés au bas de Chaillot, et voyant qu'aucun district de la troupe nationale ne les suivait, *ils firent une contre-marche pour s'en retourner*, mais tout le monde les fit revenir.

« Ils envoyèrent une ordonnance à l'État-major pour savoir quelle conduite ils devaient tenir ; l'envoyé les rejoignit près de Passy et leur dit qu'il ne fallait plus avancer. Arrivés au Point du Jour, ils représentèrent aux citoyens armés de lances et de bâtons que, sans

---

il avait auparavant servi dans les troupes génevoises en qualité de sergent, faisant fonction d'adjudant-major de la place de Genève.

ordres, et n'étant accompagnés d'aucun district, ils ne pouvaient aller à Versailles, dans la crainte qu'on ne les prît pour des brigands qui ne cherchaient qu'à troubler la tranquillité publique. Malgré toutes ces observations, on leur coupa le chemin en leur disant qu'on allait pendre leur commandant s'ils refusaient de marcher, et s'emparer de leurs armes... [M. Hulin leur répondit que sa compagnie était disposée à mourir, s'il le fallait, pour la défense et le maintien de la liberté... finalement, les volontaires, *ne voulant pas user de leurs forces contre leurs frères* prirent le parti de continuer [1].] »

Arrivés à Sèvres à cinq heures et demie, les Héros de la Bastille eurent fort à faire pour empêcher leur escorte involontaire de se livrer au pillage systématique des maisons. Une heure auparavant, ils avaient envoyé une seconde estafette demander des ordres à Paris.

« M. de Gouvion leur répondit d'arrêter leur marche parce qu'on ne connaissait pas la disposition de la garnison de Versailles. » Mais, quand le messager parvint à rejoindre ses camarades vers sept heures, ils se trouvaient déjà au delà de Viroflay. Pendant son absence, les organisateurs de la Journée, contrariés de voir l'inaction des volontaires, eurent l'idée de leur envoyer des courriers affairés pour les prévenir « que les Gardes du corps faisaient feu sur les courageuses citoyennes du faubourg Saint-Antoine

---

[1] *Journée des Volontaires de la Bastille.*

qui les avaient devancés ». Cette fausse nouvelle leva les derniers scrupules des hésitants et les décida à poursuivre leur marche.

Les volontaires, précédés de quelques dragons rencontrés sur la route, franchirent un peu après sept heures la barrière de Versailles. Presque aussitôt, juste devant la salle des Menus Plaisirs, nos héros firent le coup de feu sur une patrouille de Gardes du corps qui avait eu l'impudence de ne point s'arrêter à leur commandement de *Halte là !* Le narrateur affirme que les royaux tirèrent les premiers... mais il est permis d'en douter, car si le fait avait été seulement incertain, il aurait été plus d'une fois reproché aux Gardes du corps. « Ils allèrent ensuite sur la Place d'Armes s'emparer de l'artillerie du Château. » Là, les Gardes nationaux de Versailles leur ayant proposé fort honnêtement d'aller se sécher, ils répondirent fièrement : « Qu'ils ne craignaient ni le feu ni l'eau[1]. »

« Un peu plus tard, voyant quelques Gardes du corps *se sauvant*, les volontaires tirèrent sur eux. » Il s'agit de la fusillade qui salua le départ des Gardes du corps de la Place d'Armes. On remarquera que

[1] Quelques sœurs les accompagnaient : on trouve dans *Le Coup de grâce de l'Aristocratie* la preuve du rôle qu'attribuait à ces héros la littérature populaire : Rosette répond à sa mère qui lui reprochait de se laisser embrasser publiquement par son fiancé : « Ah ! ma mère, j'en ai permis bien davantage aux braves volontaires de la Bastille qui nous ont accompagnées depuis Paris jusqu'au-dessus de Viroflay où ils ont donné à certains cavaliers de nouvelles preuves que, s'ils savaient prendre des forteresses redoutables dans les villes, ils n'ignorent pas non plus la manière de combattre en plaine. »

l'auteur de ce récit ne parle pas du fameux coup de pistolet tiré sur la foule par un Garde.

Ainsi l'expédition, ou plutôt *la conduite* à Versailles des héros du 14 Juillet, manqua totalement de prestige et de gloire. Pour les décider à marcher, il fallut les tromper grossièrement, et leur courage ne se réveilla qu'en présence d'inoffensifs Gardes dont la consigne était de ne pas riposter[1]. Hulin et la plupart de ses compagnons n'étaient certainement pas, comme Maillard, dans le secret de la conjuration et ils furent assez modestes pour ne pas ajouter sur leur drapeau la date du 5 Octobre à celle du 14 Juillet.

Dusaulx, dans son *Éloge des volontaires de la Bastille*, ne souffle mot de leur piteuse marche contre Versailles, et le 6 octobre Hulin répond aux félicitations de Curtius par cette phrase à double entente : « Mon cher camarade, *vous avez rendu un aussi grand service que si vous étiez venu à Versailles avec nous*[2]. »

Pour avoir été involontaire, le rôle des volontaires ne fut cependant pas négligeable puisqu'il consista à former le chaînon indispensable assurant la liaison

---

[1] Jean Maury (Déposition 354) déclare « que le 6 au matin il a vu sortir les vainqueurs de la Bastille de la paroisse Notre-Dame où ils avaient couché, dirigeant leur marche vers le Château ; un particulier très mal vêtu, se disant camarade des dits volontaires, cria en voyant descendre une patrouille de la Garde nationale de Paris : Croyez-vous que ce soient ces poupées qui ont pris la Bastille ? — Non, ce sont mes camarades qui l'ont emportée, ils vous rendront aussi bon compte des Gardes du corps qui ont foulé la cocarde ; puis il a été rejoindre un détachement qui portait des têtes attachées à des piques ».

[2] *Services du sieur Curtius.* Malgré sa jalousie, Curtius mit plus tard la figure de Maillard dans son musée de cire (*Petit Dictionnaire des grands hommes et des grandes choses de la Révolution*).

entre l'avant-garde des Amazones et la milice parisienne. A peine les volontaires de la Bastille eurent-ils débouché sur la place d'Armes, que les émeutiers assurés de se trouver en nombre, attaquèrent immédiatement les Gardes du corps.

Le corps des volontaires de la Bastille ne vivota guère plus d'une année. Bientôt d'innombrables plus ou moins faux *Vainqueurs de la Bastille,* jaloux de l'uniforme brillant et de la solde de trente sous par jour que touchait la compagnie d'Hulin, lui reprochèrent ses décorations anti-démocratiques. La désunion se mit dans ses rangs ; elle dut se licencier elle-même, et bientôt les héros n'eurent plus d'autre droit que de s'appeler, comme de vulgaires aristocrates, des « ci-devant volontaires de la Bastille ».

CHAPITRE V

PROUESSES DE REINE AUDU ET DE LA MILICE VERSAILLAISE

L'étude de la composition de l'armée des Amazones parisiennes ne nous a pas encore permis de raconter les légendaires exploits de Reine Audu. Nous aurons à les examiner en parlant de l'arrestation de l'héroïne ; toutefois, nous allons, dès maintenant, les indiquer rapidement en laissant la parole à son avocat Chenaux [1].

« Reine Audu, pénétrée de douleur à la vue des maux de sa patrie, alors en proie à la famine et à la crainte des horreurs d'une guerre civile, fut chargée par les citoyennes de marcher à leur tête. Le péril de la patrie substitua à la faiblesse de son sexe l'intrépidité d'un guerrier, et cinq de ses frères, portant les armes pour la défense de la nation, eussent pu, dans ce moment, reconnaître en elle un sixième... Reine Audu partit de Paris le lundi 5 octobre 1789 avec plus de huit cents femmes qui s'étaient assemblées aux Champs-Élysées ; elle les mit par pelotons de huit et, dans cet ordre, qu'elle eut grand soin de faire tenir pour qu'il n'arrivât point de désordre,

[1] *Aux Citoyens dignes de ce nom.*

elles arrivèrent à Sèvres où ceux qui venaient de Versailles leur firent de grandes menaces, les assurant qu'elles étaient attendues par les Gardes du corps qui s'apprêtaient à les bien recevoir. Elles avaient arrêté à la descente des Bons-Hommes un courrier qu'elles laissèrent à la garde des commis de la barrière ; ensuite un homme déguisé en bossu, et muni de lettres pour un nombre de ci-devant seigneurs, fut, par son ordre, envoyé à la ville par des citoyens regardés par elle comme gens sûrs.

« Arrivée à Versailles à l'avenue de Paris, elle laissa quatre cents femmes à l'Assemblée nationale. Après avoir engagé les dragons qui la gardaient à prêter serment de fidélité à la nation (ce qu'ils firent de grand cœur), pour lors, elle leur laissa en garde trois petites pièces de canons que les femmes conduisaient ; ensuite elle continua sa route, ayant choisi douze citoyennes pour se présenter avec elle chez le Roi.

« Entrant sur la Place d'Armes, un cordon bleu vint lui demander ce qu'elle venait faire, elle répondit qu'elle n'avait pas de compte à lui rendre et qu'elle voulait parler au Roi. Elle persuada ensuite au régiment de Flandre de prêter le serment qu'elle avait obtenu des dragons, et ces patriotes soldats l'assurèrent qu'ils verseraient plutôt de l'eau dans le canon de leurs fusils que de tirer sur les braves Parisiennes. Parut alors d'Estaing, elle l'arrêta et lui demanda de faire entrer les douze citoyennes pour parler au Roi ; il lui promit, foi de général, qu'il allait les faire entrer. Sur cette parole il lâcha la bride de son cheval, et il s'enfuit à toute bride; il entra pour lors par de fausses portes, et fit tirer sur les femmes un coup de canon à poudre qui en effraya un nombre; mais elle les rassura en leur faisant voir qu'aucune n'avait été tuée...

« Ayant appris par les femmes mises par elle en garde aux écuries que quatre voitures du roi allaient partir, elle les fit arrêter et alla à l'Assemblée nationale porter cette nouvelle. Un député fut alors nommé par l'Assemblée pour conduire au Château les douze citoyennes nommées pour cette députation; les Gardes du corps refusèrent le passage; elle écarta deux des chevaux montés par eux, passa sous le ventre d'un des chevaux, et là, reçut ses premières blessures à la main droite et à la poitrine; parvenues à les chasser, elles entrèrent au Château et parlèrent au Roi à qui elles demandèrent l'acceptation de la Déclaration des Droits de l'Homme et du Citoyen, et la connaissance des magasins de blé et de farine. Le Roi ayant envoyé à l'Assemblée nationale la sanction demandée, Reine Audu en sortit alors, inquiète de savoir s'il n'y avait pas encore eu de femmes blessées, et reçut d'un autre Garde du corps un coup de sabre au bras gauche.

« La Garde nationale étant arrivée vers une heure du matin, le mardi 6, elle alla rejoindre les canonniers; et, ne pouvant plus se soutenir, les coups de pieds des chevaux ayant fait sauter tous ses ongles des pieds, elle passa la nuit sur un canon, qu'elle ne

quitta qu'à huit heures du matin pour demander au
Roi de venir faire son séjour à Paris, sentant bien
que c'était l'unique moyen de déjouer le projet du
voyage à Metz.

« Le Roi ayant donné parole de venir à Paris, cette
promesse termina les exploits de notre courageuse
citoyenne qui revint à Paris sur un canon, ne pouvant
plus marcher... Elle a gémi plus d'un an dans l'asile
du crime, où son innocence seule put la soustraire
du désespoir où la livraient les maux qu'elle éprou-
vait..., oubliée, ou plutôt ignorée des patriotes, elle
avait la paille pour lit, et pour nourriture un pain de
douleur qu'elle trempait de ses larmes... »

Malheureusement pour la véracité de ce récit,
Reine Audu, reine de Hongrie, ne fit point partie
de la députation d'accortes ménagères reçue par le
Roi et ne prit la parole qu'à l'Assemblée nationale.
Les Parisiennes ensuite ne participèrent en aucune
façon à l'exécution de la consigne qui empêcha les
voitures de la Cour de parvenir au Château. Ce fut
Lecointre devenu, par suite de la coupable inaction
de d'Estaing, le chef de la milice versaillaise, qui
envoya son aide-major Barbier prescrire aux Gardes
nationaux de ne laisser passer aucune voiture.

Quand vers cinq ou six heures du soir (il serait
très intéressant de préciser l'heure, malheureusement
les témoignages ne concordent pas du tout), les
équipages du Roi se présentèrent à la porte de l'Orangerie, un détachement de la compagnie de Presles,
placé sous les ordres de Durup de Baleine, leur fit

rebrousser chemin. M. de Cubières qui escortait les quatre voitures fut ramené de force aux Petites Écuries; « Pour peu, dit le chef de la bande, qu'il fasse la moindre résistance, apportez-moi ses tripes [1]. »

Plus tard, vers neuf heures (?), cinq berlines de la Reine, conduites par des cochers et des piqueurs sans livrée, dans lesquelles se trouvaient Mmes Thibault et de Salvert, furent également arrêtées à la grille du Dragon par le Garde national Baptiste et le caporal Eymar de la compagnie Jouanne.

L'attitude très nettement révolutionnaire de la milice versaillaise assura incontestablement le succès de la Journée du lundi et par suite celle du lendemain. Pourtant la Garde nationale de Versailles avait encore bruyamment acclamé la Reine le 30 septembre précédent, lors de la bénédiction solennelle des trois drapeaux blancs [2] offerts par Marie-Antoinette, par le Dauphin et Mme Élisabeth aux compagnies [3]. Ce revirement subit était l'œuvre de l'ami intime de Marat et de Gorsas, de Lecointre, furieux de n'avoir point été invité au fameux banquet.

Ajoutons que les Versaillais ne furent pas longs à

---

[1] Déclaration de Cubières, publiée par le baron de Maricourt (*En marge de notre Histoire*).

[2] Huit autres drapeaux, donnés par Berthier, étaient aux couleurs de la nation. Après le départ de la famille royale, la Garde nationale fit demander à la Reine l'emblème qu'elle désirait voir broder sur les drapeaux. Elle répondit : « Marie-Antoinette, la première citoyenne de France » ; d'Estaing fit décider qu'on ajouterait « et la meilleure des mères » (Laurent-Hanin. *Histoire municipale de Versailles*).

[3] Archives nationales, C. 124. 379.

regretter leur conduite inconsidérée quand ils virent leur commerce complètement ruiné et « leur ville transformée en vaste solitude ». « Le départ du Roi, avoua lui-même Lecointre le 11 décembre, laisse nos malheureux concitoyens livrés au désespoir le plus affreux. »

La Municipalité, plus prévoyante, avait essayé de convaincre le Roi de la nécessité de se mettre momentanément à l'abri du trop grand amour des Parisiens, et elle s'était empressée de prendre la délibération suivante : «... L'Assemblée générale de la Municipalité, instruite par M. le commandant général qu'une troupe considérable de gens des deux sexes partis de Paris ce matin, dirigent leurs pas vers cette ville, requiert M. le commandant de la Milice nationale de prendre toutes les précautions et employer toutes les forces qui sont à sa disposition, pour garantir de toute insulte le Roi et la famille royale, l'Assemblée nationale et cette ville ; *même de repousser la force par la force*, après avoir néanmoins employé tous les moyens de douceur pour maintenir la paix ; et, *dans le cas où Sa Majesté serait forcée de s'absenter de cette ville*, l'Assemblée charge M. le commandant de la ramener le plus tôt possible [1] ».

La Municipalité finit par se décourager devant l'indécision générale, et, un peu plus tard, remit à Lecointre le blanc-seing suivant : « L'Assemblée municipale laisse M. Lecointre maître de faire tout ce

____
[1] Registre des Assemblées générales de Versailles (Mairie de Versailles).

qu'il jugera convenable pour la tranquillité. Signé : Loustaunau. » Muni de cet ordre, Lecointre parvint à forcer M. de la Tontinière de délivrer à la Garde nationale une grande quantité de cartouches, destinées uniquement à tirer sur les Gardes du corps.

Quand les Versaillais remirent le 8 octobre à l'Assemblée nationale une adresse exprimant leur espoir « de ne pas la voir abandonner Versailles, et d'être auprès de Sa Majesté l'interprète de leur amour, de leur profond respect pour sa personne sacrée, et de leurs vœux ardents pour son retour dans une ville qui, depuis deux siècles, est le berceau de tous les Rois », les journaux patriotiques se livrèrent à maints quolibets sur les illusions d'une population qui avait si bénévolement tiré les marrons du feu pour les Parisiens.

« Vous êtes enfin rentrés, leur répondit-on, dans la place que la nature de son sol et de son site avait dévolue à votre ville avant les efforts de ce roi dilapidateur et vain ». *Le Fouet national* s'indigna même contre « ces vues particulières d'intérêt qui sont répréhensibles et à réprimer... Nous avons ouï dire, ajouta-t-il, que, si la conduite des Versaillais demeurait plus longtemps suspecte, on pourrait aller leur faire une leçon. »

Si la milice s'était doutée des conséquences du succès des Parisiens, il est infiniment probable qu'elle aurait tiré sur les compagnons de Burnout et les volontaires de la Bastille avec encore beaucoup plus d'entrain que sur les Gardes du corps. Les soldats du régiment de Flandre s'aperçurent également le 6 octobre que leurs amis de la veille les traitaient un peu trop sans façon quand ils les virent emporter à Paris leurs drapeaux en guise de trophées.

Aussi, le 12 octobre, à la nouvelle que la Garde nationale de Paris venait d'empêcher trois cents ouvriers employés à démolir la Bastille de partir pour « entreprendre de raser » [1], autrement dit de piller le château de Versailles, la Municipalité versaillaise discuta un peu tard la question de savoir s'il ne convenait pas de construire un fossé ou une palissade dans l'avenue de Paris. Berthier répondit qu'une grille suffirait, « la Garde nationale ayant pris position pour garder l'extérieur de Versailles à une lieue et demiē ou deux lieues environ » [2]. Pourtant le lendemain l'État-major de la Garde nationale de Versailles décida d'envoyer demander au propriétaire du château de Tuory, près de Pontchartrain, « onze couleuvrines et mille fusils qui ne pouvaient lui être d'aucun usage ».

[1] Correspondance de Lindet.
[2] Archives municipales de Versailles.

CHAPITRE VI

VICTIMES RÉELLES ET IMAGINAIRES

Le 6 octobre, trois cadavres jonchèrent la cour de Marbre, mais la veille, malgré toute la poudre brûlée, Savonnières fut la seule personne blessée sérieusement.

Vers quatre heures et demie, peu de temps après la mise en déroute du comte d'Estaing, les Gardes du Roi commencèrent à être sérieusement malmenés. « Comme j'étais en train, dit le major de la Garde nationale de Versailles Desroches (Dép. 309), de mettre en bataille le bataillon, plusieurs Gardes du corps passèrent et furent attaqués par la populace venue de Paris ; l'un de ces Gardes reçut une lance qui, tombant à terre, fit abattre son cheval. Ce même peuple courut sur lui ; celui qui avait jeté cette lance était un jeune homme d'environ vingt ans, couvert d'une veste rouge bordée d'un galon de soie ; ce même homme s'étant approché pour ramasser la lance, je courus sur lui et l'arrêtai. Je le mis entre les mains de la Garde nationale lorsque cette même populace m'entoura, ainsi que le Garde qui le tenait, pour arracher de nos mains cet homme. Malgré leurs menaces et leur nombre, je me fis jour à travers de la multitude et je conduisais l'homme prisonnier lorsqu'on vint me dire de la part du commandant de le lâcher. Au moment où on me donnait cet ordre, une femme de Paris, armée d'un poignard ou couteau de cuisine, s'approcha de moi en disant : — Je te poignarde si tu ne laisses pas aller mon enfant ! — J'obéis aux ordres du commandant et non aux menaces du poignard, malgré que la place fût couverte du peuple de Paris. Je me mis en bataille à peu de distance des escadrons des Gardes du Roi ; au moment où je finissais ma manœuvre, j'entends tirer un coup de fusil sur le flanc à gauche et vis, au même instant, chanceler sur son cheval un officier des Gardes du corps... »

Un Garde national parisien de la compagnie Ruelle, appelé Burnout ou Bunout, venait en effet de parvenir à se frayer un passage jusqu'à la grille de la cour des Ministres en lardant de coups de couteau (ou d'épée) les chevaux des Gardes du corps. « Les cris de ces brigands, raconte d'Albignac, effrayèrent nos chevaux et permirent à quelques-uns de traverser nos rangs. »

Burnout essayait de forcer la grille défendue par Mondollot, quand M. de Montesquiou lui appliqua sur les épaules deux coups de plat de sabre. L'émeutier, pourchassé également par le vicomte d'Agoult, aide-major général, et le lieutenant de Savonnières, prit le parti de s'enfuir le long de la grille pour gagner la rue des Récollets [1] ; alors un Garde national de Ver-

---

[1] Lettres de Mondollot, d'Agville, de d'Albignac, etc. Malden, *Par qui, comment et pourquoi les Gardes du corps ont été assassinés.*

sailles de la compagnie Rollet, nommé Charpentier, perruquier ou marchand de vin, fracassa d'un coup de feu le bras gauche de M. de Savonnières.

Deux autres miliciens, d'après Mondollot, tirèrent en même temps, mais heureusement les amorces mouillées ne brûlèrent pas. Aussitôt le lieutenant eut la présence d'esprit de crier à ses hommes : « Ne songez pas à moi, et ne compromettez pas le Roi », et son camarade d'Albignac répéta : « C'est un accident! une arme partie du repos. — Les Gardes me comprirent et répétèrent tous : — C'est un accident ! »

Chabroud reconnaît lui-même que Savonnières se borna à remplir son devoir de chef, néanmoins Lecointre essaya de transformer Burnout en victime. Montlosier, qui le vit opérer, le traite de « malotru », et Mounier l'accuse formellement, avec beaucoup de vraisemblance, d'avoir été le véritable chef de la bande de femmes ameutées autour des grilles du Château. Miomandre de Châteauneuf l'avait aperçu près de Sèvres à cheval sur un canon.

D'après le commandant de la Garde nationale versaillaise, Burnout, « arrêté par un groupe de femmes qui voulaient l'entraîner avec elles chez le Roi », n'aurait traversé les lignes que pour *essayer de leur échapper*, et n'aurait tiré son épée « que pour se défendre contre Savonnières qui continuait à le sabrer, et lui aurait *sans doute* fait perdre la vie ».

---

[1] *Déclaration de M. Lecointre, négociant.*

L'abbé de Montgaillard, dans son *Histoire de la fin du règne de Louis XVI*, reproduit même l'invraisemblable fable inventée de toutes pièces par Loustalot [1] « que Savonnières porta un coup de sabre à un particulier qui lui présentait une cocarde tricolore pour la mettre à la place de sa *cocarde noire !* » L'existence de cette fameuse cocarde paraît plus que problématique ; les Gardes, pour leur part, n'en portèrent jamais que de blanches, *qui étaient celles de leur régiment*. Ce fut une cocarde de cette couleur, mais « d'une grosseur énorme » que Mettereau reprocha à M. de Villiers de la Bellangerie d'avoir porté au banquet du 1ᵉʳ octobre. Il aurait pu ajouter que quelques Gardes se parèrent également des rubans blancs que Mᵐᵉ de Maillé enleva de son chapeau pour leur distribuer. M. de Villaine avait au contraire ordonné aux Gardes d'accepter toutes les cocardes nationales qu'on pourrait leur offrir (d'Albignac).

En réalité Burnout ne fut nullement blessé et, s'il tomba en s'enfuyant, ce fut en se heurtant à une malencontreuse barrique. La blessure du marquis de Savonnières par contre était si grave qu'il fallut, dès le lendemain, lui couper le bras gauche. Il mourut le 19 février 1790, des suites de l'amputation suivant les uns, d'une fluxion de poitrine d'après les autres.

Les camarades de Charpentier félicitèrent chaleureusement l'adroit tireur de son exploit, et leur haine contre les Gardes devint si grande « qu'ils

---

[1] *Révolutions de Paris*, nᵒ 13.

jurèrent de fusiller le premier d'entre eux qui bougerait ». D'ailleurs, dès midi, Guéroult rencontrant des miliciens, leur avait entendu dire : « Les habits galonnés d'or et d'argent sont trop pesants pour la saison : nous allons les rabattre », et Tardivet du Repaire fut apostrophé de : « J... F... de galonné, ton tour viendra avant qu'il soit longtemps. »

Un des officiers de la Garde nationale de Versailles, le chevalier de Beaumont, s'empressa d'informer les Gardes du corps de l'état d'esprit de sa troupe et les conjura de ne plus s'avancer. « Tous les honnêtes gens s'étant retirés, dit-il à d'Albignac et à Lhuillier, sur mes cent hommes, il y en a à peine cinq ou six dont je sois sûr ; je n'ai qu'un fusil à deux coups, mais je tire assez bien pour casser, s'ils vous attaquent, la tête à deux de mes hommes. J'ai voulu parler en votre faveur, mais ces bêtes féroces ont parlé de me mener à la lanterne. »

La valetaille du Château se mit également de la partie : les gens de Madame Élisabeth invectivèrent M. de Luchapt de planton à sa porte, et il fallut faire évacuer la cour des Ministres à toute une bande de laquais de grands seigneurs.

A la nouvelle de l'agression dont venait d'être victime la Cornette, M. de Gouvernet lui envoya aussitôt l'ordre, *le seul qu'il ait donné de la journée*, « de remettre le sabre au fourreau pour ne pas inquiéter le peuple ». En même temps d'Estaing vint interdire le départ des quarante délégués que les Gardes, sur le conseil du comte de Luxembourg, s'apprêtaient à envoyer aux Gardes nationaux. « On se borna, dit Lhuillier, à leur écrire simplement une lettre pour les assurer de notre amitié et demander la leur ; mais je ne sais si elle a été portée. » Finalement, elle ne fut pas envoyée.

Vers six heures et demie, une patrouille de Gardes, envoyée en reconnaissance dans l'avenue de Paris sous le commandement de M. de la Marthonière, dut battre en retraite au plus vite : M. de Montessus reçut un pavé, et plusieurs chevaux des coups de lance. Quelques Gardes voulurent voler au secours de leurs camarades, mais le major Flormont, les sachant bien montés[1], empêcha ses hommes de bouger.

A peu près à la même heure, douze Gardes, venus sur la demande des officiers de dragons pour les aider à maintenir l'ordre devant l'Assemblée nationale, se virent bientôt forcés de se retirer en toute hâte. « Les femmes, raconte Flormont, braquèrent sur eux leurs deux petites pièces, et elles crièrent en même temps aux dragons de s'ouvrir pour les laisser tirer ; *ce qu'ils firent*[2], mais tous les officiers de dragons s'étant réunis aux Gardes, on ne tira point. »

Malgré ces incidents inquiétants, vers huit heures, M. de Laval vint déclarer à Flormont « que tout était

---

[1] Les meilleurs chevaux étaient appelés les *coureurs* et, pour les distinguer, on leur coupait la queue très courte.

[2] Besancourt confirme le fait, mais Michelet déclare très sérieusement que les Gardes voulaient s'emparer de l'artillerie des Parisiennes !

fini » ; puis le régiment de Flandre et les Gardes reçurent l'ordre de regagner leurs casernements respectifs. M. de Gouvernét, trouvant même, raconte d'Albignac, « que nous ne partions pas assez vite, parce que notre présence inquiétait la milice nationale, vint hâter notre départ ». Ce fut alors que les poissardes, les brigands et les Gardes nationaux de Versailles provoquèrent une sérieuse échauffourée, dans le but de forcer le Roi à signer les articles de la Constitution. Tout porte à croire que ce fut l'arrivée des volontaires de la Bastille qui détermina les chefs de l'émeute à engager les hostilités, sans plus tarder.

La bagarre aurait été provoquée, d'après Lecointre et ses amis, par le Garde du corps qui fermait la marche de la compagnie de Luxembourg, et cette opinion a été généralement admise. Toutefois nous avouons concevoir quelques doutes sur la façon dont partit ce trop fameux coup de pistolet qui, *tiré à bout portant sur une foule compacte,* faillit exterminer toute une famille, mais ne blessa personne; Briand père reçut la balle à la joue, son fils à la tempe, Moneret dans son chapeau et Lourdel dans le bas du dos ! Tel était le courage de ces excellents patriotes qu'ils restèrent, malgré leurs terribles blessures, encore plusieurs heures sous les armes ! Lecointre nous donne une explication tout à fait inattendue du peu de force de pénétration des projectiles : « s'il n'y eut que quelques chapeaux et habits percés, c'est que les Gardes tiraient en marchant ».

Tous les témoins reconnaissent que les Gardes furent *immédiatement* insultés et assaillis *dès* qu'ils se mirent en route, et tous les spectateurs déclarent qu'à ce moment même bon nombre de soldats de la milice déchargeaient leurs fusils en l'air, d'après les uns en signe d'allégresse de voir déguerpir les royaux, d'après les autres par simple précaution avant de regagner leur domicile [1].

Comment alors dans cette bousculade tant d'amis de Lecointre purent-ils se rappeler *après coup* avoir vu, malgré l'obscurité, le serre-file [2] tirer sur la foule ? Comment parmi le vacarme de la mousqueterie, des hurlements des femmes, des vociférations des faubouriens, cet *unique* coup de feu put-il faire assez de bruit et être suffisamment remarqué de tous les coins de la vaste Place d'Armes, pour qu'*instantanément* partent d'un peu partout des décharges contre la Cornette ? Même si Bérard, dont le cheval venait d'être tué, ou un des deux frères Barreau qui fermaient la marche, avaient, comme l'affirment certains témoins de bonne foi, *tiré en l'air* pour appeler ses camarades à son secours, son geste n'aurait aucune importance, la fusillade ayant déjà commencé.

Le coup de pistolet *tiré sur la foule* pacifique dans la soirée du 5 fut inventé de toute pièce pour les besoins de la cause, comme le sera le lendemain le

---

[1] Rabaut-Saint-Etienne reconnaît lui-même : « Il partit une salve de coups de fusil ; alors les Gardes nationaux se *crurent* trahis » (*Précis historique de la Révolution*).

[2] On verra plus loin que ce ne pouvait pas être M. de Moucheron, comme le prétendit Lecointre.

mystérieux coup de mousquet tiré d'une fenêtre du Château. Les patriotes hésitèrent quelque temps avant de mettre au point leur récit officiel. Mettereau, le fidèle second de Lecointre, parle d'une *décharge* de mousqueterie. « Les Gardes, raconte-t-il, défilèrent vers la rampe ; *des* coups de pistolets tirés par quelques-uns de ceux de l'arrière-garde sur nos pelotons attirèrent une riposte de quelques coups de fusil de notre part. Alors, toute cette arrière-garde fait volte-face et lâche une décharge de mousqueterie (avec des fusils *non chargés !*) tant sur nous que sur quelques volontaires qui étaient *çà et là* sur la Place d'Armes. Nous avons riposté..., etc... » Malheureusement pour cette invention, Durup déclare que tous les Gardes avaient le sabre à la main.

Loustalot, qui essaya de lancer l'histoire de la cocarde tricolore refusée par Savonnières et imagina le coup de feu du lendemain, s'empressa également de justifier dans les *Révolutions de Paris* du 12 octobre la conduite de la populace. Seulement, pour ne pas trop se répéter, Loustalot, qui pourtant se trouvait à Versailles, raconte : « *Un Garde donne à une femme un coup de sabre qui lui fendit le crâne,* alors elles firent feu *des pistolets* dont elles étaient armées ! »

Une *Protestation*, conservée aux archives de Versailles, peu suspecte de partialité puisqu'elle reproche aux Gardes « d'avoir tué ou blessé plusieurs femmes », n'ose prendre parti et déclare : « Les Gardes et les Gardes nationaux se tirèrent réciproquement, sans

qu'on puisse distinguer d'où partit le premier feu. »
Guérin (Déposition 60) reconnaît au contraire que lui et
ses camarades « furent forcés par la foule de tirer sur
les Gardes, ce qu'ils firent eux miliciens, craignant
pour leurs jours parce qu'ils étaient menacés. Mais
que leur décharge n'a causé aucun mal, les Gardes
du Roi étant au delà de la portée des coups ».

Le député Camus écrit le soir même à dix heures
du soir : « La milice de Versailles a tiré ; il y a eu au
moins deux Gardes blessés [1]. »

L'auteur de la *Journée des Volontaires de la Bastille*
déclare, nous l'avons déjà vu, que lui et ses compagnons fusillèrent les Gardes « parce qu'ils se sau-
vaient » ; « parce qu'ils voulaient s'échapper », avoue
le *Courrier de Provence*. Dans la nuit noire, miliciens
versaillais, héros de la Bastille et coupe-jarrets parisiens tirèrent complètement au hasard, et leurs projectiles allèrent frapper quelques Gardes ou leurs
montures et ricocher sur la famille Briand.

Si les Gardes nationaux et les volontaires de la
Bastille, recrutés la plupart parmi les commerçants,
avaient été meilleurs tireurs, la poudre moins humide
et les fusils mieux chargés [2], que de victimes, *surtout
parmi les patriotes* ou le régiment de Flandre, auraient
jonché la Place d'Armes !

Les pistolets des Gardes étaient-ils même en état

---

[1] *Revue de la Révolution*, 1885.

[2] La pluie empêcha de partir plus de la moitié des coups ; et, le
lendemain, des balles mal calibrées, tirées cependant à bout portant, ne produisirent que des contusions.

de blesser personne? D'après Rivarol, quand ils voulurent à Rambouillet, le dimanche suivant, décharger leurs armes comme le prescrivait le règlement, un grand nombre d'entre eux se seraient aperçus que le 4 octobre l'armurier préposé au chargement avait mélangé à la poudre les substances les plus diverses.

Heureusement le seul cadavre resté sur la Place d'Armes fut celui d'un malheureux cheval de troupe, et la pauvre bête, immédiatement dépecée et mise en broche, servit à nourrir ses bourreaux.

Après un moment d'hésitation, les Gardes piquèrent des deux et se mirent rapidement hors de portée de la mousqueterie. La foule alors se rua sur les canons dont les servants, moins révolutionnaires ou plus prudents que leurs camarades, s'étaient empressés, en entendant siffler les balles de tous côtés, de chercher un abri dans le corps de garde des Gardes-françaises.

Les Parisiens, aidés de quelques miliciens, parmi lesquels on remarqua même un officier, M. de Bury, s'emparèrent des canons abandonnés et se hâtèrent de les braquer dans la direction de l'avenue de Sceaux où galopaient les Gardes. Par bonheur, M. de la Tontinière (ou Toulinière), commandant de l'artillerie, « parvint à s'emparer de la mèche allumée au moment qu'on allait mettre le feu aux pièces, et sauva par ce moyen une partie du régiment de Flandre » (Déposition 294).

D'après Lecointre, ce serait seulement après l'échauffourée avec les Gardes que « M. de Bury menaça

La Tontinière, de lui faire sauter la cervelle s'il ne donnait à notre troupe de quoi *se défendre*. La peur de perdre la vie détermina La Tontinière, qui précédemment m'avait déclaré n'avoir ni poudre ni balles, à délivrer une demi-tonne de chacune de ces munitions ». Comment alors les Gardes nationaux auraient-ils eu le temps, pendant que le dernier peloton des Royaux défilait, d'aller chercher de la poudre *au magasin* et de charger leurs canons !

Témoin de l'agression contre les Gardes, M. de Montmorin, major du régiment de Flandre, alla aussitôt prévenir d'Estaing. « Il n'y a rien à faire, se borna à répondre l'amiral ; et puis il ne leur arrivera *peut-être* rien ! » Les Gardes en effet en furent quittes assez bon marché, mais ce ne fut pas la faute du commandant en chef.

Entre huit et neuf heures du soir, c'est-à-dire entre le moment où la Cornette quitta la Place d'Armes et celui où elle revint se ranger en bataille dans la cour des Ministres, les malheureux défenseurs du Roi subirent plusieurs attaques, et, bien qu'elles se soient produites à des moments ou à des endroits différents, les historiographes de la journée les ont toujours confondues.

Pour permettre de suivre les divers incidents de la soirée, nous rappellerons que l'hôtel des Gardes du corps occupait dans l'avenue de Sceaux les bâtiments qui servent encore actuellement de quartier de cavalerie ; seulement, comme en prévision des troubles, la Cour n'avait pas renvoyé le guet précédent[1], la compagnie Écossaise se trouvait logée, faute de place, dans l'hôtel de Charost, situé sur la place de ce nom, entre les avenues de Paris et de Saint-Cloud.

La compagnie de Luxembourg, à la suite de laquelle se trouvaient un certain nombre de Gardes de la compagnie de Noailles, se dirigea directement vers son hôtel, et elle avait déjà franchi la *Rampe* qui reliait la Place d'Armes à l'avenue de Sceaux, quand une compagnie de miliciens de Versailles, postée entre la caserne des Gardes-françaises[2] et l'hôtel de la Chancellerie, sûre de n'avoir plus affaire qu'à l'arrière-garde, se mit bravement à fusiller le dernier peloton.

« Nous entendîmes alors crier, raconte le lieutenant d'Albignac : — Nous sommes tirés ! — ; aussitôt M. de Guiche, dont tous les mouvements ont été nobles, commande *Halte!* Mais je lui dis vivement : — Marchons au contraire, et, légèrement, tirons-nous du défilé. — Nous nous portâmes alors au galop dans l'avenue de Sceaux où nous fîmes halte un moment, et, après quelques réflexions et beaucoup d'embarras, nous gagnâmes notre hôtel. »

La fusillade n'avait pas été heureusement trop meurtrière : Du Pezet fut balafré par un projectile qui lui érafla le menton et les montures de Coulomb et de Du Tertre reçurent chacune une balle ; la der-

---

[1] Les Gardes du corps, casernés à Troyes, Beauvais, Amiens et Châlons, servaient par quartier.

[2] Cette caserne n'existe plus ; elle se trouvait sur la Place d'Armes en avant de l'Hôtel de la Chasse.

nière, atteinte au jarret, s'abattit lourdement entraînant son cavalier qui, dans sa chute, perdit toute la peau du genou. Du Tertre était peut-être un des Gardes qui, dans leur précipitation à se rendre au Château, ne prirent même pas le temps d'enfiler leurs bottes et montèrent en bas de soie. Le cheval du brigadier *Bérard* fut tué sur le coup. Néanmoins son propriétaire parvint à rejoindre sain et sauf ses camarades [1].

Tous les historiens se sont lourdement trompés en racontant que le cheval tué appartenait à M. de Moucheron, Garde de la compagnie Écossaise qui, partie la première, *avant la fusillade*, galopait dans l'avenue de Paris pour rejoindre l'hôtel de Charost. « M. de Moucheron, dit M. Batiffol, exaspéré de ces insultes, tira un coup de pistolet, qui d'ailleurs n'atteignit personne... seul son cheval fut blessé mortellement [2]. »

L'erreur est d'autant plus grave qu'elle semble légitimer le supplice que les poissardes firent endurer à M. de Moucheron, *une heure plus tard*, quand il traversait *à pied* la Place d'Armes. Durup de Baleine qui lui sauva la vie déclare formellement « qu'il lui prit son pistolet, *parce qu'il était chargé* ».

Quelques coups de feu furent également tirés sur la compagnie Écossaise, commandée par M. de la

---

[1] Lettres de Bérard, de du Tertre, de d'Aubiac, etc.

[2] D'après le même auteur, les Gardes sont toujours les coupables : « Leur air hautain, souverainement méprisant, avait-il dit précédemment, n'était pas fait pour calmer la multitude. »

Mothe de Flormont, mais de si loin que le peloton d'arrière-garde entendit seul quelques balles siffler.

L'attaque dirigée contre leurs camarades avait si bien échappé à la compagnie Écossaise qu'en arrivant à l'hôtel de Charost, Flormont, obéissant à ses instructions, accorda une heure à ses hommes pour se sécher et aller dîner. Lui-même, accompagné simplement de sept à huit Gardes, partit à pied *et sans armes* pour gagner l'hôtel de l'avenue de Sceaux, en passant par la cour du Chenil et le passage du Grand-Maître.

Mais à peine son détachement eut-il débouché dans l'avenue de Paris qu'il fut accueilli par une grêle de balles : Paul Terson de Palville eut l'extrémité d'un doigt emporté[1] et Barreau reçut une balle morte à l'épaule. La situation des Gardes paraissait d'autant plus critique que la foule criait aux factionnaires de la grille du Grand-Maître de fermer les portes pour barrer le passage. Heureusement les sentinelles s'enfuirent après les avoir simplement poussées ; les Gardes purent passer et se mettre en sûreté.

Pas plus que précédemment, on ne peut relever la moindre trace de provocation de la part des Gardes pour justifier cette seconde agression. Mondollot et un certain nombre de ses camarades passèrent par la rue de l'Aventure (rue Jean-Houdon) et la rue Saint-Martin, et parvinrent sans encombre à leur hôtel.

---

[1] Le Roi le nomma quelques jours plus tard chevalier de Saint-Louis.

Ces deux détachements arrivèrent juste au moment où leurs camarades montaient à cheval pour retourner au Château. La première pensée de Flormont fut de regagner avec ses hommes l'hôtel de Charost où se trouvaient leurs montures; il réquisitionna le guet à cheval de service, puis se dirigea vers la Place d'Armes pour éviter l'avenue de Paris; mais, au moment où sa troupe allait déboucher en face des Petites Écuries, plusieurs grenadiers du régiment de Flandre vinrent le prévenir que les canons se trouvaient toujours braqués dans leur direction et que la foule s'était même écartée pour ne pas gêner le tir de l'artillerie !

Flormont prit alors le parti de se rendre directement au Château par la rue Saint-François (rue de Gravelle) avec ses camarades montés; malheureusement un ordre mal compris, ou le faux bruit que la populace mettait le feu à l'Hôtel de Charost, coupa la colonne en deux dans la rue du Vieux-Versailles. Le dernier peloton retourna à l'hôtel des Gardes où bientôt les Gardes se trouvèrent, au nombre d'environ vingt-cinq, définitivement bloqués ; seul M. de la Marthonie, bien monté, put regagner la cour des Ministres après avoir assuré la retraite de ses camarades à pied.

Désappointée de voir ses victimes lui échapper, la populace essaya de persuader aux artilleurs d'aller canonner l'hôtel des Gardes ou la Municipalité siègeant rue de l'Orangerie, à côté du théâtre. « Ils ne purent s'en défendre qu'en faisant remarquer qu'on écraserait infailliblement les maisons voisines. »

Les bandits voulurent plus tard mitrailler à travers les grilles la Cornette rangée en bataille dans la cour des Ministres. Ils auraient même mis une fois leur projet à exécution si un courageux sergent ne s'était placé à la bouche « du plus gros canon, braqué par quelques *miliciens*. » (Dép. 87, 191, etc.). « Voyant notre danger, raconte d'Albignac, un officier Suisse sortit et leur dit : « Vous vous disposez donc à tuer le Roi ? » et cette considération les fit hésiter. »

La troisième attaque fut plutôt une série d'agressions contre tous les Gardes qui s'aventurèrent à pied aux alentours de la Place d'Armes. Vers neuf heures et demie, le chevalier Louis de la Merlière de Moucheron, Garde de la Manche[1], essayait de rentrer chez lui, quand il fut arrêté près de la rue de la Chancellerie « par un groupe de poissardes et de lanciers de Paris » (*sic*). En un instant il se trouva complètement déshabillé et les femmes lui firent subir un supplice sur lequel nous n'insisterons pas. Il allait ensuite être décapité quand deux officiers de la Garde versaillaise, MM. Durup de Baleine et Raison, s'interposèrent courageusement et parvinrent, non sans peine, à l'entraîner dans le corps de garde des Gardes-françaises, d'où ils le firent échapper par une porte dérobée.

---

[1] Il y avait huit Gardes de la Manche ; deux d'entre eux, de service tous les quatre jours, ne devaient jamais quitter le Roi quand il paraissait en public. « Ils portaient par-dessus leur uniforme une espèce de tunique couverte d'or et d'argent relevée en bosse. »

En plus d'une occasion la conduite de Durup de Baleine fut ce jour-là plutôt suspecte ; mais, dans cette circonstance, il montra une louable énergie, qui faillit lui coûter la vie.

« Sur les neuf heures ou environ, raconte Le Sieur (Dép. 15), trois Gardes du corps ayant passé place d'Armes, plusieurs particuliers sans uniformes, armés de piques et de fusils, se rendirent au corps de garde des Gardes-françaises avec un grand nombre de femmes en criant : *Aux armes sur les Gardes du Roi !* Ce qui occasionna une sortie d'une quantité prodigieuse de ces mêmes personnes pour faire feu sur les Gardes... Malgré sa défense, plusieurs coups de fusils furent tirés. »

A la même heure, Guéroult de Berville, qui déjà une première fois n'avait échappé à la foule qu'en se réfugiant à l'hôtel de Charost, tentait de gagner le Château, quand il fut tout à coup assailli sur la Place d'Armes ; il parvint en courant à atteindre la grille de la cour des Ministres devant laquelle stationnait un peloton de chasseurs des Trois-Évêchés. « Là, dit-il, se croyant en sûreté, il se retourna, et vit le peuple qui venait sur lui ; un Cent-Suisse, voyant le danger qu'il courait, le couvrit de son manteau, ce qui ne l'empêcha pas de recevoir un coup de massue sur la tête. Le Suisse le porta dans la cour des Ministres, et, quand il reprit connaissance, il fut porté dans le salon du Roi. » Pendant cette scène, les chasseurs ne cherchèrent pas à intervenir. Son frère et d'Arbonneau, qui voulurent aller chercher un chirurgien, furent, à trois reprises forcés de rentrer précipitamment au Château[1]. Il n'y avait même pas au Palais un seul médecin !

Plus heureux, Lassault fut manqué ; M. de Ligny et quelques autres Gardes eurent la chance d'être tirés des mains des bandits par M. de Flormont qui débouchait avec les débris de la compagnie Écossaise dans la rue de la Surintendance. Rue du Vieux-Versailles, un Garde national coucha en joue cet officier, mais les camarades du milicien, ne se trouvant point en nombre, s'empressèrent de relever l'arme.

Bellet de Mirelon, pris à cause de son manteau pour un Garde, entendit vers onze heures plusieurs balles siffler à ses oreilles « il se jeta par terre, et vit encore brûler une amorce dont le coup ne partit pas. Parvenu aux casernes, il empêcha un Garde national de tirer sur un particulier portant un manteau bleu ». Miomandre de Sainte-Marie vit dans la rue de la Chancellerie un Garde à pied « atteint d'un coup de feu parti d'une croisée (?) ».

Vers deux heures, M. de Saint-Aulaire longeant de trop près les grilles du Château faillit recevoir un coup de baïonnette que lui lança un Garde national parisien, et le chevalier des Plas, appelé par un particulier sous prétexte de lui remettre une lettre destinée à un de ses camarades, eut juste le temps de sauter en arrière pour ne pas recevoir un coup d'épée.

Avant de quitter définitivement la Place d'Armes

---

[1] Guéroult fut soigné à Paris par Mme de La Fayette.

pour aller se reposer, les patriotes se répandirent en injures et en menaces. Un officier monté de la Garde de Paris, « le seul qui fût bossu[1] », répondit au commissaire des guerres de Lalain qui se félicitait de voir le calme se rétablir : « Oui, mais il faudra voir demain matin », et Lhuillier, en train de faire une ronde, entendit crier : « Demain il fera jour. Vous irez faire un petit tour à la lanterne. » A cinq heures et demie, le même maréchal des logis fut encore ajusté à travers la grille, mais l'amorce rata.

Si nous insistons un peu longuement sur toutes ces agressions, c'est afin de démontrer plus loin que les défenseurs du Roi ne furent pas plus les provocateurs le 6 Octobre qu'ils ne l'avaient été la veille ou pendant la nuit.

La conduite des Gardes du corps, qui reçurent sans broncher tous les coups sans chercher à les rendre pour obéir à la consigne du Roi, fut aussi prudente que courageuse.

Un officier des Gardes, que M. Pierre de Vaissière est parvenu à identifier avec le comte d'Agoult, demanda plus tard à une trentaine d'entre eux d'écrire le récit des événements auxquels ils avaient assisté, et une copie de leurs réponses se trouve conservée aux Archives nationales[2]. Une note inscrite en tête du manuscrit porte : *Trouvé dans une armoire sous le siège*

---

[1] L'avocat Verrières « qui passait, note Michelet, pour très violent ».

[2] C. 222, 160¹⁵⁷. M. Pierre de Vaissière en a publié quelques-unes dans *Lettres d'aristocrates*.

pratique dans l'embrasure de la croisée de la chambre de Marie-Antoinette.

Ce recueil, composé de soixante-dix lettres, fait le plus grand honneur à leurs auteurs : Les dépositions des Gardes adressées des quatre coins de la France et à une époque où, dispersés la plupart en province, ils ne pouvaient plus se concerter entre eux, concordent d'une façon tout à fait remarquable, chacun d'eux se bornant à parler de ce qu'il a vu personnellement[1]. Aucune plainte, aucune accusation ; ils ne cherchent guère à interpréter les faits, et le seul regret qu'ils manifestent est d'avoir été si brutalement éloignés du Roi.

Ils se défendent, à notre avis victorieusement, d'avoir tué le 6 Octobre L'Héritier, mais ne s'occupent guère du coup de pistolet de la veille dont beaucoup sans doute ne connaissaient pas l'invention, ou du moins l'importance qu'il avait prise.

Flormont avait autorisé à pénétrer dans la cour des Ministres une cinquantaine de femmes que la Garde nationale avait laissé passer le long de la grille, de peur qu'elles ne reçoivent des ruades. Malgré la mansuétude extrême des défenseurs du Roi, les faux blessés ne manquèrent pas : le capitaine Durre (Déposition 59) « vit un de ses soldats, qui a depuis quitté le régiment de Flandre pour venir à Paris, s'envelopper à neuf heures du soir une main de linge blanc se disant blessé par un Garde du corps et indisposant

---

[1] « Je ne garantis, dit d'Albignac, que les faits que j'ai vus, celui-ci m'a été assuré par M... et il est aisé à vérifier. »

ses camarades contre ce Garde. Sait parfaitement,
lui déposant, que ce soldat n'avait aucune blessure,
étant resté sous les armes depuis quatre heures du
soir jusqu'à quatre heures du matin sous ses yeux ;
que c'est *de cet instant que l'insubordination la plus
grande s'est manifestée parmi ses soldats* ».

« A la chute du jour, rapporte également Louis de
Massé, capitaine au régiment de Flandre, un particulier, vêtu d'une redingote, s'est présenté devant le
front du régiment et a crié aux soldats qu'un de leurs
camarades venait d'être tué et un autre blessé très
dangereusement par les Gardes du corps, ce qui s'est
trouvé faux » (Déposition 87).

Est-il besoin d'ajouter qu'aucune femme ne mourut,
le 5 Octobre ; et si le lendemain une Amazone périt —
ce qui n'est *nullement* prouvé — elle tomba loin de
Versailles, tuée accidentellement par ses compagnons.
Quelques auteurs, notamment Prudhomme [1], assu-
rent qu'une pauvre citoyenne, qui escortait de trop
près le carrosse royal, reçut *par erreur* une balle dans
la poitrine ; le vicomte de Conny [2] précise « à l'endroit le plus élevé des Champs-Élysées ». Mme de
Tourzel, assise dans la voiture du Roi, affirme que
« plusieurs coups de feu furent tirés dans la direction des carrosses ; il y eut quelques personnes
de tuées ». Lally-Tollendal, autre témoin oculaire,
confirme en partie le fait : « Pendant que ces femmes
cannibales criaient sans cesse — Tous les évêques à

---

[1] *Histoire générale des erreurs de la Révolution.*
[2] *Histoire de la Révolution française.*

la lanterne ! — j'ai vu tirer dans une des voitures de la Reine[1]. » Pourtant, aucun des Gardes du corps qui escortaient les carrosses ne fait mention de cet incident ; M. de L'Isle raconte simplement « qu'on tira un nombre infini de coups de fusil, en dépit de la prière de la Reine ».

Malgré les assertions de nombreux auteurs, notamment du comte de Paroy[2] qui déclare « que deux coups de carabine tirés par les Gardes du corps blessèrent trois femmes », et celles de Bailly : « un Garde du corps a frappé une de ces femmes d'un coup de sabre et lui a fendu le crâne... une femme mère de six enfants a eu un bras coupé, une autre a été étouffée entre les chevaux, une troisième a eu la tête blessée par un pommeau de sabre », aucune femme même ne fut blessée, car nous ne prendrons pas au sérieux les vagues meurtrissures reçues par Reine Audu ou par ses compagnes Nemery, teinturière rue de la Calandre, et Le Loutre, fripière rue de Saint-André-des-Arts.

Le terrible coup de sabre qui s'abattit sur la main de la première de ces victimes « et lui trancha le poignet[3] au moment où elle se cramponnait aux rênes de la monture d'un Garde du corps oublia de laisser une cicatrice. La seconde héroïne dut avoir

---

[1] *Extrait d'une Lettre de M. de Lally-Tollendal.*

[2] La relation des Journées d'Octobre parue dans les *Mémoires* du comte de Paroy est complètement inexacte. M. Charavay, en la publiant, note qu'il a trouvé deux versions différentes: il n'a certainement pas choisi la meilleure !

[3] *Le Fouet national.*

quelque peine à retrouver le lendemain cette blessure, digne d'un procès-verbal de duel moderne :
« Une piqûre d'épée ou de sabre sur la seconde pha-
lange du doigt annulaire de la main gauche[1]. » La
troisième, plus modeste, se borna à se plaindre
d'avoir « reçu sur l'épaule gauche quelques coups de
plat de sabre, ayant voulu traverser, comme d'autres
femmes, les rangs des Gardes du Roi pour se rendre
au Château[2] » ; elle fut « étonnée » constate Lecointre
avec indignation. Néanmoins Louis Blanc déclare
« qu'on entendit le sifflement des balles (au moment
de l'agression contre Savonnières), et deux femmes
tombèrent couvertes de sang ! »

Il faut pourtant reconnaître que Louis Blanc fut le
premier à donner une description générale assez
exacte des événements d'Octobre. Son admiration
pour la Révolution ne l'a point empêché de reconnaître quelques-unes des tares de ces Journées, et son
lyrisme parfois a porté juste.

[1] Déposition 105.
[2] Déposition 284

CHAPITRE VII

RÔLE DE LA FAYETTE

Pour un instant, revenons en arrière et voyons ce qui s'était passé à Paris. Peu de temps après le départ de Maillard et de ses Amazones pour Versailles, La Fayette finit par arriver à l'Hôtel de Ville, se flattant, grâce à son prestige, de rétablir l'ordre facilement, comme il était parvenu à le faire quelque temps auparavant.

Hélas! il lui fallut bientôt déchanter. Les Gardes nationaux refusèrent, malgré ses ordres, de retourner dans leurs foyers, et de nouvelles compagnies vinrent au contraire grossir le nombre des miliciens insubordonnés. Tout à coup, pendant que La Fayette dictait une lettre au représentant de la Commune Fissour, la porte de son cabinet s'ouvrit, et une députation de cinq grenadiers pénétra sous la conduite d'un nommé Mercier.

« Mon général, dit leur orateur, nous sommes députés par les six compagnies de grenadiers. Nous ne vous croyons pas un traître, mais nous croyons que le gouvernement vous trahit; il est temps que cela finisse, nous ne pouvons tourner nos armes contre des femmes qui demandent du pain; le comité de subsistance vous trompe : il faut le renvoyer. Nous voulons aller à Versailles exterminer les Gardes du corps et le régiment de Flandre qui ont foulé aux pieds la cocarde nationale. Si le roi de France est trop faible pour porter sa couronne, qu'il la dépose : nous couronnerons son fils et tout ira mieux[1] ». Un autre témoin, Brousse des Faucherets[2], rapporte ainsi la dernière phrase de la harangue... « Allons à Versailles ; on dit que le Roi est un imbécile, nous placerons la couronne sur la tête de son fils, on nommera un conseil de régence, et la France sera mieux gouvernée ! »

La Fayette entreprit de détourner les délégués de leur projet, mais ils se bornèrent à répondre : « Il est inutile de chercher à nous convaincre, car tous nos camarades pensent ainsi ; et, quand même vous nous convaincriez, vous ne les changerez pas. » Le général sortit sur la place de Grève pour tenter un dernier effort, mais sa voix fut aussitôt couverte par mille cris de : *A Versailles ! A Versailles !* et des miliciens lui déclarèrent « que, s'il ne se décidait pas, ils allaient prendre comme chef un ancien grenadier ». Les meneurs pensaient sans doute à Mercier leur porte-parole « qui joignait à une fort belle figure un choix d'expressions qui étonnèrent tous ceux qui l'entendirent, et un sang-froid qui les étonna encore davantage ». Bailly, à son tour, essaya de haranguer la foule, mais il ne put parvenir à se faire entendre.

[1] Déposition de Fissour (40).
[2] Déposition 30.

Constatant son impuissance à retenir ses troupes, La Fayette comprit que son devoir lui prescrivait de les suivre pour diriger au moins la marche qu'il ne pouvait empêcher. Il envoya un courrier à Versailles, puis se rendit à la Municipalité pour exposer la situation aux *Trois-Cents*[1], représentés par une vingtaine de membres !

Après bien des hésitations, l'Assemblée de la Commune arrêta, vers quatre heures du soir : « Vu les circonstances et le désir du peuple, et sur la représentation faite par M. le Commandant général qu'il est impossible de s'y refuser, autorise M. le Commandant général, et même lui ordonne, de se transporter à Versailles ; lui recommande en même temps de prendre des précautions pour la sûreté de la ville, et, sur le surplus des mesures ultérieures à prendre, s'en rapporte à sa prudence. » En même temps, l'Assemblée désigna pour accompagner le général les quatre représentants Lefèvre, de La Grey, Maillot et Desmousseaux.

Dès trois heures, l'Assemblée avait envoyé Fissour à Versailles « pour remettre un exposé et prévenir des troubles de la capitale » ; mais arrêté en chemin, fouillé, menacé par les citoyennes, il ne put arriver que vers cinq heures et ne parvint dans l'Œil-de-bœuf qu'après Desperrières, l'aide de camp de La Fayette.

Les préparatifs de la Garde nationale durèrent

---

[1] En réalité ils n'étaient plus que cent vingt.

encore quelque temps, et l'armée parisienne, escortée d'une bande de femmes et d'un certain nombre de malandrins, ne parvint pas à se mettre en route avant cinq heures du soir.

L'unanimité, en effet, ne régnait point parmi les Parisiens sur l'opportunité de se rendre à Versailles. Les *Mémoires secrets* de Fournier l'Américain le prouvent surabondamment : « Je trouve, dit-il, le peuple qui se met à crier : — Fournier, conduisez-nous « à Versailles, où nous voulons aller demander du « pain. — Je réponds que j'irais, *si je pouvais rassembler des forces suffisantes.* »

Fournier raconte ensuite longuement la façon dont il fanatisa ses hommes et força à marcher M. d'Ogny, capitaine de la compagnie du district Saint-Eustache. A plusieurs reprises en effet le commandant, sous divers prétextes, par exemple d'envoyer chercher de la poudre, essaya d'empêcher ses volontaires de poursuivre leur route. « Voyant qu'il allait réussir, raconte Fournier, je rattache mes épaulettes et je dis à ma troupe : — Citoyens, qui m'aimera me suivra — et, m'adressant aux femmes : — Vos enfants meurent de faim ; si vos époux sont assez dénaturés et assez lâches pour ne pas vouloir aller leur chercher du pain, il ne vous reste donc plus qu'à les égorger. — L'effet de ce discours fut des plus funestes à d'Ogny. Il ne fut pas plus tôt prononcé que les femmes tombèrent sur lui et lui distribuèrent tant de coups de poing et de pied dans le ventre qu'elles le forcèrent à marcher, et qu'il mourut peu de temps après des-

suites de ce traitement *qu'il n'avait que trop mérité.* »

Si l'on en croit Fournier, ce serait lui qui, pour vaincre les dernières hésitations de La Fayette, aurait commandé : « *Attention ! à gauche ! A Versailles !* Aussitôt, des femmes se portèrent vers La Fayette et lui montrèrent du doigt le fameux réverbère en criant : *A Versailles ou à la lanterne !* » Le général se décida alors à enfourcher son cheval blanc.

En arrivant à Montreuil, La Fayette fit renouveler à ses troupes le serment civique : à la Nation, à la Loi, au Roi, puis pénétra dans la salle de l'Assemblée pour déclarer aux députés « qu'ils devaient se rassurer ; que la vue de son armée ne devait troubler personne, qu'elle avait juré de ne faire ni de souffrir aucune violence ; qu'il fallait contenter le mécontentement du peuple en priant le Roi d'éloigner le régiment de Flandre, et de dire quelques mots en faveur de la cocarde nationale ».

La Fayette, « couvert de boue des pieds à la tête[1] » se dirigea ensuite vers le Château. A force de l'avoir entendu affirmer en cours de route, le général avait fini par croire à la culpabilité des Gardes du corps : il dit en entrant à M. de Ros, lieutenant des Gardes : « Faites, monsieur, votre possible pour contenir vos hommes » et, un peu plus loin au chevalier des Plas : « Recommandez à vos camarades de ne tenir aucun propos indiscret. » Ces idées ne tardèrent pas à se modifier, car il eut soin, en sortant,

---

[1] Lettre de Paroy, déjà citée.

de donner une poignée de main à tous les Gardes de service.

Il ne faut donc pas trop s'étonner que les miliciens de Paris aient commencé par malmener les Gardes du corps. Le bataillon des Petits-Pères s'empressa de désarmer les Gardes restés dans leur hôtel et les mirent même à la porte de leurs logements. Bientôt pourtant, en apprenant la vérité, ils changèrent de sentiment, et même, dit Vaquier de la Mothe, « s'excusèrent, soupèrent avec eux, expliquant qu'ils avaient rencontré un grand nombre de courriers sur la route leur demandant de se hâter parce que les Gardes faisaient un *carnage terrible* ». Les volontaires de la Bastille et de très nombreux témoins confirment le fait : qui avait donc envoyé ces messagers? sinon les organisateurs prévoyants de cette journée révolutionnaire.

Si La Fayette arriva avec quelques préventions contre la Cour, l'entourage du Roi suspectait encore plus les intentions du général. Dès que Louis XVI apprit sa prochaine arrivée, il fit immédiatement prier Mounier de réunir tous les députés au Château pour l'aider à recevoir le Commandant en chef de l'armée parisienne. Mais les ordres, une fois de plus, furent donnés trop tard; les députés montrèrent un médiocre empressement à sortir de leurs lits, et La Fayette arriva avant eux.

Le général eut le bon goût, presque le courage, d'entrer au Château escorté simplement de deux membres de la Municipalité parisienne, malgré les supplications de ses officiers qui le voyaient déjà assassiné par les sanguinaires Gardes du corps ! Un seul incident pourtant se produisit : un ancien officier, M. de Hautefeuille, s'écria dans l'OEil-de-bœuf en voyant passer La Fayette : « Voilà Cromwell ! — Monsieur, répliqua le général, Cromwell ne serait pas seul ici ! »

Lefèvre [1] et La Grey [2], les deux représentants de Paris, racontent ainsi leur réception par le Roi qui se trouvait entouré de Monsieur, de tous les ministres et de nombreux dignitaires de la Cour : « M. le marquis de La Fayette, s'adressant au Roi, lui a dit qu'il venait devers lui, avec deux députés de la Commune de Paris, pour lui témoigner leur amour pour sa personne sacrée et pour l'assurer qu'ils verseraient tout leur sang pour sa sûreté ; que vingt mille hommes armés étaient dans l'avenue de Versailles, que la volonté d'un peuple immense avait commandé aux forces, et qu'il n'y avait eu aucun moyen de les empêcher de se porter à Versailles, mais qu'il leur avait fait prêter le serment de se maintenir dans la discipline la plus exacte et la plus sévère, ce qu'ils ont promis. »

Les députés de la Commune demandèrent ensuite : 1° que le Roi consente à confier la garde de sa per-

---

[1] Lefèvre, maître de musique, représentait le district des Carmes.

[2] Brousseau de la Grey, décrété le 2 janvier suivant pour cause de malversations, fut déchargé six mois plus tard par le Châtelet « de toute prévarication, mais avec invitation d'être à l'avenir plus prudent ». L'*Almanach des Patriotes* le traite de « républicain à l'épreuve de toute considération ».

sonne aux Gardes nationaux ; 2° qu'il donne l'ordre à ses ministres de communiquer à la Municipalité l'état des subsistances ; 3° qu'il veuille bien écouter le peuple qui réclame à grands cris une constitution, et des juges pour vider les prisons ; enfin 4° « que le Roi donne une preuve de son amour pour le peuple en venant habiter le plus beau palais de l'Europe, au milieu de la plus grande ville de son empire, et parmi la plus nombreuse partie de ses sujets [1] ».

La deuxième et la troisième demande n'avaient plus guère raison d'être. Le Roi, sur le conseil de La Fayette, admit « bien volontiers » de reprendre les ex-Gardes-françaises, mais ne fit aucune réponse au quatrième vœu. Monsieur daigna alors sortir de sa prudente réserve, et interrogea les délégués « avec la plus grande bienveillance ».

« La Fayette passa près d'une demi-heure dans le cabinet du Roi ; en sortant, il dit aux personnes qui étaient dans l'OEil-de-bœuf : — Je lui ai fait faire des sacrifices pour le sauver — et, aux Gardes du corps, en serrant la main à plusieurs : — Messieurs, tout est arrangé ; le Roi permet que les ci-devant Gardes-françaises reprennent leurs postes, et l'intention de Sa Majesté est que vous arboriez demain sa cocarde nationale [2]. »

Louis XVI se rassura bientôt si complètement que quand les députés finirent par arriver, il les

---

[1] *Actes de la Commune*, II, p. 182.

[2] *Relation fidèle des Événements* (*Les Forfaits des 5 et 6 octobre*, II, p. 257).

congédia en leur disant : « J'avais désiré d'être environné dés représentants de la nation dans les circonstances où je me trouve, et je vous ai fait prévenir que je voulais recevoir devant vous le marquis de La Fayette, afin de profiter de vos conseils; mais il est arrivé avant vous, et je n'ai plus rien à vous dire sinon que je n'ai pas eu l'intention de partir, et que je ne m'éloignerai pas de l'Assemblée nationale. »

Les députés se rendirent alors à l'Assemblée où, vers une heure et demie, se trouvant enfin en nombre suffisant, ils reprirent héroïquement, au milieu des sarcasmes des poissardes, la discussion de la réforme de la procédure criminelle réclamée par la Municipalité parisienne. Le député Deschamps prononça un long discours qui ennuya tellement les citoyennes qu'elles prétendirent faire taire l'orateur; ce fut alors que Mirabeau se décida à les rappeler aux convenances.

Vers deux heures, Barnave et Pétion demandèrent la clôture de la séance; mais Mounier, dont le courage était surtout fait de résistance passive, s'y opposa. Par crainte même qu'elle ne fût décidée en son absence, il refusa de quitter son fauteuil pour recevoir La Fayette, et lui dépêcha Lally et Clermont-Tonnerre.

Pourtant, quand les deux députés l'eurent assuré que le général répondait de la tranquillité, « qu'il fallait prendre quelque repos et invitait M. le président à suivre son exemple », Mounier se décida enfin, vers trois heures du matin, à lever la séance qui durait depuis près de dix-huit heures.

D'après le duc de Guiche, avant de quitter le Château, La Fayette « donna sa parole au Roi qu'il répondait du départ de l'armée parisienne avant quatre heures du matin », mais cette affirmation paraît tout à fait invraisemblable.

Les historiens royalistes se sont montrés fort injustes envers La Fayette en le baptisant du nom de *général Morphée*[1] et en lui reprochant démesurément d'avoir été se reposer à l'hôtel de Noailles[2] sans prendre les dispositions suffisantes pour mettre le Château à l'abri d'un coup de main.

Les représentants de la commune avaient remis au Roi une supplique rédigée en ces termes : « Nous supplions Sa Majesté, avec les plus vives instances, de ne confier la garde de sa personne sacrée qu'aux Gardes nationaux de Paris et de Versailles, parce que personne n'avait plus d'amour pour son Roi, et ne pouvait manquer à ce titre de mériter cette honorable préférence. » Louis XVI ayant acquiescé à cette demande, les anciens Gardes-françaises s'étaient empressés de prendre possession de tous les postes donnant sur la place d'Armes, mais il ne faut pas oublier, comme on l'a fait trop souvent, que la police des grilles du Château, et même la garde de tous les

---

[1] Un grand nombre de pamphlets parurent contre le général « Mothier » : *La Fayette traité comme il le mérite*, etc.

[2] Situé rue de la Pompe (actuellement rue Carnot).

passages, restèrent sous la surveillance du comte de Luxembourg qui le lendemain matin se borna, quand la situation commença à devenir menaçante, à porter le nombre des sentinelles de quatre à huit, puis se rendormit tranquillement.

Cette dualité fâcheuse du commandement fut cause que chacun des deux chefs se fia réciproquement beaucoup trop aux dispositions prises par l'autre. La Fayette eut surtout le tort de compter exagérément sur sa réelle popularité et sur la présence de ses dix-huit mille hommes de troupe. Pourtant, bien que très fatigué (il avait dû à Sèvres monter en voiture), le général attendit pour se coucher le retour de Mathieu Dumas qu'il avait envoyé reconnaître les cantonnements des Parisiennes.

L'aide de camp de La Fayette raconte dans ses *Souvenirs* qu'il en découvrit un grand nombre dans le vestibule de la salle d'audience du ministère de la Guerre. « Les misérables créatures étaient, dit-il, couchées pêle-mêle dans un désordre horrible. » Il aurait dû les trouver un peu trop près du palais pour n'avoir pas besoin d'être surveillées.

Le général *Morphée* ne fut d'ailleurs pas la seule personne à s'endormir tranquillement. « Tout le monde, constate le duc de Guiche, fut frappé d'un sommeil léthargique. » A deux heures du matin, le Suisse de service cria dans l'Œil-de-bœuf : *Le Roi est couché ! Messieurs, retirez-vous !* Les Gardes du corps voulurent protester, mais le duc d'Ayen et le prince de Poix les prièrent de se conformer à l'étiquette[1]. Une personne du service de la Reine répondit à Weber « que la famille royale jouissait de la plus grande tranquillité, et qu'elle irait se coucher ainsi que *tout* ce qui était de service au Château ». Le frère de lait de Marie-Antoinette, chargé d'une commission pour Madame Adélaïde, ne parvint même pas à se faire ouvrir la porte par le Suisse de garde chez cette princesse.

Toutes les femmes de chambre de la Reine, tous les valets de chambre du Roi, malgré les dépositions intéressées de Mmes Augué et Thiébault ou de Thierry de Ville d'Avray furent tirés le lendemain matin de leur sommeil par les Gardes du corps. Le brigadier Barreau réveilla la Reine en sursaut ; d'Arbonneau, un simple Garde, le comte de Luxembourg qui passa aussitôt avec lui avertir le Roi.

La Fayette eut incontestablement le très grand tort de ne laisser au Château aucun officier supérieur capable de prendre rapidement, en cas de danger, les dispositions nécessaires, mais l'étiquette aurait-elle autorisé la présence de cet intrus ? Une responsabilité bien plus grande incombe à ceux qui donnèrent l'ordre à tous les défenseurs du Roi, qui n'étaient pas de service, de quitter Versailles pendant la nuit. Des instructions, dont personne par la suite ne voulut plus endosser la paternité, mais qui émanèrent probablement du duc d'Aumont[2], prescri-

---

[1] Lettres de Mondollot, de Ros, de Lartigue, etc.

[2] « Ce seigneur, note Lecointre, me reçut avec l'assurance de l'intimité la plus complète. »

virent à cinq cents Suisses de retourner *immédiatement* dans leurs casernements de Rueil et de Cour-
bevoie. Pourquoi cette hâte à faire partir à *deux
heures du matin* une troupe populaire qui venait à
peine d'arriver ?

Ayen, Aiguillon, Aumont, Biron, Villeroy, que de
ducs dont la conduite en ces journées doit être jugée
sévèrement !

En l'absence du duc de Guiche retenu au Château, M. de Villaines, entendant à minuit arriver
l'armée parisienne, jugea intenable la position de son
escadron sur la terrasse [1] et le conduisit sur le Tapis-
Vert où il le rangea en « colonnes par pelotons, faisant face au Château ».

« En haut, déclare d'Albignac, tous les ministres
biaisaient, seul M. de Saint-Priest finit par répondre
à notre commandant : — Vous feriez bien de vous
retirer à Trianon — et La Fayette approuva ce conseil. » Pourtant, avant de se retirer, Guiche, n'ayant
pu obtenir du Roi « aucun ordre positif », alla encore
relancer d'Estaing dans sa chambre, et trouva à deux
heures du matin l'amiral couché dans son lit et déjà
profondément endormi. « D'Estaing, avec embarras,
lui conseilla de se retirer au Grand-Trianon pour y
passer la nuit. »

Alors Guiche navré emmena son escadron à
Trianon. « Vers quatre heures et demie, un Garde

---

[1] Eymar raconte que M. de Gouvernet voulut le charger de prévenir les Gardes que la milice de Paris allait faire des patrouilles
dans le parc. Cette commission ressemblait fort à une invite de
partir.

déguisé (M. Blanc de la Nautte) vint nous prévenir, dit d'Albignac, de la part du comte de Luxembourg et du marquis d'Aguesseau, que l'acharnement contre nous persistait; qu'*on* nous trouvait bien près de Versailles, bien mal placés de toutes manières et qu'il fallait nous retirer plus loin. » Guiche hésita; rassembla une sorte de conseil de guerre, puis apprenant que leur hôtel avait été envahi par la Garde nationale et voyant le découragement de ses hommes, finit par prendre le chemin de Rambouillet, où les Gardes furent fort mal reçus [1].

Le seul homme susceptible de prendre les mesures convenables pour empêcher l'invasion du Château était enfin éloigné *juste au moment* où elle commençait à se préparer! La coïncidence parut si curieuse au comte d'Agoult qui s'occupa de recueillir la déposition des Gardes qu'il demanda à plusieurs d'entre eux s'ils connaissaient le nom de la personne qui avait *conseillé* au Roi de se priver intempestivement de ses fidèles défenseurs.

La Fayette, dans ses *Mémoires*, déclare formellement que ce ne fut pas lui. Est-ce le duc d'Aumont, ou d'Ayen? car le comte de Luxembourg ne prit certainement pas sur lui de donner cet ordre.

[1] Ils durent même commencer par aller se réfugier la nuit suivante à Saint-Léger. Les Gardes restèrent trois jours sans recevoir aucun ordre, puis furent avertis « de se retirer chacun chez eux jusqu'au moment où le Roi leur fera savoir qu'il a besoin de leurs services ».

CHAPITRE VIII

CAUSES DU SUCCÈS DE LA JOURNÉE RÉVOLUTIONNAIRE DU 5 OCTOBRE

« *Lundi* 5. — Tiré à la porte de Châtillon ; tué 81 pièces. Interrompu par les événements. Aller et revenir à cheval. » Tels furent les *incidents* que Louis XVI jugea dignes de noter le 5 Octobre sur le memento où, chaque soir, il inscrivait les faits saillants de la journée![1] « Ceci est essai de quelques factieux, qui n'aura aucune suite », répondit-il à M. de Cubières venu en hâte avec une lettre de M. de Saint-Priest lui annoncer la marche des Parisiennes, puis il ajouta : « Hélas ! si j'avais du pain je n'attendrais pas que les femmes vinssent m'en demander[2]. »

Louis XVI enfourcha néanmoins « son petit cheval d'arquebuse » et, sans prendre le temps d'aller rejoindre les voitures qui l'attendaient au rond-point de la Rousselière, revint directement au Château escorté de MM. d'Ayen et de Cubières, de ses écuyers de Goursac et de Briges, de son porte-man-

---

[1] Le plus souvent, après la date, le Roi se bornait à écrire *Rien*, ou mentionnait simplement l'endroit de l'hallali de cerf, quand il chassait à courre.

[2] Déposition de Cubières (269).

teau Basire et des Gardes de Ginestous et de Quilmont.

« Voyez, fit observer le Roi à Cubières [1], en apercevant dans les rues de Versailles des Suisses et des soldats du régiment de Flandre, vraiment, s'il y avait quelque inquiétude à concevoir sur les événements actuels, ces hommes ne seraient pas ici ; ils auraient ordre de garder leurs casernes. » Pendant ce temps, on avait été chercher la Reine à Trianon et on la fit rentrer au Château par un escalier dérobé.

Louis XVI trouva d'abord qu'on avait bien inutilement interrompu sa chasse ; la Cour adopta la manière de voir de son souverain, et, jusqu'au moment de l'attentat contre Savonnières, s'abusa d'une façon bien étrange sur l'importance et le véritable caractère de la manifestation.

L'incapacité, la crainte des responsabilités, ou la pusillanimité de tous ceux à qui incombait le maintien de l'ordre [2], à Paris comme à Versailles, contribua grandement au succès de cette véritable révolution. La Fayette ne se décida à entrer en scène que quand le mouvement ne pouvait plus être arrêté, Bailly déjeunait à la campagne en partie fine, invité par Santerre, ardent orléaniste à cette époque [3] ; d'Estaing fit preuve d'une... indécision inconcevable ; le duc

---

[1] Relation de Cubières, publiée par le baron de Maricourt (*En marge de notre histoire*).

[2] « La Cour montra une profondeur d'ineptie, d'imprévoyance et de nullité d'autant plus remarquable qu'il n'y eut que des hommes au-dessous du médiocre à figurer dans cette Révolution » (*Mémoires de Rivarol*).

[3] *Mémoires de La Fayette*, II.

d'Ayen, commandant en second des Gardes du corps, ne se trouvant pas ce jour-là de service, consacra ses loisirs à flatter les députés et, pour tout ordre, enjoignit le soir à ses hommes d'*aller se coucher tranquillement* ; le duc de Villeroy oublia qu'il était capitaine des gardes ; le comte de Luxembourg s'absorba dans son service de la chambre du Roi où il s'endormit ; le marquis de Lezay de Lusignan, colonel du régiment de Flandre — qui était en outre député — refusa de donner aucun ordre à M. de Valfond, son second [1], et resta *en habit de cour* toute la journée au Château [2] ; le gouverneur de Versailles, s'il ne s'enfuit pas, en tout cas ne parut point. Enfin, Monsieur ne se dérangea que pour venir dans la soirée serrer la main des représentants de la Commune de Paris. Les ministres ne surent prendre à temps aucune décision... et Louis XVI les approuva.

Ensuite son humanité l'empêcha de donner aucun ordre susceptible d'amener la moindre collision. A Narbonne, qui insistait pour agir, le Roi se contenta de répondre : « Allons donc ! contre des femmes des ordres de guerre ? Vous vous moquez ! », et le duc de Guiche ne fut pas plus heureux quand, un peu plus tard, il proposa de faire évacuer la place d'Armes par ses Gardes du corps et d'aller occuper les ponts de Sèvres et de Saint-Cloud ; Louis XVI au contraire

----

[1] M. de Valfond ne put obtenir de poudre ni même « d'instructions pour faire prendre au régiment une position militaire ».

Le comte d'Hezecques, dans ses intéressants *Souvenirs d'un Page*, l'accuse formellement d'avoir été vendu à d'Orléans.

envoya le major d'Aguesseau ordonner à ses défenseurs de ne se servir sous aucun prétexte de leurs armes, et de ne point riposter, même si on les attaquait ; en conséquence les mousquetons des Gardes ne furent pas chargés de la journée.

Les mesures proposées par Narbonne et le duc de Guiche étaient pourtant les seules dispositions à prendre. Même sans couper le pont de bois de Sèvres [1], deux cents hommes résolus pouvaient facilement arrêter l'invasion continue des Parisiennes, et une charge au pas des Gardes du corps aurait, avant l'intervention de la Garde nationale de Versailles, coupé en deux la manifestation, séparé l'élément intéressant de la canaille à sabrer, et rendu son autorité à l'Assemblée prisonnière. Cinq semaines auparavant, deux canons braqués avaient suffi pour mettre en déroute les compagnons de Saint-Huruge.

Cette simple mais indispensable opération de police fut combattue par le timoré d'Estaing dont la bravoure pourtant était légendaire... quand il commandait des escadres. Dans une lettre qui fait sans doute honneur à son humanité, mais fort peu à sa façon de comprendre les devoirs du haut commandement dont il était investi, l'amiral se défendit avec indignation d'avoir pu même songer un instant à inquiéter les manifestantes.

Mlle de Keralio, destinatrice de cette épître en fit,

---

[1] On dit que Louis XIV empêcha de le reconstruire en pierre, pour pouvoir plus facilement le faire sauter en cas de danger. La prévoyance du Grand Roi dépassait celle de son arrière-petit-fils !

le 15 octobre, le résumé suivant dans son *Journal d'État et du Citoyen*. «... M. d'Estaing a été seul sur la place d'Armes au milieu des dames de Paris qui demandaient du pain. Il y a eu entre elles et lui confiance et honnêteté [1]. Il a eu grande attention qu'aucune ne pût être blessée. On sait que quelques-uns, à qui une grande déférence était due, ont proposé de faire avancer les escadrons des Gardes du corps, non pas pour faire du mal aux dames de Paris, mais pour leur faire vider la place d'Armes ; M. d'Estaing n'a jamais voulu consentir à ce mouvement à cause des accidents qui auraient pu résulter pour elles. C'est lui qui a été recevoir à la grille de la cour des Princes celles de ces dames qui ont eu une audience du Roi ; il les y a conduites, c'est lui qui leur a remis dans le cabinet du conseil les deux ordres du Roi, etc. » « M. d'Estaing, constate le lieutenant d'Albignac, gémissait et fléchissait les épaules. C'est à cela que s'est réduit à peu près tous les ordres qu'il a donnés... au surplus aucune instruction, tout s'est fait au hasard. »

Sans l'initiative de Guiche, qui prit sur lui d'envoyer quatre détachements pour protéger le retour du Roi et d'amener son escadron sur la place d'Armes [2], les Gardes du corps seraient sans doute restés dans leurs casernements, et le Château aurait probable-

---

[1] D'Estaing avait déjà oublié qu'il avait bien failli être désarçonné par elles !

[2] « J'envoyai, raconte Guiche, demander des ordres au comte d'Estaing ; il m'a fait répondre qu'il allait à la Municipalité, et n'en avait pas à me donner. » (*Carnet historique*, 1898.)

ment été envahi dès le 5 Octobre. D'après Cubières, d'Estaing refusa même formellement de donner les ordres nécessaires pour protéger les voitures du Roi et leur permettre de gagner la porte de l'Orangerie.

La crainte des responsabilités poussa l'amiral à empêcher son second, le comte de Gouvernet — qui d'ailleurs ne demandait pas mieux — et le major-général Berthier de donner aucun ordre à sa place. Finalement, d'Estaing abandonna le commandement de la milice dont il était le chef au lieutenant-colonel Lecointre, l'adversaire le plus acharné de la Cour, l'inventeur, dit-on, du terme méprisant de la *femme Capet!*

Le premier soin du nouveau commandant en chef fut de faire distribuer abondamment de la poudre à ses hommes, alors que le colonel du régiment de Flandre défendait d'en délivrer à ses soldats. Toutes les dispositions prises par Lecointre tendirent uniquement à paralyser l'action des Gardes du corps[1] : la milice protégeant ouvertement les manifestants, ses canons ne pouvaient être chargés que contre les défenseurs du Château, et les Versaillais le firent bien voir en fusillant un peu plus tard les Gardes par derrière.

Le 15 octobre, les Gardes nationaux de la compagnie du quartier Notre-Dame de Versailles, désespérés du départ de la Cour, sommèrent leur commandant « de se justifier des doutes jetés sur lui pour l'abandon

---

[1] « Si on lui rendait justice, écrit Madame Elisabeth, le 19 janvier 1790, à Mᵐᵉ de Bombelles, il serait pendu » et la princesse, à son point de vue, avait parfaitement raison.

dans lequel il les a laissés dans la nuit du 5 au mardi 6 »[1], et quand d'Estaing donna sa démission, la compagnie Jouanne déclara « accepter avec plaisir la dite démission *sans remerciements* »[2]. La milice de Versailles fut alors placée sous les ordres de La Fayette.

Les défenseurs de d'Estaing expliquèrent sa conduite par la peur de déchaîner une guerre civile ; mais il ne fit que la préparer en montrant au peuple, quand les esprits furent un peu plus exaltés, qu'il n'aurait qu'à faire le 20 Juin, puis le 10 Août, et, à défaut de Gardes du corps, à massacrer les Suisses, leurs « amis » du 5 Octobre.

A la tranquillité de la première heure succéda au Palais un affolement subit à la nouvelle de l'attentat dont venait d'être victime le marquis de Savonnières. Pendant que Louis XVI se désolait principalement de l'absence de son confesseur, le curé de Saint-Eustache, Saint-Priest, si bien renseigné qu'il croyait encore le 10 octobre que les Parisiennes étaient venues sous la conduite des volontaires de la Bastille, préparait, sans grande conviction, le départ du Roi pour Rambouillet.

Les courtisans opinèrent à qui mieux mieux « que le Château ne se trouvait pas en état de résister à l'artillerie des Parisiennes » — composée de trois petits

[1] Gatin, *Histoire de la Révolution à Versailles.*

[2] De nombreux pamphlets parurent contre l'amiral. Un des plus violents est intitulé *Confession du comte d'Estaing.*

canons chargés avec des projectiles de rencontre ! — et quelques-uns d'entre eux s'empressèrent de quitter Versailles, deux ou trois même, et *non des moindres*, déguisés, d'après Rivarol, avec les habits de leurs laquais. Par contre quelques gentilshommes vinrent offrir leurs services au Roi ; mais, par trop respectueux de l'étiquette, ils se présentèrent tous en habits de cour, sans autres armes que leurs épées [1].

Cependant le temps passait sans que les ministres parvinssent à se mettre d'accord sur l'opportunité d'abandonner Versailles. Sur les instances de Marie-Antoinette et de Mercy-Argentau, Saint-Priest opinait pour le départ ; Montmorin, La Tour du Pin et La Luzerne hésitaient ; M. Le Franc de Pompignan, chargé de la feuille des Bénéfices, l'archevêque de Bordeaux, Champion de Cicé, garde des sceaux, et Necker s'y opposaient. Ce dernier donnait pour raisons que la trésorerie se trouvant à Paris, la Cour fugitive tomberait dans le plus grand dénuement et se verrait sans tarder hors d'état de payer les troupes [2]. « Un seul, raconte Necker, se prononça pour le départ du Roi ; deux ou trois autres dirent oui et non, et mirent leur opinion en sûreté à l'abri des si, des mais, des cependant et autres formes ambiguës... Tous les autres délibérants, gens du Conseil et hors Conseil, exposèrent avec fixité les inconvénients attachés au départ du Roi. »

---

[1] Mme de Tourzel, dans ses *Mémoires,* en compte *sept cents*, mais en réalité leur nombre ne dépassa certainement pas une quarantaine.

[2] Necker. *De la Révolution française.*

Personnellement, Louis XVI n'entendait pas quitter Versailles, et craignait par-dessus tout d'avoir l'air de fuir devant l'émeute. « Doucement, répondit-il à la Reine, d'après M. de Cubières, ne précipitons rien : ces Messieurs font beaucoup de bruit pour arriver à quelque chose. » Au chevalier de Goursac qui lui demandait l'autorisation de faire équiper les voitures, il se contenta de répondre : « Je n'en ai pas besoin. » Necker l'entendit répéter à plusieurs reprises : « Un Roi fugitif! Un Roi fugitif! » ou « Qui quitte la partie la perd! », et Mme de Gouvernet : « Je ne veux compromettre personne. »

Louis XVI avait conscience de ses devoirs et ne s'émouvait pas facilement ; quand le 10 Août 1792, il quitta pour toujours son palais des Tuileries, la seule remarque qu'il fît, dit-on, en traversant les Tuileries fut : « Comme les feuilles tombent cette année de bonne heure ! » Sa bravoure, pour être un peu bourgeoise, alla parfois jusqu'à l'héroïsme, et il ne se vantait point quand il répondit au chevalier de la Devèze, qui le suppliait à Meudon de revenir immédiatement à Versailles, et « de ne pas avoir peur de pauvres femmes » : « Peur ! Monsieur, je n'ai jamais eu peur de ma vie ![1] ».

Le peuple croyait au contraire Louis XVI timoré, et, si pendant toute la durée du Conseil, autrement dit des hésitations du Roi, les mousquets partirent

---

[1] Déposition 233. Certains historiens, jugeant inexplicable l'apparition soudaine à Meudon de M. de la Devèze, l'ont représenté, sans preuves sérieuses, comme un agent de la conspiration chargé de rassurer le Roi.

tout seuls, c'est que les meneurs espéraient que le bruit de ces décharges incessantes finirait par effrayer la famille royale et amènerait les ministres à persuader au Roi, qui déclarait « préférer passer pour faible que pour méchant », d'accepter les articles de la Constitution.

Pourtant Cubières finit par recevoir d'on ne sait qui l'ordre de faire atteler quatre voitures et de les amener au pied de l'escalier de l'Orangerie, mais nous avons vu [1] qu'elles furent arrêtées par la Garde nationale de Versailles. Par suite de ce contre-temps, et aussi devant la répugnance manifeste du Roi à quitter Versailles, la Cour sembla renoncer à toute idée de départ ; toutefois, trois heures plus tard... la fuite était de nouveau décidée ! La situation, il est vrai, en peu de temps avait bien changé.

Pendant que l'entourage du Roi, sans donner d'ordres, trouvait le moyen d'accumuler les contre-ordres, les humbles pétitionnaires de l'Assemblée nationale, transformées en législatrices turbulentes, avaient mis en fuite les députés royalistes, et les mégères, assurées de la neutralité du régiment de Flandre et de l'appui de la Garde nationale de Versailles, venaient de réussir, après bien des efforts infructueux, à provoquer une échauffourée contre les Gardes du corps qui, seuls, pouvaient encore gêner leurs projets.

Bref, à huit heures du soir les insurgés se trouvaient

[1] Voir p. 111.

maîtres de tout Versailles : la Municipalité était en déroute, le régiment de Flandre consigné dans son quartier, les dragons et les chasseurs criaient : « *Vive la Nation !* », la Garde municipale de Versailles, les volontaires de la Bastille électrisés et les faubouriens de Paris pourchassaient à qui mieux mieux les Gardes du Roi isolés.

Aussi, à peine rentrés dans leur hôtel de l'avenue de Sceaux, tous les Gardes, à l'exception de la compagnie Écossaise dont les montures se trouvaient bloquées à l'hôtel de Charost, remontèrent à cheval pour venir se ranger en bataille derrière la grille de la cour des Ministres dans une position qualifiée par le lieutenant d'Albignac, « d'aussi bête qu'absurde pour des cavaliers ». Voyant l'artillerie versaillaise toujours braquée dans la direction de l'avenue de Sceaux, Guiche ordonna à ses hommes de gagner le Château par des voies détournées ; les uns passèrent par la rue de l'Orangerie, les autres par les rues du Potager ou du Vieux-Versailles.

Jusqu'à présent, on a toujours admis que les Gardes retournèrent d'eux-mêmes au Château par crainte d'être cernés dans leur hôtel. Le duc de Guiche, le seul qui se soit montré à la hauteur des circonstances, confirme cette explication[1], mais le courageux officier, trop galant homme pour compromettre la Cour, était trop brave pour redouter une attaque de la populace contre un casernement défendu par trois cents

[1] Relation du duc de Guiche, publiée par le comte de Fleury (*Fantômes et Silhouettes*).

hommes résolus et bien armés ! « Notre arrivée au Château, se borne-t-il à dire, parut faire changer les projets. » Guiche reconnaît cependant « qu'il envoya M. de Saint-George pour prendre de nouveaux ordres ».

L'aide-major Flormont nous donne au contraire la véritable raison de cette manœuvre susceptible, loin de la protéger, de faire massacrer toute la Cornette : « M. de Brion vint me demander à l'oreille de désigner un brigadier et douze hommes pour suivre au besoin la Reine. »

L'ordre expédié aux Gardes de rentrer dans leurs quartiers fut la conséquence de l'impossibilité où s'étaient trouvés les équipages du Roi de gagner la porte de l'Orangerie ; de même celui de revenir au Château résulta des instructions envoyées *à la même heure* aux écuries de la Reine pour faire atteler en secret les berlines de la Cour. Le régiment de Flandre reçut également l'ordre de venir reprendre position sur la place d'Armes ; toutefois, presque aussitôt, un contre-ordre le consigna dans son casernement des Petites Écuries, la Cour ayant jugé plus prudent de ne pas le mettre dans la confidence. La décision prise trop tardivement et à contre-cœur par le Roi de quitter Versailles provint donc de l'attaque dirigée contre la compagnie de Luxembourg.

Seulement Lecointre et ses amis, après avoir d'abord très probablement désiré la fuite de la famille royale, une fois assurés de la prochaine arrivée des Parisiens, avaient bientôt changé d'avis, et ils firent arrêter les berlines à la grille du Dragon. Quand Louis XVI se fut convaincu que toute velléité de départ était devenue impossible, il contresigna, la mort dans l'âme, toujours trop tard, la Déclaration et les articles de la Constitution. Alors les Gardes reçurent l'ordre de passer sur la terrasse et de se ranger sous les fenêtres des appartements de la Reine, en cas où elle se déciderait à fuir par le parc pour gagner Compiègne, mais la Reine refusa toujours de quitter Versailles sans le Roi.

Une dernière tentative échoua, toutes les issues de la ville étant bien gardées : « Une autre voiture, raconte Lecointre, chargée de malles et d'une vache, est amenée au corps de garde par une patrouille qui avait empêché qu'elle ne sortît. Je m'informe à qui elle est, et j'apprends qu'elle appartient à M. de Saint-Priest. Je répète qu'elle ne doit pas sortir, je défends qu'on en fasse la visite, et, pour qu'elle ne coure aucun risque, je la fais garder par deux fusiliers ; le lendemain au soir elle a été remise sans dommage. » Cette voiture était évidemment destinée en cas de besoin à la famille royale. D'après un rapport des officiers de la compagnie Jouanne, dans le courant de la nuit, un palefrenier du comte d'Estaing « prit le parti, ne voyant personne venir, de ramener en ville cinq chevaux tout bridés et sellés qu'il avait été chargé de conduire la veille au soir dans le parc ».

Avant de passer aux événements qui se produisirent le lendemain, il est nécessaire d'insister encore sur le soin avec lequel tous les rôles avaient été distribués à l'avance, Maillard et Lecointre, les deux principaux meneurs de la première journée, disparaissent sitôt leur tâche accomplie ; Maillard retourne à Paris ; le commandant en chef de la Garde nationale de Versailles, bien qu'il reconnaisse s'être levé le lendemain à *six heures* du matin pour donner des ordres, reste chez lui et, si on l'en croit, n'apprend l'envahissement du château que deux heures plus tard, « à *huit heures*, en montant à la Place d'Armes »[1]. Or une des façades de la maison de Lecointre donnait sur l'avenue de Saint-Cloud (n° 65 *ter* actuel), et il pouvait apercevoir de ses fenêtres toute la cour des Ministres et même une partie de la cour Royale !

Le sac du Château, l'enlèvement du Roi paraissant de nature à déplaire à nombre de Versaillais, les organisateurs de l'*accès de Révolution* eurent grand soin d'empêcher le rassemblement de la Garde nationale de Versailles.

Puis, toutes les dispositions nécessitant quelque doigté ayant été savamment prises à l'avance, les déménageurs de la famille royale firent la grasse matinée et abandonnèrent la direction de l'émeute du 6 à de vulgaires coupe-jarrets, tel Fournier l'Américain.

---

[1] Dans sa longue déposition, Durup de Baleine, le fidèle second de Lecointre, ne fait même pas allusion à l'envahissement du Château. « Le 6, à sept heures du matin, se contente-t-il de dire, les citoyens furent invités à fournir gratuitement des vivres à leurs frères de Paris. »

DEUXIÈME PARTIE

L'ÉMEUTE DU 6 OCTOBRE

CHAPITRE IX

L'ASSAUT DU PALAIS

La manière dont fut envahi le château de Versailles, dans la matinée du 6 Octobre, dénote une préparation minutieuse et implique la nécessité d'un plan d'attaque qu'aucun habile stratégiste ne voudrait certainement désavouer.

Reconnaissances préalables ; arrivée des conjurés par petits groupes suivant des chemins différents ; attitude tout d'abord paisible des manifestants[1] pour éviter de donner l'éveil ; choix judicieux de l'heure, fixée à un moment où les Gardes nationaux dormaient encore, mais où le jour commençait déjà à paraître ; attaques de flancs, enfin fausses escarmouches contre l'escalier du Roi et les appartements de Mesdames pour empêcher les postes placés en ces endroits de venir au secours de leurs camarades réfugiés dans les grandes salles des Gardes.

[1] Les premiers saluèrent les sentinelles.

Le mot d'ordre des émeutiers était *incontestablement* de chercher à assassiner la Reine, car ils concentrèrent *tous* leurs efforts contre les appartements de Marie-Antoinette [1], et prirent soin de se munir de haches et de grosses bûches pour défoncer les portes.

Si les brigands, surpris de rencontrer sur leur chemin une trentaine de Gardes, n'avaient pas commencé par perdre en hésitations au moins dix minutes dans l'escalier de Marbre, puis mis trop de temps à enfoncer la porte de la salle des Gardes de la Reine, si ensuite ces énergumènes ne s'étaient pas trompés de direction en portant tous leurs efforts contre la grande salle des Gardes qui les conduisit chez les Suisses, peut-être auraient-ils pu accomplir leur projet.

Les forcenés ne pénétrèrent point dans la chambre de Marie-Antoinette, ni même sans doute dans son antichambre, comme on l'a souvent répété ; n'empêche que la Reine ne fut un moment protégée contre leur fureur que par deux simples portes défendues par une dizaine de Gardes du corps, et qu'elle dut s'enfuir à peine vêtue.

Le mardi 6 Octobre, un peu avant le jour, un grand nombre de malandrins, accompagnés de quelques mégères, se rapprochèrent du Château et pénétrèrent dans la cour des Ministres. De là, quelques-uns passèrent sur la terrasse du jardin en traversant la cour de la Chapelle, mais le plus grand nombre se

---

[1] Les imprécations contre la Reine avaient continué toute la soirée. Voir les dépositions 50, 180, 238, 246, etc.

massa devant la porte d'honneur ou dans la cour des Princes dont la grille n'était même pas fermée, les grenadiers des Gardes-françaises, une heure auparavant, ayant exigé son ouverture pour faciliter leur service, et « se conformer à l'usage habituel ».

D'après les Gardes du corps, la consigne — qui d'ailleurs n'était pas toujours suivie — prescrivait au contraire de n'ouvrir les grilles qu'après le réveil du Roi. « Les Parisiens, raconte Boschallet, nous dirent que si nous ne l'ouvrions, ils allaient la casser, et un de leurs brigadiers déclara que nous avions grand tort d'avoir si peur. »

Ne sachant quel parti prendre, Lhuillier alla demander des instructions au Château ; le major d'Aguesseau, après en avoir référé à Luxembourg, lui répondit « que, puisque c'était l'*habitude*, il fallait laisser la grille ouverte ». La seule précaution qu'il crut devoir prendre consista à faire doubler le nombre des sentinelles, c'est-à-dire à porter leur nombre à huit ! « Mettez, dit-il, deux Gardes à chaque grille, mais rappelez-vous que le Roi a ordonné de ne pas tirer. »

Le tour était joué ; une élite de bandits allait pouvoir envahir le palais, achever de terroriser la cour et obtenir en échange du rétablissement de l'ordre et de la rançon des Gardes du corps le retour du Roi à Paris. Le maréchal des logis, Vaulabelle, qui venait de constater à sa grande stupéfaction qu'*un seul Suisse* veillait dans la grande salle des Cent-Suisses, ne put s'empêcher de dire à son brigadier Girardot : « Décidément le service coule à fond, mais tels sont les ordres ! »

La grille ouverte, les conjurés en profitèrent aussitôt pour reconnaître les différentes issues du Château. Un officier à deux épaulettes (probablement Laurent ou Fournier l'Américain) demanda de grand matin à un Versaillais nommé Gallemand « quel était le chemin le plus court pour gagner les appartements de la Reine, et s'il n'y avait pas quelque escalier dérobé ainsi qu'un corridor donnant sur la rue de la Surintendance dans le parc ? » Quelques éclaireurs des deux sexes s'aventurèrent même à l'intérieur du Château : un Garde national d'abord, qui demanda au brigadier La Fère de parler au Roi, deux femmes ensuite montèrent l'escalier de Marbre et firent tranquillement le tour des diverses salles des Gardes.

La foule cependant continuait à s'amasser, et quatre à cinq cents personnes se pressaient autour des grilles, quand « à six heures et quatre ou cinq minutes [1] » le brigadier Barreau vint relever les sentinelles postées aux diverses entrées de la cour Royale, c'est-à-dire à la porte de la grande grille (située à l'endroit où se trouve actuellement la statue équestre de Louis XIV), au passage de la Colonnade (entre l'aile du midi et la grille) et au passage de la Chapelle ou de la Nouvelle Comédie, qui reliait les cours Royale et de la Cha-

---

[1] L'heure de l'envahissement du Château — indiquée diversement entre cinq heures et demie et six heures et demie du matin — peut être exactement précisée : Deshuttes fit remarquer à Girardot « qu'il devait être en sentinelle à la grille à six heures, que personne pourtant ne l'avait encore demandé quoique l'heure fût sonnée. »

pelle. Un quatrième passage donnait sur la terrasse, mais il communiquait difficilement avec la cour des Princes[1]. Le poste de l'Horloge semble ne pas avoir été gardé ce matin-là.

L'apparition de Barreau et de ses camarades fut immédiatement accueillie par des cris furieux de « *A bas les Gardes ! A la lanterne !* » néanmoins, le brigadier plaça Deshuttes cadet à droite, et Moreau à gauche de la grande grille, puis leur transmit la consigne « de ne pas résister à tant de troupe, et de se replier en cas qu'on vienne à forcer les grilles ». Puisque cette éventualité était prévue, comment se fait-il qu'on n'ait pris au Château aucune mesure défensive?

Tout à coup, on entendit tirer au loin trois coups de fusil; à ce signal, la foule se rua dans la cour Royale par les passages de la Chapelle et de la Colonnade pendant qu'une poussée formidable ouvrait les battants de la grille qui, malgré les affirmations des Chabroud, était cadenassée. Barreau, La Fère, La Rye et Guéroult de Valmet de garde au passage de la Comédie eurent tout juste le temps de gagner l'escalier de Marbre, et M. de Lassaulx l'escalier de Mesdames. Un instant plus tard Arnaud, bien que blessé légèrement d'un coup de lance à la jambe, parvint à s'enfuir par le corridor de Madame Adélaïde et l'escalier du Roi. Quant au chevalier de L'Isle,

[1] Pour passer de la cour des Princes sur la terrasse il fallait pénétrer dans le vestibule de l'escalier des Princes à côté de l'Ancienne Comédie.

posté dans le passage de l'Ancienne Comédie, il dut chercher un refuge dans le parc, où il fut longtemps pourchassé de bosquets en bosquets.

Plus exposés par leur position avancée, Moreau et Deshuttes se trouvèrent immédiatement enveloppés. D'Alary, Guéroult et Le Bas de Girangy tentèrent de leur porter secours, mais voyant leur camarade Raymond de garde au passage de la Comédie déjà entre les mains des Parisiens qui le dépouillaient de *tous* ses vêtements [1] ils durent se hâter de battre en retraite pour ne pas tomber eux-mêmes entre les mains de leurs ennemis.

Moreau, qui croyait d'abord naïvement « que c'étaient des étrangers venus pour satisfaire leur curiosité », ne s'aperçut pas tout de suite du danger de sa position. « ...Cependant, raconte-t-il, cette troupe grossissait ; j'entendis alors des voix du Château qui nous criaient, quoiqu'il ne fît pas jour chez le Roi : « *Sauvez-vous!* » Il était encore temps, mais il me parut dur d'avoir l'air de fuir ces gens-là ; je continuai à marcher au pas vers le Château, lorsque j'entendis crier : « En voilà un, c'est un chevalier de Saint-Louis ! » et les voilà rendus sur moi. Ils se saisirent de mon mousqueton dont je ne fis pas usage ; je fis cependant quelque résistance. Ceux qui étaient sur le balcon voyant le danger que je courais me crièrent. « *Rendez vos armes!* » Ce que je fis, et, pour sauver mon

---

[1] M. de Raymond et son camarade, La Chosedie eurent néanmoins la chance de pouvoir gagner le Grand Commun (actuellement Hôpital militaire).

épée, je lâchai mon ceinturon. En même temps un autre brigand me le saisit et m'ordonna de la lui rendre. Je la tenais de la main droite à la poignée et de la gauche un peu plus bas... » Finalement Moreau parvint à reprendre son épée et put gagner le Grand Escalier.

Jean François Pagès-Desuttes[1] opposa à ses agresseurs une résistance désespérée, mais saisi « par un petit homme maigre revêtu d'un habit de couleur canelle » et accablé par le nombre, il tomba bientôt percé de coups de couteaux et de baïonnettes au moment où il cherchait inutilement à tirer son épée ; deux coups de pistolets furent également tirés sur lui, par un nommé Armand. Quelques instants plus tard le Grand Nicolas coupa la tête du malheureux Garde à coups de hache, puis enfila ce hideux trophée au bout d'une pique[2].

Deux officiers de volontaires se trouvaient avec leurs hommes tout près de Deshuttes et pourtant ils ne cherchèrent aucunement à intervenir. Tous deux étaient, il est vrai, de très ardents révolutionnaires ; mais par quel *hasard* semblaient-ils se trouver seuls investis à cette heure de la surveillance des alentours du Château ?

---

[1] C'est ainsi qu'il est appelé sur son acte de décès, mais la véritable orthographe doit être Deshuttes. Sur les États des Compagnies, les trois frères sont nommés Pagès-Deshuttes, Pagès-Desuttes et Pagès-Desutes du Teil ! Il était né en 1753 à Vic-sur-Serres.

[2] M. Georges Cain adopte une version extraordinaire qui fait tomber dans l'escalier de Marbre non seulement Varicourt mais encore Deshuttes... et Savonnières ! (*Environs de Paris,* 2e série).

L'un d'eux était Fournier l'Américain du district Saint-Eustache. Pour n'avoir point l'air de le calomnier, nous emprunterons à M. Aulard le jugement qu'il porte sur ce triste personnage : « C'est un homme qui ne voit dans les grandes journées de la Révolution qu'*une occasion de frapper*. Il n'a d'autre idéal que de remplir sa bourse. » Sans quelques sinistres bandits de son espèce, les *grandes* Journées d'Octobre n'auraient pourtant jamais pu réussir !

« Nous étions, raconte Fournier dans ses *Mémoires secrets*, en train de causer avec ces braves Suisses [1], quand, cinq heures trois quarts frappant, il entra dans la cour de Marbre une quantité innombrable de peuple qui se porta sur les Gardes du corps en faction que l'on enleva en poussant force cris de : « *A la lanterne !* » Je crus de mon devoir de ne pas *préjuger* de coupables. Je voulus leur sauver la vie, mais inutilement. Le premier arrêté eut le ventre ouvert d'un coup de couteau : il expira *à mes pieds*. Il fut démonté de ses armes, et son mousqueton, *qui me resta entre les mains, est encore chez moi...* Je courus dans le Château où je me trouvai encore assez à temps de prévenir une partie des Gardes et les sauver. »

L'avocat Laurent, major général des volontaires de la Basoche, était chargé de faire avec vingt hommes (d'autres disent quarante) des patrouilles dans les cours du Château. Les détails qu'il donne sur le massacre de Varicourt montrent qu'il se trouvait à

---

[1] Le mot d'ordre était de se les concilier.

proximité, néanmoins il ne chercha nullement à intervenir[1].

Après l'assassinat de Deshuttes, la foule, craignant sans doute quelques représailles de la part des Gardes, sembla hésiter un instant[2] ; puis, voyant que personne ne ripostait, une centaine de coupe-jarrets accompagnés de quelques mégères et d'hommes habillés en femmes se précipitèrent dans l'escalier de Marbre où une trentaine de manifestants d'allure plus pacifique les avaient déjà précédés ; le Garde-française en sentinelle s'étant empressé d'ouvrir la porte du vestibule dès que Valdony et Bernard, les deux Suisses de service, eurent abandonné précipitamment leur poste sous prétexte d'aller chercher du secours. Soit dit en passant, les Suisses ce matin-là manquèrent totalement de courage... Même quand tous ces valeureux Helvètes furent rassemblés, pas un d'eux ne sortit pour porter secours aux Gardes qui défendaient la pièce contiguë à celle où ils se tenaient !

Nous en dirons autant de la bravoure des hoquetons ou gardes de la Prévôté : bien que leur corps de garde se trouvât situé sur le passage de la Chapelle, aucun de ces courageux soldats ne donna signe de vie. Quant aux gardes du comte d'Artois, « leur conduite mérita l'approbation des patriotes »[3].

« Pourquoi, remarque mélancoliquement Girardot, les Gardes-françaises ont-ils laissé pénétrer les bri-

---

[1] Voir sa déposition, p. 207.
[2] Lettre de Lhuillier.
[3] *Acte de contrition des Gardes du corps.*

gands ? Pourquoi les hoquetons ont-ils laissé le passage libre ? Pourquoi les Cent-Suisses et ceux des appartements sont-ils restés dans l'inaction la plus complète ? » Simplement par jalousie contre les Gardes du corps et indifférence, pour ne pas dire plus, envers la Reine.

A la tête des envahisseurs, tous armés de piques, de croissants, de serpes, de massues, de bûches, de sabres, de fusils ou de pistolets, se trouvaient « trois Gardes nationaux de Versailles et trois soldats d'infanterie dont les habits, constata Lhuillier, contrastaient si évidemment avec les haillons de ces autres misérables qu'ils sautaient aux yeux ». Un de leurs chefs était incontestablement Fournier l'Américain, malgré sa prétention de ne s'être élancé dans l'escalier de Marbre « que pour sauver les Gardes et après avoir bravé plus de *vingt* coups de feu ». Seulement, quand Fournier vit le coup manqué, il se transforma instantanément en bon citoyen, et courut chercher sa compagnie « pour empêcher de plus grands désordres »[1].

On verra plus loin que Fournier menaça de sa baïonnette tous ceux qui cherchèrent à attaquer les Suisses, aussi deux Helvètes lui délivrèrent le 5 janvier suivant cet étrange certificat : « C'est surtout au zèle actif de ce généreux citoyen que le Château a été préservé du carnage par cette foule d'assassins qu'escortait une populace effrénée... Il vint *par l'escalier de*

---

[1] Archives nationales, F⁷. 6504.

Marbre se réfugier chez les Cent-Suisses, fit fermer les appartements et *se sauva*, après avoir essuyé *un grand nombre de coups de fusils...* »

Une quarantaine de Gardes du corps se trouvaient par circonstance réunis à proximité de l'escalier de Marbre[1], toutefois leur rassemblement résultait uniquement du fait qu'un certain nombre d'entre eux s'étaient trouvés la veille bloqués au Château. Si les émeutiers n'avaient point empêché la plupart des Gardes de la compagnie Écossaisse d'aller reprendre leurs montures, la perspicacité de d'Estaing et de Luxembourg aurait laissé partir avec le duc de Guiche tous les Gardes qui n'étaient pas de service ; le nombre des défenseurs du Château se serait trouvé réduit de moitié et les appartements privés auraient sans doute été forcés.

En entendant la foule pénétrer dans l'escalier, les maréchaux des logis Vaulabelle, d'Imbleval de Montalais, Lhuillier et une vingtaine de Gardes sortirent de leurs salles et descendirent quatre ou cinq marches pour barrer la route aux envahisseurs. « Ils commencèrent, note Lachau de Loquessye, par avancer à pas lents et timides », et quelques colloques s'engagèrent : « Pourquoi venez-vous ? — Pour parler au Roi. — Vous allez troubler son sommeil. » D'autres criaient : « *Nous voulons du pain !* » mais le plus grand nombre hurlait : « *Rendez vos armes !* »

Le marquis d'Aguesseau accouru supplia alors les

---

[1] Le nombre total des Gardes présents au Château était d'environ quatre-vingt-dix.

manifestants de se retirer tout en recommandant à ses hommes « de ne point se défendre pour se conformer aux ordres du Roi ». « Dès que les brigands nous virent, raconte La Pivardière, ils rétrogradèrent par deux fois, mais aux commandements répétés de nos maréchaux des logis et brigadiers de ne point tirer, ils reprirent courage. »

En effet, à mesure qu'elle grossissait, la foule, renforcée par les assassins de Deshuttes, devenait de plus en plus menaçante ; quelques « jeunes Gardes » armèrent alors leurs fusils et se tinrent prêts à épauler ; Vaulabelle et Montalais, s'apercevant du danger, les supplièrent « d'obéir au Roi, de retourner les batteries et de mettre les fusils en travers ». Aussitôt tous les Gardes abaissèrent leurs armes, mais le dernier ordre était maladroit, car il permit aux assaillants de saisir à pleines mains les mousquetons des défenseurs.

Ripert de Valbonette, qui ne voulait pas abandonner son arme, allait être entraîné, quand d'Aguesseau lui cria de lâcher son fusil ; toutefois, ce trophée ne suffisant pas aux malandrins, ils lui enlevèrent encore son chapeau et son épée, et le malheureux Garde courait le plus grand danger, quand six de ses camarades parvinrent à le dégager.

Moins heureux, le chevalier Renaudin de Gratry reçut, pendant qu'il s'acharnait à défendre ses armes, un violent coup sur la tête ; la foule parvint à l'entraîner au bas de l'escalier, et elle s'apprêtait à le pendre dans la cour quand quelques Gardes-françaises se décidèrent à intervenir et purent le sauver en l'enfermant dans leur corps de garde.

S'apercevant que la bagarre commençait à mal tourner, d'Aguesseau s'empressa d'aller prévenir M. de Luxembourg; mais ce prudent capitaine jugea sa présence inutile sur le champ de bataille, et d'Aguesseau oublia de revenir.

Cependant la rage des émeutiers continait à augmenter; de toutes parts on entendait crier : « *Tuez-les, Tuez-les !* » ou « *La Reine ! Il nous faut ses boyaux pour faire des cocardes*[1] *!* » « Si nous ne pouvons pas nous défendre, nous n'allons pas nous laisser massacrer ainsi ! crièrent alors quelques voix, barricadons-nous dans nos salles ! », et les Gardes se décidèrent à abandonner l'escalier.

Dès qu'ils esquissèrent leur mouvement en arrière, les bandits se précipitèrent sur eux; la retraite des Gardes dégénéra en déroute et les défenseurs de l'escalier se virent forcés de chercher un refuge dans la première pièce qu'ils rencontrèrent. Les uns entrèrent dans la salle des Gardes du Roi, les autres dans celle des Gardes de la Reine ou dans la grande salle des Gardes (actuellement salle du Sacre). Un bandit visa d'Haucourt, mais par chance, le coup de feu ne partit pas.

François Rouph de Varicourt[2] fut le seul Garde massacré dans l'intérieur du Château.

---

[1] Lettres de Lhuillier, Vaulabelle, de la Pivardière, de Lauzon, de Valbonette, de Gratry, etc.

[2] Sa sœur, surnommée par Voltaire « Belle et Bonne », était mariée

S'étant acharné à repousser les envahisseurs, il ne voulut pas suivre ses camarades dans leur retraite, tomba au haut de l'escalier de Marbre et fut achevé, s'il en était besoin, dans la cour de Marbre. Ce fut là que le Grand Nicolas lui coupa la tête sous le balcon de la salle des Gardes du Roi. « Varicourt, dit le chevalier Le Bas de Girangy, dont on ne peut imaginer le dessein, se jeta au milieu de ces forcenés en leur criant qu'*ils souillaient le Palais de leur Roi*. Jusque-là les bandits ne nous avaient crié que de mettre bas les armes. » Varicourt cadet[1] confirme que son frère se précipita « pour exhorter la foule à ne point passer » ; il ajoute avoir entendu raconter que son frère fut assassiné parce qu'on l'avait pris pour le duc de Guiche.

Mais si Varicourt avait fait feu, accusation qu'*aucune* déposition ne vient confirmer, il aurait en tout cas tiré dans l'escalier, et pouvait d'autant moins tuer L'Héritier *dans la cour de Marbre* qu'il se trouvait posté en *sentinelle* dans l'embrasure de la porte de la salle des Gardes de la Reine, dont les fenêtres donnent sur la terrasse.

Varicourt a pu « provoquer » la foule (?) en l'injuriant maladroitement, toutefois il n'en reste pas moins certain : 1° que l'escalier de Marbre était déjà depuis

au marquis de Villette, qui, dès le 29 septembre précédent, avait proposé, dans la *Chronique de Paris*, « que l'on invite le Roi à venir passer l'hiver à Paris ». Varicourt, admis dans les Gardes du corps le 28 juin 1778, avait reçu le brevet de lieutenant de cavalerie le 1er avril 1788.

[1] Il fut nommé en pied « en considération de la mort de son frère ».

longtemps envahi quand il adressa aux émeutiers quelques propos fort excusables ; 2° que l'invasion du Château par les manifestants ne put résulter de leur désir de venger la mort d'un de leurs camarades, puisqu'ils commencèrent par parlementer assez longuement et hésitèrent même un instant à se retirer avant l'arrivée de Fournier l'Américain et de ses coupe-jarrets.

D'après Lhuillier et plusieurs autres témoins, la rage des forcenés contre Varicourt provenait de ce qu'il avait pensé à crier : « *Sauvez la reine !* » La première chose en effet que firent les brigands en s'élançant vers les appartements fut d'ordonner à la sentinelle « avec des jurements et des menaces affreuses, *le plus grand silence !* » Mais Varicourt, sans se laisser intimider, continua à donner l'éveil, tint tête à ses assassins au lieu de battre en retraite avec ses camarades et tomba victime de son dévouement et de son exaltation.

Lhuillier fournit bien quelques détails sur la façon dont il succomba, seulement comme la scène qu'il entrevit se passait dans l'embrasure de la porte qui fait communiquer la salle des Gardes de la Reine et la grande salle, et qu'il ajoute n'avoir pu reconnaître le blessé, nous pensons que son récit s'applique à l'agression dont fut victime quelque autre Garde (sans doute Tardivet du Repaire ou Miomandre de Sainte-Marie) ; sinon, il faudrait admettre que Varicourt ait pu résister sur le palier de l'escalier tout le temps que mirent ses assassins à enfoncer les portes de la salle des Gardes de la Reine et de la grande Salle.

Malheureusement, par la disposition des lieux, les Gardes se trouvèrent coupés en deux et même en trois bandes, puisqu'elles avaient chacune une porte à défendre.

Le premier élan des envahisseurs se porta contre la salle des Gardes de la Reine, et on entendit de plusieurs côtés crier : « *C'est par là ! C'est par là !* » Toutoutefois il est à peine besoin d'ajouter que la présence du duc d'Orléans montrant du doigt les appartements de la Reine est une pure légende, inventée par les royalistes.

Une douzaine de Gardes avaient pu se réfugier dans cette salle ; en l'absence du maréchal des logis Montalais, repoussé dans la grande salle, le brigagadier François de Barreau[1] organisa la défense. Avec l'aide de La Roque de Saint-Thurien[2], de Guéroult de Valmet, de Guéroult l'aîné, de Miomandre de Sainte-Marie, de Lauzon, d'Afflon, de La Rye (ou de La Ric), de Lusy ou (Lazy), de Luchapt[3] et de Raissac, Loquessye barricada la porte pendant que Barreau, accompagné de La Rye, s'empressait d'aller avertir la Reine du danger. « Nous trouvâmes, dit-il, des difficultés pour l'ouverture des portes, mais au bruit que nous fîmes *à la porte de la chambre de la Reine*, Sa Majesté se détermina à se sauver. »

---

[1] Ou Barrau. Né à Muratel en 1754.

[2] L'orthographe des noms est fort sujette à caution. Sur les contrôles, on trouve certains noms orthographiés de *quatre* façons différentes.

[3] La Rye et Luchapt périrent à l'armée de Condé.

Malgré leurs déclarations intéressées, Mme Thibault et Mme Augué, sœur de Mme Campan, dormaient d'un profond sommeil, et plusieurs Gardes furent forcés, pour réveiller. la Reine, d'entrer dans son boudoir et même dans sa chambre. « J'entrai, dit La Roque de Saint-Thurien, dans la chambre de la Reine. Une de ses femmes vint nous dire qu'elle se levait ; nous nous retirâmes et nous rangeâmes à la porte de sa chambre. » « Le brigadier, raconte Luchapt, se détermina à entrer chez la Reine avec la sentinelle pour la faire sauver », et Lhuillier, bien qu'il n'en ait pas été témoin, rapporte le colloque qui s'engagea entre Marie-Antoinette et Barreau : « Madame, sauvez-vous ! — Mais je m'imagine que je suis ici en sûreté ? — Non, Madame, il n'y a point un instant à perdre. » Pour récompenser Barreau de sa conduite, le Roi lui accorda la croix de Saint-Louis « à cause de la blessure (simple contusion) qu'il a reçue la veille ».

A la première alerte, la Reine avait sauté hors de son lit, et s'était réfugiée dans un cabinet de toilette ; quand ses femmes de chambre suffisamment habillées finirent par arriver, Marie-Antoinette s'empressa de gagner l'Œil-de-bœuf « par une porte du cabinet de toilette de la Reine, qui d'après Mme Campan, . n'était jamais fermé que de son côté » ; le comte d'Hézecques dit au contraire que Marquand dut lui ouvrir la porte.

Marie-Antoinette n'avait pas pris le temps de s'habiller : « On lui jeta, dit Mme Campan, un jupon sans le nouer. » Dans leurs dépositions officielles, les deux femmes de chambre parlent d'un petit mantelet, voire même de bas, toutefois il est certain que la Reine s'enfuit en chemise, enroulée simplement dans une couverture. Ainsi s'expliquerait le désordre de son lit qui fit croire à plusieurs témoins que les émeutiers l'avaient bouleversé[1]. Pourtant Lhuillier, dont les déclarations sont toujours très véridiques, affirme dans ses *Observations* « que les brigands sont entrés dans les appartements de la Reine, qu'il les a vus dans la première antichambre... et que les brigands, laissés possesseurs dudit appartement, se sont portés à tous les excès ». On peut assez facilement accorder ces deux versions contradictoires en reportant les quelques dégâts commis après l'arrivée des Gardes nationaux qui étaient accompagnés d'un certain nombre de curieux plus ou moins bien appris. Une fois en sûreté, la Reine revêtit « une petite redingote rayée jaune ».

Un instant après son départ, Louis XVI en robe de chambre arrivait à son secours ; il n'avait pu rencontrer la Reine, ayant suivi le couloir secret du rez-de-chaussée, appelé le *passage du Roi*, qui faisait communiquer au moyen de deux petits escaliers et d'un long couloir sa chambre avec celle de Marie-Antoinette. « La bougie qui éclairait le Roi, raconte Hue, s'étant éteinte, il dit à Mme de Baie, femme de chambre du Dauphin : « Tenez ma robe de chambre[2]. » Après avoir interrogé les Gardes, le Roi,

---

[1] La Châtre, etc.

[2] Hue. *Dernières années de Louis XVI.*

accompagné de Saint-Thurien et de quelques autres, se hâta de regagner ses appartements.

Pendant ce temps, la porte de la salle des Gardes de la Reine avait fini par céder. « Quand un des panneaux, raconte La Roque, vola en éclats, forcés de renoncer à défendre la porte, nous joignîmes nos camarades, qui attendaient à l'intérieur (dans l'anti-chambre de la Reine) que Sa Majesté fût partie, au moment même où la porte allait tomber. Les brigands, ne sachant pas où nous avions fui, se portèrent alors vers la salle des Gardes du Roi. »

Un moment plus tard, arrivèrent par un escalier dérobé les Gardes de la salle Dauphine qui accoururent au secours de la Reine dès qu'ils furent assurés que le Dauphin, emmené par Mme de Tourzel, se trouvait en sûreté près du Roi[1].

La Reine échappa par bonheur assez facilement à la rage des émeutiers, mais que dire de l'imprévoyance et de l'indifférence de toutes les personnes attachées à son service !

Les deux officiers de service dans les salles des Gardes du Roi et de la Reine étaient absents : M. de Brion dormait tranquillement dans son appartement particulier, situé à l'autre bout du Château, M. de Ros, après avoir, à deux heures du matin, reçu de Marie-Antoinette ses ordres pour la messe du lende-main, s'était empressé d'aller « écrire des lettres ». Toutes les femmes de chambre, tous les laquais ou

[1] Voir p. 196.

heiduques se trouvaient absents ou dormaient à poings fermés.

Seul un homme, semble-t-il, veillait dans l'antichambre de la Reine, et on peut se demander si ce n'était pas Fersen, dont la présence, en cette nuit d'émeute, s'explique aisément quand on connaît son grand dévouement pour la Reine.

D'après lord Holland, M^mo Campan avait affirmé à Talleyrand[1] que Fersen se trouvait dans le boudoir de Marie-Antoinette, et elle aurait même ajouté qu'elle lui avait procuré un déguisement pour quitter le Château. Napoléon, dans les *Mémoires de Sainte-Hélène*, raconte également : « une personne que j'ai fort maltraitée plus tard au Radstadt (Fersen) accourut dans cette affreuse nuit, auprès de cette princesse, soit qu'elle eût été mandée, soit qu'elle fût venue partager ses périls ».

Ces deux témoignages ont paru suspects ou très insuffisants à la plupart des historiens ; toutefois deux autres documents qui, croyons-nous, n'ont encore jamais été signalés, semblent donner quelque consistance à cette supposition. Ce sont les lettres des Gardes du corps Barreau et Guéroult de Valmet insérées dans le manuscrit rédigé sur la demande de la Reine et découvert le 10 Août dans sa chambre des Tuileries.

« Lorsque je passai, raconte Barreau, avec cinq

----

[1] M. Georges Laguerre, dans l'*Intermédiaire des Chercheurs et Curieux* (t. LIII, p. 393) confirme cette assertion d'après les souvenirs de son père qui vit le manuscrit original de Mme Campan avant qu'il fût brûlé.

de mes camarades pour me rendre chez la Reine, je n'ai trouvé qu'*un* (*un blanc*) et une de ses dames qui sortait du lit. » « Nous passâmes, dit Guéroult, dans les appartements de la Reine. *Un* (*un blanc*) nous arrêta tous en disant que la Reine reposait, et qu'on ne pouvait y passer. »

Quel pouvait être, sinon Fersen, cet être mystérieux dont M. d'Agoult crut devoir supprimer le nom tout en laissant la trace de son intervention? Et « cette espèce de femme de charge » qui un peu plus tard prévint les Gardes de la salle Dauphine du danger que courait la Reine? Il ne peut s'agir de Thomas de Bercy, l'heiduque de la Reine, puisqu'il n'arriva qu'après le départ de Marie-Antoinette.

Les appartements de la Reine ne furent point forcés, uniquement pour la raison que les émeutiers, complètement désorientés de trouver la salle des Gardes de la Reine évacuée, ne reconnurent pas la porte de l'antichambre cachée par un grand paravent, se trompèrent de direction et se mirent à enfoncer la porte qui conduisait dans la grande salle des Gardes (salle du Sacre), où Lhuillier, La Fère, de Charmont, Boubée, les deux frères Poisson de Franqueville, des Plas, Lartigue, de l'Escaille, d'Haucourt, Beaupuis, de Sceailles, Pommier et Ripert de Valbonette s'étaient barricadés.

« J'avais été assez heureux, raconte Lhuillier, de pouvoir me réfugier avec les deux brigadiers de la Fère et de Charmont dans la grande salle où nous trouvâmes une dizaine de Gardes. Nous fermâmes la porte et la tenions de toutes nos forces ; mais trois ou quatre coups de hache firent sauter un panneau du bas, alors La Fère et moi nous allâmes chercher cette pièce de charpente sur laquelle on met le bois à brûler des salles. Nous la traînions doucement à cause de sa lourdeur pour la mettre derrière la porte, et nous allions la poser quand des brigands entrèrent en foule par la salle de communication avec la salle des Gardes de la Reine. J'allai à eux, et je vis un de nos camarades qui, poursuivi par ces furieux, voulait entrer dans notre salle ; dès qu'il fut dans la porte, il tomba dans la grande salle ; je courus à lui pour le relever ; je le pris par la tête et les épaules, il était déjà blème, et, dans mes bras, reçut peut-être deux cents coups, car tout le monde voulait lui en donner au moins un. » Lhuillier, forcé lui-même de se réfugier dans la salle des Suisses ne vit pas la fin du drame. « On m'ôta mon épée de mon côté sans que je le sentisse, et je n'en fus instruit qu'en la voyant entre les mains d'un des furieux. Je dus abandonner ce malheureux... *je ne le reconnus pas*, mais ce ne peut être que Varicourt qu'on a massacré dans mes bras. »

La supposition de Lhuillier nous semble inexacte : le Garde dont il s'agit devait être Tardivet du Repaire, blessé dans la salle des Gardes de la Reine d'un coup de lance à la tête. ou Miomandre de Sainte-Marie qui, d'après Beaurepaire, reçut, au même endroit, « cent cinquante meurtrissures » (?) Toutefois, il paraît difficile de préciser le moment exact où ces deux Gardes tombèrent entre les mains des émeutiers ; il semble que pour une raison ou pour une autre ils ne passèrent pas dans les appartements de la Reine, et cherchaient à se réfugier dans la grande salle au moment où la salle des Gardes de la Reine fut envahie.

Tardivet et Miomandre perdaient tant de sang, malgré le peu de gravité de leurs blessures, que les bandits les tinrent pour morts et s'éloignèrent après les avoir consciencieusement dépouillés. Dès que leurs bourreaux eurent tourné le dos, les deux blessés se relevèrent et gagnèrent en courant la porte de la salle des Gardes du Roi que Vidault, Deshuttes l'aîné et d'Arbonneau s'empressèrent de leur ouvrir. En voyant leurs victimes ressuscitées, un des bandits tira sur Tardivet un coup de pistolet, dont la balle tua très probablement un ébéniste parisien.

Miomandre de Sainte-Marie, d'abord au Comité des Recherches de la Ville de Paris, ensuite devant le Châtelet, fit des dépositions extrêmement pathétiques ; malheureusement elles paraissent d'autant plus suspectes que le rôle glorieux qu'il s'attribue ne se trouve confirmé par *aucun* de ses camarades. Quand il prétend avoir crié à une femme de chambre qui lui aurait ouvert la porte : « Sauvez la Reine ! on en veut à sa vie : on nous a forcés et je suis *seul* contre deux mille tigres[1] » l'appartement de Marie-Antoi-

____

[1] Arch. nat. C., 222, 160¹⁵¹.

nette n'était plus occupé que par Barreau et ses camarades.

Un émeutier visa Boubée, dans la grande salle des Gardes, mais heureusement le coup ne partit point ; un autre lui envoya un coup de lance qui fut détourné par un de ses camarades.

Forcé de battre en retraite, Lhuillier passa avec ses hommes dans la salle des Cent-Suisses où les bandits les poursuivirent ; toutefois, à la vue des uniformes rouges, ils se hâtèrent de se retirer en criant, raconte d'Haucourt : « Ce sont nos amis, il ne faut pas leur faire de mal. — Le citoyen en uniforme (Fournier l'Américain), confirme le Suisse Bernard, dit aux autres : Messieurs il ne faut pas entrer dans la salle des Cent-Suisses, et je passerai la baïonnette au premier qui voudra s'y rendre. » En effet, pendant tout l'envahissement du Château, aucun Suisse ne bougea.

Lhuillier et ses compagnons passèrent ensuite dans l'appartement du major d'Aguesseau, puis « pour ne pas attirer de désagréments à la marquise », allèrent se retirer sous les toits « dans la pièce où on chauffait les bains de Madame Élisabeth ».

Pendant ce temps M. de Pulieux, voulant gagner les appartements du Roi, fut saisi au haut de l'escalier par quelques forcenés et entraîné dans la cour où il aurait été massacré sans l'intervention de la milice parisienne.

Tandis que la plupart des émeutiers envahissaient la salle des Gardes de la Reine puis la grande Salle, les autres entreprenaient de défoncer la porte de la salle des Gardes du Roi que Chevannes de Lesigny, d'Imbleval de Montalais, Justin de Mondollot[1], Guéroult de Saint-Denis, Vidault, d'Arbonneau, Tripier de Lozé, Le Bas de Girangy, Dupuis, Lavaux, Beaurepaire, Chasteignier, Moreau, Varicourt et Deshuttes l'aîné s'efforçaient en vain de barricader. En tout, ils étaient vingt et un.

Quand elle fut sur le point d'être défoncée, Chasteignier cacha sous les lits les étendards « pour qu'ils ne soient pas profanés » ; puis tous les Gardes, après avoir recueilli Miomandre et Tardivet du Repaire, passèrent d'abord dans l'antichambre du Roi et ensuite dans l'Œil-de-bœuf, quand le Suisse de service se fut décidé à leur ouvrir la porte. On peut même se demander s'ils ne furent pas forcés d'en faire sauter la serrure !

Les Gardes s'empressèrent de barricader solidement l'entrée de l'Œil-de-bœuf avec toutes les banquettes et les tabourets de la salle ; toutefois la porte ne fut jamais assiégée, ce qui prouve que les émeutiers n'en voulaient qu'à la Reine.

Un seul incident comique égaya le siège des appartements. « Après avoir, raconte Vidault, conduit du Repaire en sûreté, j'ouvris avec le Suisse la porte des appartements par laquelle nous montions chez le Roi. Voyant des piques et des hallebardes, nous ne perdîmes pas de temps à la refermer ; pourtant, deux

---

[1] Ou Mondellot.

femmes, qui étaient appuyées contre cette porte, tombèrent dans les appartements. Se voyant seules, elles se crurent perdues, elles tombèrent à genoux et nous demandèrent grâce... »

La conduite des simples Gardes du corps pendant l'envahissement du Château mérite les plus grands éloges. Malheureusement on ne peut pas en dire autant de celle de leurs chefs, le duc de Guiche, d'Albignac, et tous les officiers qui avaient montré du courage et de la décision, venant d'être expédiés à Rambouillet.

Quand d'Arbonneau jeune vint annoncer à Luxembourg, capitaine des Gardes de service, l'envahissement de la cour de Marbre, il dut « le réveiller. Il me mena aussitôt, ajoute-t-il, avec lui chez le Roi qui dormait » et d'Artigue ne trouva personne « dans l'appartement ».

Luxembourg ne quitta pas même un instant les appartements du Roi pour venir encourager ses hommes ; le major Charles-Albert-Xavier d'Aguesseau, ancien colonel d'infanterie, après avoir bien recommandé aux Gardes de ne pas se défendre, jugea sa présence désormais inutile et ordonna de cadenasser derrière lui toutes les portes, sans se préoccuper si, en coupant toute retraite aux défenseurs, il n'allait pas les faire massacrer jusqu'au dernier.

Le duc de Villeroy, capitaine d'une des compagnies, « n'étant pas de service », ne parut pas un seul moment, ni le 5 ni le 6. Bien plus, rencontrant

La Fayette le lendemain, « il renia la conduite de ses hommes et lui dit *qu'il n'avait pris aucune part aux torts de la veille.* — Je lui répondis, raconte La Fayette dans ses *Mémoires* : Tant pis pour vous ! car ils se sont fort bien conduits ! »

Les deux lieutenants de service aux salles des Gardes du Roi et de la Reine s'étaient tous deux retirés dans leurs logements particuliers, fort éloignés des salles. Le comte de la Brosse de Brion se reposait, le baron de Ros écrivait ; d'après leurs propres lettres, ils ne vinrent rejoindre leurs hommes qu'après l'arrivée du duc d'Orléans, c'est-à-dire vers huit heures !

Brion « après avoir pris en hâte un frac dont il ôta le cordon bleu », alla se mêler à la foule où un poignard mal dissimulé faillit le faire prendre pour un émeutier. Il dut décliner « à l'oreille » ses qualités aux Gardes nationaux qui le prièrent de déguerpir après l'avoir désarmé ; quand, plus tard, il vint rechercher ses armes, les Gardes nationaux « lui refusèrent son vin ». « Ensuite, raconte-t-il, je fus joindre plusieurs de mes camarades que je trouvai *réunis dans une chambre de lieutenant.* Ils étaient en habits de couleur, et n'avaient pu pénétrer dans les appartements sans courir risque d'être assassinés. » Par crainte d'accident, ce brave officier revint à Paris... dans la voiture de Mirabeau !

Ros, ayant aperçu au bas de l'escalier de Monsieur quelques sinistres figures, s'empressa de retourner chez lui pour enlever son uniforme et sa croix ; cette opération dura plus d'une heure. Son collègue, le sous-lieutenant de Pouy de Gavaret, de service près de Madame Victoire, parvint à gagner l'Œil-de-bœuf en passant par la cour des Cerfs et les combles du Château. « Tout le monde, écrit-il ingénument, chercha à se mettre à couvert[1]. » *Tous les officiers* aurait été plus exact.

M. de Saint-Aulaire, de garde aux appartements du Dauphin, s'empressa de réveiller Mme de Tourzel, puis « après avoir déposé un bougeoir sur son lit », l'escorta, comme c'était son devoir, quand elle conduisit le Dauphin près du Roi. Seulement en partant il s'était borné à dire à son brigadier : « Mon ami, faites ce que la prudence vous suggérera », et ne s'occupa plus le moins du monde, dès qu'il fut lui-même en sûreté, du sort de son détachement. Il avait bien autorisé ses hommes à se retirer « par l'escalier de M. le Dauphin ; mais, avoue-t-il, comme les portes ont été fermées aussitôt que j'ai eu passé pour aller chez le Roi, *je ne sais pas par où ces messieurs purent passer* ».

Heureusement le brigadier Chevannes de Lesigny connaissait mieux que son prudent lieutenant les passages secrets du Château. « Apprenant, dit-il, par une espèce de femme de charge, que les brigands cherchaient à forcer l'appartement de la Reine, je n'hésitai pas, j'enlevai ma garde pour la porter au secours de Sa Majesté. Nous arrivâmes par un petit

---

[1] M. de Liancourt dit à Lartigue qui avait été chercher des ordres : « Où courez-vous, monsieur le Garde ? Vous allez vous faire assassiner, tâchez de vous déguiser. » Mais Lartigue, simple Garde, se rendit où son devoir l'appelait.

escalier dans ses appartements. Là, un homme de la chambre m'apprit que la Reine venait de passer chez le Roi ; il nous ouvrit alors la porte de la salle de Jeu qui donne dans la galerie. »

Saint-Aulaire se hâta de quitter son uniforme pour revêtir une magnifique redingote bleue, et ne se risqua même pas à regarder par les fenêtres : « Aussitôt, écrit-il, ils ont enlevé le cadavre du manifestant ! » Plus tard, devant le Châtelet, il rectifia : « Le cadavre est resté environ une heure en place. »

Le sous-lieutenant Marie Victoire, plus tard marquis de La Tour-Maubourg, de service près de Madame Adélaïde, commandait la salle des Gardes, appelée le *Petit Salon*, située au pied de l'escalier qui conduisait aux appartements du Roi. « Les cris, dit-il, de ces hommes et de ces femmes armés de piques et de fusils paraissant menacer surtout les Gardes du corps, ceux avec lesquels j'étais dans la salle du rez-de-chaussée prirent le parti de fermer les volets pour ne pas être vus. Si cette salle avait été forcée, ces hommes étaient maîtres de l'escalier qui monte dans les cabinets et pouvaient s'introduire chez le Roi. » Jugeant la situation critique, le lieutenant monta demander des ordres à M. de Luxembourg et très patiemment les attendit dans l'OEil-de-bœuf... jusqu'au départ du Roi pour Paris [1].

---

[1] Comme il se trouvait *déjà* dans l'OEil-de-bœuf quand Marie-Antoinette le traversa, La Tour-Maubourg put se vanter et ses biographes répéter « que ce fut lui qui conduisit la Reine chez le Roi ». Il put l'escorter en effet entre deux portes !

La citation précédente est tirée de la déposition de
La Tour-Maubourg devant le Comité des Recherches
de la Municipalité de Paris, auquel il avait d'abord
commencé par déclarer : « De quatre heures du soir
à onze heures du matin, *étant toujours resté dans
l'intérieur du Château, je ne sais rien que de vague.* »
Sa lettre au comte d'Agoult est encore plus circonspecte : il ne se souvient plus de rien, décerne des
louanges hyperboliques au corps des Gardes en
général, mais ne peut citer *aucun* nom, ni rapporter
le moindre fait.

Les Gardes du *Salon*, abandonnés à eux-mêmes
comme leurs camarades de la salle Dauphine, commencèrent, raconte Lartigue « par matelasser et
maintenir la porte, donnant du vestibule dans la cour
de Marbre, le plus longtemps possible. Ces vilains
monstres, ajoute le brigadier Feuillade de Ribeyreys,
finirent par défoncer la porte, et, comme ils allaient
nous fermer le passage de l'escalier, nous prîmes
définitivement le parti de les prévenir et d'y faire
notre retraite pour défendre la personne du Roi.
Cependant ils n'osèrent y parvenir, et, dans ce
moment, il vint un huissier de la chambre du Roi qui
nous dit que nous pouvions entrer dans ses appartements ».

Ainsi des sept officiers des gardes qui se trouvaient
au Château [1], d'Aguesseau fut le seul qui sortit *un ins-*

---

[1] Ce chiffre est un minimum ; nous ne savons où se trouvaient
les autres. *Le Journal politique et national* (n° 7) accusa également
le vicomte d'Agoult, frère du Major général, d'avoir abandonné son
poste.

tant des appartements privés; les autres jugèrent inutile de se montrer sur le champ de bataille. Bien plus, un peu plus tard, quand la brusque arrivée de la Garde nationale causa une fausse alerte aux Gardes du corps rassemblés dans l'Œil-de-bœuf, les deux seuls officiers qui s'y trouvaient, d'Aguesseau et La Tour-Maubourg, s'empressèrent de passer dans les appartements du Roi et de fermer les portes derrière eux [1]. Cette fois les Gardes qualifièrent leurs chefs des noms qu'ils avaient mérités.

« Les Gardes, constate La Fayette, en voulurent surtout à leurs officiers, qui avaient été coucher en ville et surtout à l'un d'eux, du service de l'état-major habituel, qui passa les heures difficiles dans un lieu secret où on pourrait encore trouver son uniforme... Son attitude contre-révolutionnaire et des missions secrètes l'ont porté à une des premières places de la Cour. »

Une erreur très répandue consiste à représenter l'escadron des Gardes du corps comme une troupe extrêmement privilégiée. La vérité est bien différente : astreints à un service très dur, fort médiocrement payés si l'on considère les dépenses auxquelles ils se trouvaient astreints, ils étaient même traités sans aucun ménagement par bon nombre de leurs officiers qui leur faisaient sentir la différence de leur noblesse.

[1] Voir p. 234.

Après quarante ans de service, un Garde se retirait avec quatre cent cinquante livres de pension, et un lieutenant avec neuf mille. Un grand nombre d'entre eux se trouvèrent, après le pillage de leurs effets, dans le plus complet dénuement et durent se retirer dans leurs familles. Plusieurs ne possédaient pour toute fortune que quelques écus. « On me prit le 6 octobre, écrit l'un d'eux, un louis en argent blanc qui était tout mon avoir. »

Leur situation était si modeste qu'ils avaient envoyé le 19 août précédent au Roi et à l'Assemblée une supplique rédigée probablement par M. de Chancel pour demander : 1° Que leurs officiers soient recrutés dans leur corps « au lieu de nommer des jeunes gens souvent presque sans services, mais toujours sans aucune expérience »; 2° Que l'on tienne compte pour les avancements postérieurs des avancements prématurés ; 3° Que les titulaires des places de l'État-Major soient nommés au scrutin général ; 4° Que tous les brigadiers reçoivent le brevet de major, les maréchaux des logis celui de lieutenant-colonel, les sous-lieutenants celui de colonel et les vingt-cinq premiers Gardes le grade de capitaine ; 5° Qu'il n'y ait plus d'autre distinction que les épaulettes pour différencier les grades.

Ces braves soldats, on le voit, savaient depuis long-temps à quoi s'en tenir sur la valeur de leurs chefs, nommés, la plupart, surtout les capitaines et les lieutenants, uniquement par protection.

Anne-Louis-Christian de Montmorency, comte de

Luxembourg[1], né le 15 juillet 1765, inscrit Garde du corps en 1780, après avoir servi dans Lorraine-dragons, en 1783 d'après une pièce des archives du ministère de la Guerre, en 1785 suivant une autre, fut nommé capitaine des Gardes en survivance en 1787. Le 5 octobre le commandant du Palais n'avait pas encore vingt-cinq ans[2] !

Les simples Gardes, qui attendaient vingt-huit à trente ans le grade de brigadier, eurent d'autant plus de mérite à se défendre sans pouvoir se battre, à la place de leurs officiers qui se bornaient à recevoir pensions et honneurs. Leurs réclamations n'étaient pas sans fondement, et le comte d'Hézecques, dans ses intéressants *Souvenirs d'un Page*, se montre bien sévère à leur égard quand il écrit : « Ils furent les premiers au début de la Révolution à donner l'exemple de la révolte en allant demander tumultueusement la réintégration d'un brigadier mis à pied pour un mémoire séditieux présenté par lui contre le service qu'on exigeait des Gardes[3]. »

Louis XVI, pour sauver ses fidèles Gardes du corps, se décida *peut-être* un peu plus vite à faire le grand mais *nécessaire* sacrifice de partir pour Paris; toute-

[1] Plus tard duc de Beaumont.

[2] La famille de Luxembourg était d'une précocité remarquable : Emmanuel obtient à l'âge de douze ans un brevet de Garde le 30 mai 1787. Anne-Joseph, âgé seulement de quinze ans « et dispensé de taille » est nommé Garde surnuméraire avec rang de sous-lieutenant. « Ces Gardes surnuméraires, dit un Règlement, sont des jeunes gens de qualité qui parviendront à obtenir le brevet de capitaine sans devenir Garde en pied. »

[3] *Mémoires des maréchaux des logis, brigadiers et Gardes du corps au Roi et à l'Assemblée nationale, présentés le 19 août 1789.*

fois sa gratitude envers ses fidèles défenseurs manqua par trop d'exubérance, et, quelques jours plus tard, il se laissa priver de leurs services sans protester suffisamment [1].

La Reine au contraire ne leur cacha pas sa reconnaissance. Elle adressa la parole à plusieurs d'entre eux et dit à M. de Boschallet : « Il faut que vous soyez des anges ! » Un de ses premiers ordres en arrivant aux Tuileries fut de leur faire préparer un souper, et plus tard elle conserva dans sa chambre une copie de leurs lettres.

Mesdames Victoire et Adélaïde et les gens de Madame Élisabeth firent rentrer à l'intérieur tous les Gardes de faction à leurs portes et veillèrent à ce qu'il ne leur arrivât rien de fâcheux. Mme Adélaïde fit revêtir à un de ses domestiques un uniforme de Garde national.

Un épilogue assez inattendu du massacre de Varicourt et de Deshuttes se produisit le 6 octobre de l'année suivante. Les enfants des deux Gardes massacrés ayant été placés aux frais du Roi dans une institution tenue par un nommé Paulet, ce professeur fit célébrer à Sainte-Marguerite une messe de Requiem, pour le repos des âmes de leurs parents. A cette nouvelle, la section Popincourt fit immédiatement une enquête et apprit qu'un élève du sieur Paulet, avec la permission du curé l'abbé Aubert, « s'était permis de lire, après l'évangile sur les marches de l'autel, une

---

[1] Louis XVI leur distribua simplement quelques croix de Saint-Louis.

oraison funèbre où les Gardes étaient peints comme des martyrs... et où il avait été dit qu'ils avaient mieux aimé se laisser massacrer par cette troupe de forcenés que de manquer au zèle patriotique ».

Beaucoup de spectateurs, paraît-il, se retirèrent indignés, notamment Mlle de Quincy « qui ne put soutenir qu'on présentât les Gardes du corps comme des victimes innocentes de leur zèle pour le soutien du trône ». La section fut du même avis et déclara Paulet « coupable envers le peuple qui regarde les Gardes comme les agresseurs et qui est persuadé ne s'être *livré qu'à une juste vengeance* [1] ».

Après la tentative de fuite du Roi, Goupil, appuyé par Veydel et Préfern, réclama, le 25 juin 1791, le licenciement des Gardes du corps dont la plupart cependant étaient déjà pourvus de congés illimités. « S'il est de la justice de l'Assemblée, déclara La Tour-Maubourg, de ne pas prendre de disposition précipitée, il est aussi de sa bonté de s'occuper de gens qui peuvent être un danger. Je crains en effet que si le licenciement est séparé de l'arrestation des trois Gardes du corps (qui avaient escorté le Roi dans sa fuite), les autres ne courent de très grands dangers. » « Du fait de trois individus, riposta le marquis de Bonnay [2] on ne peut condamner un corps tout entier... D'ailleurs, si j'avais été désigné pour cet emploi, je

[1] Arch. nat. DXXIX (*bis*) 13 (144).

[2] Deux jours plus tard Bonnay vint lire à la tribune une attestation de la Municipalité de Versailles rendant hommage à la correction de la conduite des Gardes du corps.

me serais résigné, et serais mort pour le Roi... »

Malgré ses efforts, l'Assemblée décida le licenciement des Gardes et enjoignit à son Comité de lui présenter les moyens de le mettre à exécution. Les quatre
compagnies furent supprimées ; le Roi accorda alors
à un certain nombre d'entre eux des allocations sur
sa cassette. Quelques Gardes entrèrent dans les gen-
darmeries départementales, un grand nombre émigra.

CHAPITRE X

COMMENT PÉRIT JÉROME L'HÉRITIER

D'après l'opinion universellement admise, un seul manifestant périt pendant l'attaque du Château, mais les avis restent fort partagés sur la façon dont il fut tué, et même sur l'endroit où il succomba.

Pour nous, malgré la conviction de la plupart des historiens, « Jérôme-Honoré L'Héritier [1], compagnon ébéniste, natif de Paris, paroisse Sainte-Marguerite, faubourg Saint-Antoine, âgé d'environ dix-huit ans... » [2] mourut victime de la maladresse d'un de ses compagnons, dans le vestibule situé en haut de l'escalier de Marbre.

Les auteurs, convaincus de la « culpabilité » des Gardes, ne peuvent pourtant s'appuyer pour étayer leurs opinions que sur les déclarations de *trois* témoins *vaguement oculaires*, dont deux, Gallemand et Jeanne Lavarenne, se bornent à réciter un article de Loustalot en y ajoutant toutefois de telles erreurs qu'elles enlèvent toute valeur à leurs dépositions. Le dernier témoignage, celui de Prière, portier du Luxembourg, ne doit pas être écarté *a priori*, seulement il est beau-

---

[1] Il était fils d'un sellier, et demeurait à Paris, rue de Montreuil.

[2] Registre des décès de la paroisse Notre-Dame de Versailles.

coup trop vague et contient trop d'erreurs pour suffire à lui tout seul à prouver une accusation aussi grave.

Prière vit « le feu d'*une* arme tirée *par une croisée, à gauche de la salle des Gardes, autant qu'il peut le croire* ; que ce coup a tué un homme qui était sur les marches de la cour de Marbre ; *qu'au même instant,* il vit une tête sur une pique, et, un instant après, une autre tête coupée ».

La femme Lavarenne, une future héroïne du 10 Août, déclare « qu'à l'instant où la populace montait *aux grilles qui n'étaient pas encore ouvertes, plusieurs* Gardes du Roi, de l'intérieur du Château, ont tiré *des* coups de mousquet sur le peuple ; elle en a reconnu *trois ou quatre* à leurs habits et bandoulières. Cette décharge a tué un homme *dans la cour de Marbre* ».

Gallemand, après avoir constaté qu'il entendit tirer, à partir de quatre heures du matin, de nombreux coups de fusil dans l'avenue de Paris, « et qu'il eut même son chapeau percé », raconte qu'un ci-devant Garde-française qui venait de remplacer le Suisse de garde à la porte du grand escalier laissa pénétrer un petit nombre de particuliers dans le Château ; « dans cet instant, un Garde du corps, qui était *sur le balcon,* fut tiré par un Garde national parisien qui était seul parmi la troupe de ces gens armés de piques et de bâtons. Le Garde du Roi ne fut pas atteint du coup, et y répondit par un coup de *pistolet* qui cassa la tête au *Garde national* ».

Certains détails donnés par Gallemand prouvent

qu'il se trouvait bien dans la cour de Marbre ; seulement, comme tous les autres spectateurs, il ne put rien voir de précis dans cette bousculade. et se souvint comme Lavarenne un peu trop d'un article publié le 12 octobre dans les *Révolutions de Paris*. « Ils aperçoivent un Garde du corps à une fenêtre du Château : ils le provoquent, ils le menacent, le forcené fait feu et tue le fils d'un sellier de Paris. » Cette accusation, lancée par Loustalot, n'était qu'un ballon d'essai, analogue au terrible coup de sabre qui avait tué la veille une citoyenne et provoqué la fusillade contre les Gardes : la preuve en est que le fougueux journaliste passe *très rapidement* sur l'incident, présente ensuite la défense des Gardes et loue même leur conduite en général !

Passons maintenant aux témoignages qui se bornent à répéter des propos entendus. Le major de la compagnie de la Basoche, François Laurent, dont nous avons déjà signalé l'étrange conduite, « vit venir à lui un jeune homme tenant un fusil brisé qui lui dit en pleurant : — En voilà un qui ne vous tuera pas, car je viens de l'assommer : il a déjà tué mon camarade. — Qu'effectivement un instant après quelques hommes armés de piques et de fusils, accompagnés d'une ou deux femmes, sont sortis encore de la *cour des Princes* et sont venus au milieu de celle de Marbre où lui déposant et sa troupe arrivaient ; que ces gens tenaient alors un grand Garde du corps sanglant et mourant, qu'ils l'ont traîné *devant un cadavre de Garde du corps déjà tué* et auquel un homme à grande barbe coupait la tête ; cependant le déposant ne peut dire affirmativement si le Garde du corps était mort ou vivant, lui déposant étant trop éloigné ; a vu le Garde du corps que ces gens conduisaient tomber *près du premier ;* que dans l'instant différents bataillons arrivant de tous côtés, il n'a pu suivre la suite de cet événement... »

Richer entendit Laurent tenir les mêmes propos avec la variante qu'il s'était arrêté *dans le parc* (où il faisait en effet une patrouille), parce que son tambour « cessa subitement de battre en lui disant : — Commandant, j'ai femme et enfants, je ne peux pas aller plus loin, voici qu'on nous ajuste par les fenêtres des appartements (*de la Reine !*) — et qu'un instant après, lui, sieur Laurent avait entendu un coup de fusil *des mêmes fenêtres ;* qu'il avait préparé alors la troupe pour faire un feu de chaussée ».

Le même Richer entendit encore affirmer « ne sait plus par qui, qu'un Garde à cheveux blancs, chevalier de Saint-Louis, rencontrant *entre la Chapelle et les petits appartements du Roi* (c'est-à-dire dans l'aile gauche) un Garde national de Paris, lui porta trois coups de couteau, mais fut massacré sur-le-champ ». Jeanne Lavarenne réduit ces terribles blessures à « un coup de poignard dans le bras d'un citoyen qui en a été cruellement blessé ».

Il s'agit évidemment de Cardaine, volontaire du district de Saint-Jean-en-Grève, un des agresseurs de Deshuttes. « Ce malheureux, dit Lecointre, *oubliant* qu'il a reçu une blessure *mortelle,* se jette sur son ennemi et le désigne à ses compagnons pour le massacrer. » Plus heureux que son *assassin*, Cardaine eut le plaisir de savourer sa vengeance durant de longues années !

Une autre version lancée par quelques nouvellistes sans grande autorité prétend que L'Héritier fut tué au moment où il cherchait à escalader la chambre du Roi, soit par un Garde, soit par un Suisse. Nous n'insisterions pas sur cette explication de la mort de L'Héritier, si M. Batiffol ne l'avait adoptée : « Un ouvrier dit-il, se met en devoir de grimper après les colonnes qui soutiennent le balcon de la chambre du Roi, une fenêtre du premier s'ouvre, un Garde du corps paraît un pistolet à la main, vise l'homme et fait feu, celui-ci agite les bras dans l'air, tournoie et s'affaisse lourdement la tête la première sur le pavé où il se brise le crâne. »

M. Mathiez, dans son *Étude critique sur les Journées d'Octobre*, ne s'occupe guère des incidents qui les marquèrent, pourtant il reproduit le récit de M. Batiffol concernant la mort de L'Héritier. Toutefois, M. Mathiez semble donner la préférence à une autre version, en citant la lettre suivante de l'Envoyé de Saxe[1] : « Le jour commençait à poindre ; le Garde

---

[1] Le récit de l'Envoyé de Saxe, intéressant quand l'auteur parle de faits dont il a été témoin, présente fort peu de valeur lorsqu'il recueille, sans aucun discernement, de simples racontars. C'est pourtant cette narration remplie d'erreurs que M. Mathiez a reproduite pour dépeindre les journées d'Octobre dans son petit livre intitulé *Les Grandes Journées de la Constituante*. Cet ouvrage de vulgarisation contribuera malheureusement à propager quelques-unes de ces erreurs, nécessaires, paraît-il, à la gloire de la Révolution.

placé de faction au pied de l'escalier (il n'y en avait pas), insulté par la populace, au lieu d'appeler la Garde nationale à son secours (où était-elle ?) cria à son *brigadier* d'arriver à lui. Celui-ci, dès qu'il vit du haut de l'escalier de quoi il s'agissait, tira un coup de carabine qui tua un homme. *Le factionnaire en fit autant ;* la populace aussitôt s'empara d'eux et monta pour forcer les appartements. .» Varicourt n'était pas brigadier ; aucun témoin ne parle de *deux* coups de fusil et la porte du vestibule était gardée par deux Suisses et peut-être par un ou deux Gardes nationaux.

Certains royalistes admirent bien que L'Héritier trouva la mort pendant qu'il cherchait à grimper après la façade, mais ils le font tuer par ses propres compagnons qui tirèrent en effet pas mal de coups de feu contre le Château. *L'Histoire authentique* prétend même qu'on releva sur la façade la trace de quatre-vingt-deux balles[1], qui ne furent évidemment pas toutes tirées par l'homme vêtu de rouge et de bleu. Malheureusement pour cette thèse, si L'Héritier avait été tué *en l'air*, tous les spectateurs rassemblés dans la cour de Marbre s'en seraient aperçus, or *aucun* d'eux ne parle de sa chute. L'escalade du balcon semble d'ailleurs un tour de force assez difficile à exécuter.

Bien d'autres récits encore plus invraisemblables

---

[1] « La troupe armée faisait un feu presque continuel qui était dirigé vers toutes les fenêtres du Château. » (Dép. de Raymond, III, p. 68.)

ont été publiés, mais nous n'examinerons — à cause de la personnalité de son auteur — que celui de Mme de La Tour du Pin-Gouvernet.

Le récit de la femme du commandant en second de la Garde nationale de Versailles montre qu'elle ne vit rien personnellement[1] — pas même la conduite assez étrange de son mari dans l'après-midi du 5[2], et qu'elle s'en rapporta, pour écrire l'histoire de la tragique matinée, à sa femme de chambre « la bonne Marguerite » qui, par contre, vit beaucoup trop de choses, notamment le duc d'Orléans, « un fouet à la main et les bottes très crottées », à la tête des insurgés.

« Une partie des manifestants, raconte Mme de Gouvernet — ils n'étaient pas deux cents — se précipite dans l'escalier de Marbre, tandis que les autres se jettent sur le Garde du corps de faction que ses camarades avaient abandonné sans défense en dehors du corps de garde dans lequel ils s'étaient enfermés, et où on n'essaya pas de les forcer. Pourtant ces Gardes du corps étaient là dix ou douze, ils auraient pu tirer, sabrer quelques-uns de ces misérables, secourir leur camarade. Aussi le malheureux factionnaire, *après avoir tiré son coup de mousqueton, dont il tua le plus rapproché de ses assaillants,* fut écharpé à l'instant

---

[1] Elle avait été demander l'hospitalité à la princesse de Hénin dont les fenêtres donnaient sur la terrasse de l'Orangerie ou sur la rue de la Sous-Intendance.

[2] Après la fusillade du 5 au soir, Gouvernet changea tant soit peu d'opinion, et se sépara quelques jours plus tard de Lecointre à qui il osa dire « que sa ville serait vouée à l'exécration ».

par les autres. » Mme de Gouvernet invente une garnison imaginaire dans un corps de garde inoccupé, fait tuer Valori à la place de Deshuttes, lui fait tirer un coup de mousqueton alors qu'il ne put même pas se servir de son épée et plus loin fait encore tirer un coup de feu par Miomandre !

Les contradictions les plus formelles abondent dans tous ces témoignages. Tantôt c'est un Suisse, tantôt un ou plusieurs Gardes qui tirent d'une fenêtre ou du balcon, dans la cour de Marbre, vers les grilles, ou même sur la terrasse du jardin ! Le meurtrier se sert d'un pistolet, d'un mousqueton ou d'un couteau, et tue un ouvrier vêtu d'un tablier... ou un Garde national ! Voilà « l'important ensemble de témoignages contre lesquels, d'après Louis Blanc, ne sauraient prévaloir quelques dépositions » !

La balle légendaire partie du Château sort de la même officine patriotique que le fameux coup de pistolet tiré sur la foule la veille, en face de l'hôtel de la Chancellerie, par M. de Moucheron qui galopait dans l'avenue de Paris. L'invention de cet *unique* coup de feu était d'autant plus géniale que, si on pouvait ne pas y croire, il était par contre impossible d'en démontrer l'impossibilité. De plus il était absolument *nécessaire* pour permettre, sinon de justifier, du moins d'expliquer par l'instinct de la vengeance une agression sans excuse. Loustalot avait fait périr la veille une femme d'un coup de sabre ; pour ne pas demeurer en reste, Lecointre assassina Cardaine. Une paisible ménagère, un Garde national parisien massacrés par les sanguinaires Gardes du corps, quelle aubaine pour la Révolution ! Malheureusement ces cadavres s'étant volatilisés, il fallut se contenter de l'unique dépouille d'un simple ouvrier.

Plus circonspect, le patriote Lecointre se borne à déposer le 11 décembre 1789 « que ce qu'on lui a dit avoir occasionné les premières violences fut un coup de feu, tiré du haut de l'escalier de Marbre *qui a fait sauter le crâne d'un jeune homme qui était au pied* » ainsi Lecointre qui ne pouvait point ne pas savoir à quoi s'en tenir, déclare que L'Héritier fut tué dans l'escalier de Marbre, et n'ose pas rendre les Gardes responsables de sa mort. *L'Observateur* déclare : « Il est faux que les Gardes aient tiré... et il ajoute « avoir reçu des lettres intéressantes, mais qu'il vaut mieux ne pas publier ».

Chacun tenant pour son invention, les patriotes hésitèrent quelque temps avant de se décider à faire périr officiellement L'Héritier, qui avait eu incontestablement le crâne fracassé, par le fer ou par le plomb. *L'Almanach des Patriotes*, rédigé peu de temps après les événements, opine encore pour la version de Richer : « Des Gardes du Roi, arrêtés par le peuple, ayant tenté de s'échapper, poignardèrent ceux qui les détenaient. »

Les adversaires des Gardes du corps comprirent si bien l'insuffisance des témoignages sur lesquels s'appuyaient leurs accusations (« Les détails manquent, des doutes restent », reconnaît lui-même Chabroud), qu'ils envoyèrent, le 12 octobre 1790, Marguerite Berger déposer devant le Comité des Recherches de l'Assemblée. Cette brave citoyenne déclara aux députés chargés d'examiner la Procédure du Châtelet : 1° Avoir entendu certifier par un nommé Le Vasseur, officier de la Prévôté de l'Hôtel (qui avec tous ses camarades s'était caché prudemment), qu'il avait vu un Garde tirer sur le peuple ; 2° Qu'un piqueur des écuries de Versailles, M. de Lorme, lui avait raconté, quatre ou cinq jours avant le 6 Octobre : « Voilà dix nuits que le cheval du Roi ne quitte pas la selle »[1]. Pauvre bête !

Cette déposition résume toute la thèse des partisans de la Révolution : l'expédition contre Versailles était nécessaire pour empêcher le Roi de s'enfuir[2], et les deux Gardes du Roi périrent uniquement parce qu'ils avaient commencé par « donner la mort à un citoyen inoffensif ».

Tous les autres témoins font périr L'Héritier par accident ou n'indiquent pas la cause de son trépas. Quelques-uns le font mourir dans la cour de Marbre. « Un plus hardi, sans doute, témoigna le comte de Saint-Aulaire (allant assez vite et armé d'une massue[3]), s'est avancé jusque dans la cour de Marbre ; ses deux

---

[1] Archives nationales DXXIX[b] 13 (145).

[2] Malheureusement pour cette justification, la fameuse conspiration royaliste n'ayant été découverte que le 9 octobre, pouvait difficilement expliquer à elle seule la journée du 5.

[3] Nous avons ajouté entre parenthèses quelques phrases tirées d'une de ses lettres.

pieds ont glissé en avant, il est tombé en arrière et s'est tué raide (sur la partie saillante de la dernière marche). Alors plusieurs de ces mêmes gens ont accouru en disant : *Ce sont les Gardes qui l'ont tué !* (Dans le vrai, personne n'avait tiré, et, à les entendre, il y aurait eu au moins vingt coups de feu de tirés.) Mais, après l'avoir visité, ils ont reconnu qu'il n'avait aucune trace de coups de feu, et qu'il avait la tête fendue par derrière. Le mort est resté environ une heure en place. » La déposition de Saint-Aulaire, nous l'avons déjà dit, mérite assez peu de confiance : occupé à réveiller Mme de Tourzel pendant que ses hommes matelassaient la porte vitrée avec des lits de sangle,·il ne put pas voir grand'chose.

Deperry, entouré dans la cour de Marbre par un grand nombre de citoyens et de femmes, vit simplement « un homme, vêtu d'une veste courte, autant qu'il se le rappelle, tomber mort à ses côtés d'un coup de feu » (Déposition 315).

« Le peuple, raconte Arnaud, a entraîné M. Deshuttes du côté de la cour de Marbre, et alors je l'ai perdu de vue [1]; j'ai vu un homme tirer un coup de pistolet qui paraissait dirigé du côté que j'avais perdu de vue le sieur Deshuttes et le coup a tué un homme. Aussitôt ils ont couru sur moi en criant : « Ils ont tiré dessus [2]. »

Fournier L'Héritier, surnommé l'Américain, qui

---

[1] Arnaud se trouvait de faction à l'entrée du passage qui conduit dans la cour de la Chapelle, l'angle saillant du Château lui cachait en effet la plus grande partie de la cour de Marbre.

[2] Lettre d'Arnaud un peu plus précise que le compte rendu de sa déposition devant le Châtelet.

avait aidé à désarmer, et par conséquent à massacrer Deshuttes, ne souffle mot de la mort de son homonyme L'Héritier; toutefois il ajoute : « *Il disparut alors* deux de mes volontaires qui m'avaient accompagné jusque-là. »

Laurent vit le cadavre de Deshuttes, assista à la mort de Varicourt, mais ne parle pas de la dépouille de L'Héritier, bien qu'il n'ait quitté la cour de Marbre qu'*après* l'arrivée de la Garde nationale. Prioreau aperçut d'une fenêtre le massacre de Deshuttes, « entendit quelque temps après *six* coups de feu dans l'escalier de Marbre, puis vit un cadavre sous les fenêtres du Roi ».

Un deuxième groupe de témoins place la mort de L'Héritier dans l'escalier de Marbre. « Lorsque le peuple se porta dans l'escalier, raconte Mondollot, un d'eux a été tué d'un coup de feu par ceux qui les suivaient, et on a exposé son cadavre sur le milieu de la dernière marche de l'escalier de la cour de Marbre. Il pouvait être six heures et demie. »

« Le coup de feu tiré sur Du Repaire a tué un des brigands » (La Pivardière). « Au moment où je dégageais Du Repaire, un coup de pistolet, sans doute dirigé contre nous, cassa la tête à un des leurs, ils descendirent aussitôt le cadavre disant que c'était nous qui l'avions tué » (François de Vidault).

« Au moment, déclare Tardivet du Repaire, où j'entrais dans la salle du Roi, j'entendis un coup de pistolet, vraisemblablement dirigé contre moi, et je vis un des particuliers les plus acharnés contre moi renversé à mes pieds. » C'est tout ce qu'il put voir, la porte ayant aussitôt été refermée derrière lui par ses camarades.

« Un particulier, témoigne Morlet, ayant pris sûrement un autre particulier qui montait l'escalier et portait un galon d'argent à son chapeau pour un Garde du corps, tira un coup de fusil du palier d'au-dessus et atteignit un particulier vêtu *d'une veste et d'un tablier* ; qu'alors ce groupe a crié : « Ces gens-là font feu sur nous, n'en laissons échapper aucun ! » (Déposition 386). Grincourt confirme que L'Héritier portait « une veste et un tablier de toile verte à la ceinture [1] ».

Valdony aperçut « une multitude d'hommes et de femmes armés de toutes manières et qui juraient contre les Gardes du corps, s'emparer du sieur Varicourt ; qu'*ensuite*, il a vu une troupe d'hommes et de femmes qui tenait un autre Garde du corps ; qu'un de ceux qui le tenaient a été tué d'un coup de feu près de lui déposant et que *le cadavre a été porté dans la cour de Marbre...* que ce coup était parti d'un endroit où il n'y avait ni Garde du Roi ni personne revêtu d'uniforme [2] ». Valdony était un des deux courageux Suisses qui s'empressèrent d'abandonner la porte de l'escalier de Marbre confiée à leur garde. Sa déposition ne peut rapporter que ce qu'il a entendu dire,

---

[1] Déposition 73. Grincourt déposa également devant le Comité des Recherches.

[2] Déposition 33.

car personne n'aperçut de Suisse participer à la défense de l'escalier, et les fenêtres de leur salle ne donnent pas sur la cour de Marbre ; d'ailleurs il ne nous dit pas, et pour cause, l'endroit où il se trouvait.

Ainsi la plus grande divergence règne entre ces divers témoins au sujet de l'endroit où succomba l'ébéniste.

Prière, Gallemand, Jeanne Lavarenne, Deperry, Arnaud et Saint-Aulaire affirment qu'il fut tué ou se tua dans la cour de Marbre,

D'après la déposition de Vaquier de la Mothe, dont nous parlerons plus loin, un émeutier tomba près de la grille de la cour des Ministres.

Mondollot, Du Repaire, La Pivardière, Vidault, Morlet (et Lecointre) le font périr dans l'escalier de Marbre[1].

Valdony déclare que le cadavre *fut apporté* dans la cour de Marbre. Fournier l'Américain, Laurent et Grincourt, tous trois excellents patriotes, confirment *implicitement* cette affirmation. Le dernier déclare avoir entendu dire par les émeutiers que l'homme venait d'être tué « par l'effet d'un coup de fusil, tiré par les Gardes du Roi *des appartements* ».

Maintenant, si au lieu d'additionner simplement ces divers témoignages on cherche à déterminer leur valeur respective, il convient d'éliminer ceux de La Varenne, de Saint-Aulaire et de Valdony comme

______
[1] De L'Isle déclare avoir entendu tous ses camarades l'affirmer.

éminemment suspects, ceux de Mondollot, de La Pivardière et d'Arnaud pour la raison que leurs auteurs se trouvaient fort mal placés pour bien voir la façon dont mourut le manifestant, celui de Gallemand comme invraisemblable et enfin celui de Deperry comme trop laconique.

Alors, il ne reste plus en faveur de la cour de Marbre que la déposition fort peu précise de Prière pour infirmer celles de Tardivet du Repaire et de Vidault. Ce serait pourtant le cas de répéter avec Chabroud : « le doute reste », si une dernière déposition très nette, la seule émanant d'un témoin à la fois instruit et complètement désintéressé, ne venait résoudre définitivement la question.

« M'étant porté, dit le Dr Gondran, capitaine de la compagnie de Saint-Philippe du Roule, vers le Château, pour réprimer des désordres qu'on lui dit s'y commettre, il fut se ranger en bataille dans la cour de Marbre à droite, sous les fenêtres du Roi, à l'effet de garantir cette partie. *Quelque temps après* qu'il y fut, on entendit le bruit d'une arme à feu, et, peu d'instants après, on apporta le cadavre d'un ouvrier qui avait le crâne emporté. On lui posa la tête sur le haut de l'escalier de Marbre (il s'agit du perron) et les pieds vers le fond de la cour et *conséquemment sous les yeux de toute sa compagnie*. Que peu de temps après, un Garde du corps fut amené par la populace qui lui fit faire le tour de la cour et le conduisit ensuite auprès du cadavre, avec la démonstration de le sacrifier sur le dit cadavre en expiation de l'assassinat de l'ouvrier qu'ils disaient tous avoir été commis par un Garde du corps *qui l'avait tiré du haut de l'escalier de Marbre*. — Souffrirez-vous, s'écria-t-il alors à sa troupe, qu'on commette un assassinat sous vos yeux ? — Tous s'écrièrent que non ; ils sautèrent avec lui sur la bande de brigands, enlevèrent le Garde du corps et le firent passer en sûreté *dans les appartéments du Roi.* »

Il s'agit probablement de Pulieux (d'après Blaire ce serait de L'Isle), puisque Gartry avait été conduit dans le corps de garde des Gardes-françaises. Or Pulieux ne tomba entre les mains des émeutiers qu'*après*[1] l'envahissement de la grande salle des Gardes, longtemps après la mort de Varicourt.

La déclaration très catégorique de Gondran, qui en appelle au *témoignage de ses cinquante volontaires* dont il connaissait les noms, et dans laquelle il est impossible de relever la moindre inexactitude, tranche indubitablement la question. *L'Héritier ne fut pas tué dans la cour de Marbre, son cadavre y fut apporté.*

Ce témoignage décisif gênait fort les patriotes : Lecointre « *égara par mégarde* », déclare-t-il, le rapport détaillé que le docteur lui avait remis *le jour même*. Chabroud falsifie sa déposition en la condensant en trois lignes : « Gondran était à *six heures* du matin dans la cour Royale ; il entendit un coup de feu et l'on apporta un homme mort, que l'on disait avoir été tué par les

___
[1] Voir p. 192.

Gardes. » La vérité est que Gondran, logé avec ses hommes dans l'église des Récollets située près du Grand Commun (aujourd'hui l'hôpital militaire), n'arriva dans la cour de Marbre qu'au moment où la salle des Gardes de la Reine venait d'être envahie.

Un certain nombre de manifestants ayant été blessés assez grièvement, puisqu'on en transporta trois à l'Infirmerie royale, l'un deux a pu s'affaisser dans la cour de Marbre, mais il ne mourut probablement pas plus que le citoyen dont va nous parler un dernier témoin.

Vaquier de la Mothe et d'Aubiac, entourés par une horde de fanatiques sur la place d'Armes, allaient être massacrés quand quelques Gardes nationaux accoururent les délivrer. Les sauveteurs les escortaient au Château « quand plusieurs fois, raconte Vaquier, en traversant la cour des Ministres [1], je fus mis en joue et menacé de recevoir quelques coups de fusil ; mais, en arrivant dans la cour Royale, *un homme, en uniforme de la Garde nationale*, me mit en joue à six pas de distance, guère plus. Le coup partit, mais heureusement que ni les deux grenadiers que je tenais par les bras, ni moi ne furent blessés ; il y eut de ce coup-là un homme de tué sur la gauche. On dit que c'était un Garde qui l'avait tué, mais l'événement avait été trop public pour le cacher ». « Le Garde national qui avait tiré sur lui, confirme d'Agville, fut immé-

---

[1] Ce Garde avait déjà été *tiré*, mais la balle s'aplatit sur l'agrafe de sa bandoulière. « Il faut, monsieur, dit-il à son agresseur, que vous soyez bien maladroit pour me manquer à bout portant. »

diatement arrêté, et ses camarades du bataillon des
Feuillants le désarmèrent et voulurent même le
pendre. » Mais d'Agville confond sans doute Vaquier
et Desmiers[1], et Vaquier a pu très facilement se
tromper sur la gravité de la blessure de l'homme
qu'il vit tomber.

Deux ou trois cadavres auraient évidemment mis
d'accord tous les témoins, et même les historiens!
malheureusement Cardaine, malgré son « assassinat »
revint le jour même triomphalement à Paris après
avoir été faire panser chez M. Duparc son coup de
poignard au bras, et Lecointre, en dépit de minu-
tieuses recherches, ne put découvrir aucune autre
victime *intéressante*.

Malgré l'unanimité même des patriotes, l'inénarrable
Chabroud écrit pourtant dans son rapport : « *Du côté
de la Chapelle* (!) les Gardes du Roi commencent par
donner la mort à *deux*[2] hommes. Il est vrai qu'il
ajoute : « *Les détails nous manquent.* »

Trois manifestants, avons-nous dit, furent transportés en assez piteux état à l'Infirmerie royale. Ils s'ap-
pelaient, d'après la Supérieure, Richet, Lecolier et
Benoît. Un quatrième se fit rapidement panser et
s'empressa de disparaître. Les patriotes montrèrent la
plus noire ingratitude envers ces trois malheureux.

---

[1] Voir 228.

[2] *La Justification des Gardes* prétend qu'un Garde, assailli dans
les bosquets, tua d'un coup de mousqueton un de ses agresseurs;
mais le chevalier de Comeyras fait évidemment allusion au chevalier de L'Isle qui, loin de tirer sur ses agresseurs, finit par obtenir
leur pitié.

Burnout pour avoir servi de prétexte à fusiller Savonnières, Cardaine pour avoir fait massacrer Deshuttes,
L'Héritier pour le service rendu à la chose publique
en attrapant une balle égarée, reçurent seuls les
louanges ou les pleurs dus à leur bravoure ou à leur
infortune.

.Le célèbre coup de feu malheureusement ne four-
nissait qu'une balle, et si on avait parlé d'un feu de
peloton, trop de témoins auraient protesté. L'Héritier
ayant bénéficié de l'unique projectile aristocrate *possible*, restaient *pour le moins* quatre balles (car tous
les blessés n'allèrent pas se faire soigner à la loin-
taine infirmerie de la rue de Bourbon [1], témoin Cardaine), dont la provenance paraissait un peu trop
patriotique.

Les nouvellistes révolutionnaires jugèrent d'autant
moins utile de parler de ces martyrs que plusieurs
des pillards du Château furent sérieusement malmenés par le bataillon des Feuillants, qui, campé à
l'hôtel des Fermes, suivit de près la compagnie du
Dr Gondran et sauva d'Agville, *ou même par
l'escorte de La Fayette !* « J'eus, dit le général dans
ses *Mémoires*, le bonheur de dégager un groupe de
Gardes du corps, et, les ayant confiés au peu de monde
qui m'entourait, je restai environné de furieux dont
un cria aux autres de me tuer. J'ordonnai de le saisir
sans doute d'un ton imposant, car ils le traînèrent
vers moi frappant sa tête contre le pavé. » Eut-il le

Aujourd'hui rue Richaud.

crâne fêlé *comme L'Héritier?* La Fayette ne nous le
dit malheureusement pas.

La seule légende des Journées d'Octobre qui peu à
peu fut rectifiée fut l'exagération évidente du nombre
des morts et des blessés ; pourtant l'abbé de Montgaillard écrira encore en 1827, dans son *Histoire de
la fin du règne de Louis XVI :* « Dix ou douze Gardes
du corps sont tués, mis en pièces » et Michelet
compte sept Gardes du corps et cinq Gardes nationaux ou citoyens massacrés !

Au premier moment, nouvellistes de toutes nuances
semblèrent se donner le mot pour majorer à plaisir
le nombre des victimes. Les uns jugèrent de bonne
politique de faire croire au peuple que d'inoffensives
ménagères venaient d'être massacrées par les « sanguinaires » Gardes du corps, et les autres profitèrent
de l'assassinat de Deshuttes et de Varicourt pour
répandre le bruit d'un carnage des défenseurs du Roi,
dans l'espoir d'effrayer les bourgeois enclins à adopter
les idées nouvelles, en leur montrant tout ce qu'un
pareil déchaînement de la populace pouvait menacer
leur sécurité personnelle.

*Le Journal des États généraux, Les Révolutions de
Paris* (de Tournon), *Les Annales patriotiques et littéraires, Les Nouvelles de Versailles* et la plupart des
autres journaux rivalisèrent d'imagination pour mul-
tiplier le nombre des cadavres : « Il y eut cinq ou
six morts. » « On a enterré dix-sept personnes :
sept Gardes du corps, six Gardes nationaux, une

femme et six citoyens » (ce qui fait vingt!) [1] « Une femme aussi a été tuée, trois grièvement blessées et cinq *démontées* » (?) « Quatre Gardes du corps ont été tués hier. »

D'après l'*Ami du peuple*, « six Gardes ont péri, et deux autres (distinction subtile) ont été massacrés. » Si l'on en croit Barras : « Beaucoup de citoyens, et quelques individus qui se croyaient les défenseurs de la royauté, ont péri dans l'attaque du Château. » Madame Élisabeth écrit le 13 octobre à Mme de Bombelles : « Onze Gardes ont été tués » ; Rivarol affirme que plusieurs Gardes succombèrent à leurs blessures. » *L'Histoire authentique et suivie de la Révolution*, d'ordinaire pourtant beaucoup mieux documentée, parle également du meurtre de dix-sept Gardes du corps, et cite même parmi les morts M. de la Grange-Chancel. Mme de Tourzel fait périr Miomandre de Sainte-Marie, et Montlosier tue Tardivet du Repaire.

Assertions encore plus étranges de la part de deux Gardes du corps, le chevalier de L'Isle déposa devant le Châtelet « avoir entendu dire par ses camarades que M. de la Morinière avait reçu pendant la nuit trois coups de feu dont il était mort quelques heures plus tard », et le chevalier de Fougères, dans *Conduite des Gardes du corps*, affirme qu'un chevalier de Saint-Louis nommé Bailleul fut massacré le 6 au matin.

La précision de ces détails pourrait laisser sup-

---

[1] Nougaret reproduit dans son *Histoire de la guerre civile en France* cette addition fantastique.

poser que Varicourt et Deshuttes ne furent pas les seuls défenseurs du Roi assassinés, si Du Repaire, Miomandre de Sainte-Marie et La Grange-Chancel n'étaient venus tous les trois déposer en personne devant le Châtelet, les 17 et 19 décembre 1789 et le 28 juin 1790 ; le troisième déclara « avoir été sauvé des dangers qu'il a courus par les secours des officiers et soldats du district Saint-Nicolas-des-Champs ». François de Bailleul arriva sain et sauf à Rambouillet ; nous n'avons pu découvrir aucun Garde du nom de la Morinière sur les états conservés au ministère de la Guerre. Un certain Édouard de la Morlière fut nommé lieutenant de gendarmerie lors du licenciement des Gardes, mais de L'Isle doit plutôt faire allusion à Louis de la Merlière de Moucheron assailli dans la soirée par les mégères, qu'il confond avec Desmiers.

Les registres paroissiaux de Saint-Louis de Versailles ne mentionnent d'ailleurs pour la journée du 6 octobre aucun décès suspect en dehors de ceux de Varicourt, de Pagès-Deshuttes et de L'Héritier. Le registre de Notre-Dame présente bien à la date du 8 le chiffre anormal de huit enterrements — alors que la moyenne journalière ne dépasse guère deux — toutefois, il importe de remarquer qu'aucune déclaration ne fut enregistrée le 7, et que dans le nombre indiqué se trouvent celles de quatre enfants en bas âge.

Si quelques Gardes du corps avaient succombé à leurs blessures, il paraît tout à fait impossible d'admettre qu'on soit parvenu à cacher leur mort à tous les nouvellistes ; par contre l'enterrement clandestin de quelque manifestant, *tué par mégarde*, aurait été beaucoup plus facile à dissimuler, car la plupart d'entre eux étaient des ouvriers venus de province ou de l'étranger. S'il y a des émeutes qui se sont faites en promenant des cadavres, pendant la Révolution on en a souvent caché. Fournier l'Américain ne nous apprend-il pas, qu'après la mort de Deshuttes, il disparut (?) deux de ses volontaires.

Chabroud ne semblait pas très bien fixé ; dans son *Rapport de la Procédure du Châtelet* où l'importance de tous les faits révolutionnaires se trouve systématiquement diminuée, il écrira un an plus tard : « Les Gardes du Roi commencèrent par donner la mort à *deux* hommes... *un plus grand nombre* de Gardes périrent. » Est-ce pour compenser l'inexactitude probable de ce chiffre de deux, ou comptait-il parmi les victimes M. de Savonnières mort pourtant, officiellement, d'une fluxion de poitrine ?

CHAPITRE XI

Pendant près de deux heures, l'anarchie la plus complète régna sur la place d'Armes ou dans les rues de Versailles. Partout les Gardes étaient traqués : Dubu d'Hacqueville, Palmarouste, Heurard-Fontgalland, Sainte-Marie d'Aubiac, forcés de quitter leur hôtel, furent assaillis par les bandits, toutefois Desmiers eut seul la malchance d'être blessé grièvement.

Entre les Grandes Écuries et la caserne des Gardes-françaises, le capitaine Doazant « entendit tout près de lui un coup de fusil tiré à sa gauche, et vit un Garde du corps entouré d'une douzaine de grenadiers, qui venait d'être atteint de ce coup de feu ; au même instant, les officiers de l'aile gauche de son bataillon avaient saisi le meurtrier. Quand il arriva, il trouva ledit particulier terrassé par les officiers qui, dans le premier moment de leur indignation, menacèrent de le poignarder. Ledit particulier portait un uniforme de la Garde nationale parisienne et appartenait, lui a-t-on dit, au bataillon Saint-Honoré ». Le caporal Rigonneau déclara que le meurtrier appartenait à la sixième division, et La Barre se vanta d'avoir désarmé l'assassin[1].

D'après ces trois témoins la victime ayant été atteinte dans les reins, il est facile de l'identifier avec le malheureux Desmiers qui reçut dans les côtes une charge de trois chevrotines. Transporté aussitôt à l'hôtel des Suisses, Desmiers, malgré la gravité de sa blessure, finit par se rétablir, « mais les projectiles ne purent jamais être retirés ».

La plupart des autres Gardes en furent quittes pour des contusions plus ou moins sérieuses et la perte de leurs bourses ou de leurs effets. Plusieurs terrassés et piétinés durent la vie à la hâte que mirent leurs bourreaux à les dépouiller, sans s'inquiéter s'ils étaient encore vivants. Les voleurs ne laissèrent à M. de La Chosedie que sa chemise, et lui arrachèrent les cheveux ; Lefèvre de Lukerque, cerné près de l'hôtel des Gardes, avait déjà une corde passée autour du cou quand les Gardes nationaux se décidèrent à intervenir.

Pourtant la foule qui remplissait les cours du Château n'était heureusement pas tout entière composée d'assassins ou de voleurs. Nombre de véritables ménagères criaient : « Sauvez-vous ! Grâce ! Grâce ! » ou « Pas celui-là, il nous a rendu service[2]. » Beaucoup de braves gens, venus en simples spectateurs, parvinrent à empêcher, sans trop se compromettre, le massacre des Gardes en déclarant « que leur sang n'était

---

[1] Dépositions 286, 328 et 363.

[2] Lettres de Moreau, de Gartry, etc.

pas digne de souiller la main des patriotes », ou
« qu'il fallait les traîner à Paris pour les pendre igno-
minieusement en place de Grève ». « Pendant qu'ils
suspendaient leur opération, raconte Vidault, je leur
donnai peu de temps pour réfléchir, car je m'enfuis
au plus vite. »

Quand l'ordre commença à se rétablir sur la place
d'Armes, plusieurs bandes d'émeutiers se répandirent dans Versailles. Vers sept heures et demie,
l'Infirmerie royale fut envahie par une foule de personnes des deux sexes armées de piques et de fusils.
Quatorze Gardes, malades ou blessés, se trouvaient
en traitement, mais deux seulement, trop souffrants,
ne purent se cacher dans le grenier ou escalader le
mur du jardin des religieuses de la Charité. L'un d'eux
était Savonnières, qui venait d'être transporté du Château, où il était soigné dans l'appartement de M. de
Montmorin, à l'Infirmerie, sous prétexte de le mettre
plus en sûreté ! Cette *précaution* bien intempestive
fait peu d'honneur au ministre.

Par sa présence d'esprit et son énergie, la sœur
Favier, aidée du chirurgien Voisin, parvint à sauver
les deux malheureux en les revêtant de loques, et en
les couchant dans la salle des pauvres. Quand quelques forcenés perquisitionnèrent dans les salles, ils ne
purent découvrir les Gardes. Ces bandits ne manquaient pas d'un certain savoir-vivre : « Ils me déclarèrent, raconte la Supérieure, que, si je ne voulais
pas qu'ils les égorgeassent dans les salles, ils les
transporteraient dans la cour ! »

Toutefois, la majorité des manifestants se laissa vite gagner par les bons soins que prodigua la sœur Favier à leurs blessés, et aussi par l'eau-de-vie qu'elle leur distribua abondamment. Elle finit par amadouer si bien les envahisseurs que plusieurs allèrent lui chercher le pain dont elle avait besoin pour ses malades. « Les hommes qui voulaient égorger les Gardes, note la Supérieure, me parurent être dirigés. »[1]

En quittant l'Infirmerie royale, une bande de pillards alla dévaster l'hôtel de Charost; tous les effets des Gardes furent volés et leurs soixante-seize chevaux enlevés. Ce brillant fait d'armes eut lieu peu avant huit heures, un instant après le départ des Gardes-du corps, qui parvinrent à se sauver sans être reconnus, grâce à des déguisements charitablement fournis par les Gardes nationaux parisiens casernés à l'hôtel.

Une heure plus tard, la paix ayant été conclue, Mondollot vint constater les dégâts. « Ces mêmes gens, constate-t-il, qui voulaient auparavant nous massacrer et venaient de piller notre hôtel, nous serraient la main, et les femmes les larmes aux yeux nous embrassaient ! » Bientôt une patrouille de Gardes nationaux lui remit l'oriflamme royale qu'elle venait de reprendre aux émeutiers.

L'hôtel des Gardes de l'avenue de Sceaux fut également pillé de fond en comble et tous les chevaux dérobés sous l'œil indifférent des miliciens du bataillon

---

[1] Déposition 56 et Lettre de la sœur Favier, jointe à celle des Gardes.

des Petits-Pères qui jugèrent suffisant de sauvegarder
la vie des Gardes du corps.

Au Château, l'ordre commença à se rétablir à partir
de l'arrivée du Dr Gondran et de la compagnie du
district Saint-Philippe du Roule. D'après l'*Histoire
authentique et suivie de la Révolution*, ce serait ce
même Gondran qui aurait fait avorter le 30 août précédent le complot de Saint-Huruge en le dénonçant
en temps utile ; pourtant ce fut lui qui porta à l'Hôtel
de Ville la protestation rédigée au Palais Royal.

« Je donnai moi-même, rapporte Gondran, aussitôt
l'ordre à ma troupe pour enlever les pertuisanes des
Gardes qu'une troupe effrénée portait en triomphe ;
ce que je fis avec beaucoup de difficulté, vu la difficulté que je trouvai de la part de cette populace ivre
de ses succès... Peu d'instants après, il vit paraître
aux croisées de la salle des Gardes un grand nombre
de brigands avec la démonstration de jeter tous les
meubles par les fenêtres. Il fit amener sa troupe, et
commanda impérieusement à cette vile populace
d'abandonner son projet sous peine d'être fusillée,
et il les fit mettre en joue. Ils se retirèrent des croisées
et se sauvèrent par les escaliers ; il donna alors l'ordre
à sa troupe de le suivre, et monta l'escalier de
Marbre l'épée à la main, fit rebrousser les pillards qui
emportaient des effets, fit déposer le tout dans la
salle des Gardes du corps et, de suite, s'empara de
toute la police depuis le bas de l'escalier jusqu'à l'Œil-
de-bœuf. »

Une autre compagnie arriva presque en même temps
et acheva de mettre les malandrins en déroute ; elle
était commandée par le capitaine Cadignan et comptait dans ses rangs Hoche et Cathol. Expulsés du
palais, les malandrins s'empressèrent d'aller piller
plusieurs hôtels de la place d'Armes.

Nous avons laissé les Gardes du corps des salles
du Roi et de la Reine et de la salle Dauphine, réunis
au nombre d'environ cinquante dans l'Œil-de-bœuf,
en train de barricader solidement l'entrée donnant
sur l'antichambre du Roi.

Cette porte n'ayant jamais été sérieusement attaquée,
les Gardes commençaient à se rassurer, quand, tout
à coup, ils entendirent heurter violemment les panneaux. Aussitôt MM. d'Aguesseau et de La Tour-
Maubourg s'empressèrent d'aller prévenir le Roi,
firent barricader soigneusement derrière eux la porte
de la chambre de Louis XIV, et naturellement se gardèrent bien de revenir ! Une fois de plus les Gardes
demeurèrent sans officiers entre une porte assiégée
et une autre fermée comme pour leur couper toute
retraite possible. Cette fois ils protestèrent hautement
contre la lâcheté des officiers : leurs récits en font foi !

Heureusement pour eux, les nouveaux arrivants
n'étaient pas des ennemis, mais simplement une compagnie de Gardes nationaux parisiens. « Brusque-
ment, raconte Mondollot, la porte de l'antichambre
fut tellement secouée que notre barricade en chance-
lait ; *M. le Major entra alors chez le Roi ;* à peine y fut-il

entré que les efforts les plus violents furent répétés
pour forcer notre barricade. On chercha à l'affermir,
mais nos Gardes, *indignés d'être ainsi abandonnés
de tout le monde*, voulurent entrer chez le Roi pour le
couvrir, mais *ceux qui étaient en dedans ne voulurent
pas ouvrir...* Enfin personne ne sortant de chez le
Roi pour donner des ordres dans une crise aussi
sérieuse, nos Gardes veulent encore entrer chez le
Roi et se barricader en dedans. Je les contins une
seconde fois et, voyant qu'il fallait tout entreprendre
pour tout arrêter : « Une bonne capitulation, Messieurs, leur dis-je, vaut mieux souvent qu'une bataille
gagnée; laissez-moi faire. — Allez donc, me répondit-on. — Je vole à la porte où je n'étais pas encore
rendu qu'un coup affreux lancé contre un des panneaux du côté du poële le jeta en dedans. Je m'écriai :
— Qui frappe si fort? — Grenadier, me répondit-on,
ouvrez! — Après m'être assuré que c'étaient bien des
grenadiers, je fis signe à mes camarades de me seconder; on retira les banquettes et je tire la dernière;
alors M. de Chevannes ouvre la porte et, sans armes,
s'élance vers les grenadiers en leur disant : — Que
demandez-vous, messieurs? Est-ce notre vie? nous
sommes sans défense et n'en voulons pas même faire,
mais sauvez la famille royale, c'est tout ce que nous
demandons. — L'officier des grenadiers répondit :
—Nous ne sommes pas venus ici pour vous assassiner,
messieurs, mais pour vous sauver de la fureur du
peuple ainsi que pour préserver toute la famille du
Roi... »

Les Gardes parisiens entrèrent alors dans l'OEil-de-bœuf en criant : « *Soyons frères !* » Les uns déclarèrent n'avoir pas oublié que les Gardes du corps leur avaient sauvé la vie à Fontenoy, les autres qu'ils les avaient préservés le 16 juillet d'un grand danger[1], et tous jurèrent d'être leurs compagnons d'armes. Les grenadiers insistèrent ensuite près de leurs nouveaux amis pour qu'ils arborent immédiatement la cocarde nationale. « Je n'en ai pas, leur répondit Mondollot. — En voici ! — et on m'en présenta une. Je la place sur la mienne, mais je m'aperçois de quelque sensation ; l'on me dit : — Croyez-moi, enlevez la vôtre. — Un me propose de la placer, je me laisse faire. Alors tout le monde s'embrassa. »

Pendant cette scène tous les membres de la famille royale arrivaient successivement chez le Roi, escortés par des Gardes nationaux. Monsieur, « paré, poudré, revêtu de toutes ses décorations, semblait fort calme » ; on raconte qu'il venait de répondre à Mounier : « Que voulez-vous, nous sommes en révolution, et on ne fait pas d'omelette sans casser d'œufs ! » Madame Élisabeth arriva seule sous la sauvegarde d'une douzaine de grenadiers ; le bruit ne l'avait pas réveillée, et personne ne s'était occupé d'elle ! « Je dormis, écrit-elle, jusqu'à sept heures et demie, que l'on me

---

[1] L'histoire racontée souvent qu'un Garde du corps était venu prévenir les Gardes-françaises que leur caserne se trouvait minée, est une pure légende ; mais Vaquier de la Mothe, en prenant sur lui de donner, au nom du Roi, l'ordre aux hussards de Bercheny de rentrer immédiatement dans leur caserne, avait certainement évité une bataille entre les Gardes-françaises et les hussards.

dit que le Roi me demandait et que j'allais trouver un détachement de grenadiers pour me conduire. » Necker « portait un bel habit brodé ».

Le duc d'Orléans se présenta un peu plus tard; « il paraissait fort gai bien que personne ne lui adressât la parole ». « Il avait l'air rêveur, écrit Brion, et était adossé à un jambage de porte. Il me demanda si le Roi se déciderait à aller à Paris; je ne répondis pas. »

Malgré les événements, si le service « avait coulé à fond », l'étiquette surnageait encore triomphalement: La Fayette raconte qu'avant de pouvoir pénétrer près du Roi, il dut attendre qu'un gentilhomme de service soit venu lui annoncer cérémonieusement « que le Roi venait de lui accorder les grandes entrées de son cabinet ». D'après le général, Madame Adélaïde, moins protocolaire, se jeta à son cou et l'embrassa. La Fayette passa aussitôt sur le balcon pour haranguer, « avec chaleur et même, dit-il, avec violence, la multitude qui remplissait la cour de Marbre ».

Le Roi parut ensuite, la foule lui fit un accueil assez chaleureux et le salua d'abord des cris répétés de « *Vive le Roi!* »; mais, tout à coup, partirent de nombreux cris de : « *Le Roi à Paris! Le Roi à Paris!* »

Il ne faudrait pas croire que ces exclamations fussent spontanées, Fournier l'Américain reconnaît en avoir été l'instigateur : « Je m'adresse, déclara-t-il, à cinq ou six de ces femmes qui, sous l'enveloppe de poissardes, cachent des qualités morales et surtout un jugement qui les rend capables de toujours bien apprécier un bon avis. Je me mets au niveau de leur intellect et leur dis : — Sacrées B... vous ne voyez pas que La Fayette et le roi vous c... quand ils disent qu'ils vont rentrer dans leur cabinet pour vous donner du pain. Vous n'apercevez pas que c'est pour vous renvoyer et pour vous rendre des fers et la famine. Il faut emmener à Paris toute la sacrée boutique. — Ces paroles ne furent pas plutôt répétées, et je ne les eus pas plutôt fait suivre du geste de porter mon chapeau au bout de mon sabre en criant : « *A Paris ! Le Roi à Paris !* » que cinquante mille voix répétèrent ce cri. »

Le Roi, après un moment d'hésitation, fit un signe d'acquiescement[1] et rentra la mort dans l'âme au bruit des acclamations enthousiastes des Parisiens. Fournier l'Américain, dont le rôle se trouvait ainsi terminé, s'empressa, comme Maillard l'avait fait la veille, de quitter Versailles, pour annoncer la bonne nouvelle à la Municipalité parisienne.

La Reine avait accompagné Louis XVI sur le balcon, tenant par la main ses deux enfants, mais la foule ayant aussitôt hurlé : « *Point d'enfants ! La reine seule ! Point d'enfants !* » Marie-Antoinette les repoussa doucement à l'intérieur et revint, « les lèvres un peu plissées, la tête haute », s'exposer aux sarcasmes de la foule. Son grand calme, malgré une pâleur extrême, son réel air de grandeur imposa subitement le respect à la foule ; peu d'injures vinrent l'insulter, et d'assez

---

[1] D'après certains auteurs il aurait répondu : « Oui, mes amis, j'irai à Paris. C'est à l'amour de mes bons et fidèles sujets que je confie ce que j'ai de plus précieux. »

nombreux cris de « *Vive la Reine !* » furent même lancés.

Elle venait à peine de rentrer quand La Fayette s'approcha d'elle et lui dit : « Madame, quelle est votre intention personnelle? — Je sais ce qui m'attend, me répondit-elle avec magnanimité, mais mon devoir est de mourir aux pieds du Roi et dans les bras de mes enfants. — Eh bien! Madame, venez avec moi sur le balcon. — Quoi, seule sur le balcon? N'avez-vous pas vu les signes terribles qu'ils m'ont faits? — et en effet ils étaient terribles, mais je répondis : — Oui, Madame, allons-y! » Ne parvenant pas à se faire entendre, le général eut un signe « hasardeux mais décisif, il baisa la main de la Reine ». La multitude, frappée de sa démarche, cria : « *Vive le général! Vive la Reine!* ». « La Reine tua l'opinion publique en exposant sa vie[1]. »

Le bruit s'étant immédiatement répandu que les Gardes n'accompagneraient pas le Roi à Paris, ils se prirent à réfléchir qu'ils seraient infailliblement massacrés après le départ de La Fayette, et envoyèrent Mondollot prier les officiers de la Chambre de demander au Roi de s'occuper de leur malheureux sort.

Louis XVI, il faut le reconnaître, ne se fit pas prier, et après avoir chargé La Fayette de haranguer la foule, cria du balcon : « Mes enfants, je vous demande grâce pour mes Gardes du corps. » « Alors, raconte Mon-

---

[1] *Mémoires de La Fayette.*

dollot, le peuple cria : *Vive le Roi! Vive les Gardes du corps. Nous voulons les voir!* Je parus au balcon entre MM. de La Fayette, Necker et le Garde des sceaux. M. de La Fayette me dit de prêter le serment, puis, comme il était impossible de se faire entendre, ajouta :
— Faites comme si vous me parliez et montrez-moi votre cocarde. — C'est ce que je fis ; puis un officier de la Garde m'engagea d'embrasser M. de La Fayette en me disant que cela marquera davantage dans le peuple. Ce qu'ayant entendu, il se jette à mon cou ainsi que ses officiers, ce qui fit une sensation bien vive au peuple. Les Gardes jetèrent leurs chapeaux et leurs bandoulières au peuple en criant : « *Vive la Nation!* » Rentrant dans l'OEil-de-bœuf, on me mit un bonnet de grenadiers, puis sous leur escorte, nous nous rendîmes à notre hôtel[1] au bruit de la mousqueterie et artillerie parisienne en signe de réjouissance et de paix. »

Pendant toute la matinée, le régiment de Flandre ne sortit point de sa caserne.

Vers dix heures, Louis XVI fit prier Mounier par deux députés, le marquis de Blacons et le comte de Serent, de réunir l'Assemblée nationale au Château dans le salon d'Hercule, sans doute pour essayer de rehausser un peu le prestige bien compromis de la royauté, et, peut-être aussi, avec l'espoir secret que

---

[1] Tous les Gardes rendent hommage au désintéressement des Gardes nationaux parisiens, aucun ne voulut recevoir la moindre récompense.

les représentants l'empêcheraient de quitter Versailles.

Mais quand cette proposition fut soumise à l'Assemblée, Mirabeau s'empressa de protester « qu'il était contre la dignité des députés de se rendre chez le Roi ; qu'on ne pouvait délibérer dans son palais, que leurs délibérations seraient suspectes, et qu'il suffisait d'envoyer une députation de trente-six membres ». Un député s'écria même que c'était au Roi à se déranger.

Mirabeau et Target furent chargés par leurs collègues de se rendre au Château pour demander au Roi ses intentions. Les députés revinrent peu après annoncer « que le Roi n'avait point le dessein de venir à l'Assemblée, et avait promis de se rendre à Paris avec sa famille ».

Aussitôt Mirabeau et Barnave firent décréter « que le Roi et l'Assemblée nationale étaient inséparables », et une députation fut désignée pour aller annoncer au Roi cette décision. « Sire, dit à Louis XVI l'abbé d'Eymar, j'ai l'honneur de remettre entre les mains de Votre Majesté le décret par lequel l'Assemblée nationale vient de déclarer unanimement la personne de son Roi inséparable des représentants de la Nation pendant la session actuelle. Elle croit manifester un vœu digne du cœur de Votre Majesté et consolant pour elle dans toutes les circonstances. — Je reçois, répondit le Roi, avec une vive sensibilité les nouveaux témoignages de l'attachement de l'Assemblée. La voix de mon cœur est, vous le savez, de ne jamais me séparer d'elle. Je vais me rendre à Paris avec la Reine et mes enfants. Je donnerai tous les ordres nécessaires pour que l'Assemblée puisse poursuivre ses travaux. »

L'Assemblée décida ensuite qu'une députation de cent membres escorterait le Roi à Paris ; Mounier ayant biffé de la liste le nom de Mirabeau, celui-ci protesta en faisant remarquer que sa présence pourrait servir en cas de besoin à contenir la populace. « Celui qui peut apaiser le peuple, lui répondit le président, peut aussi le déchaîner ! », toutefois il consentit à rajouter le nom du tribun.

Le Roi se mit en route à une heure et demie ; dans sa voiture prirent place la Reine, ses deux enfants, Monsieur, Madame, Madame Élisabeth et Mme de Tourzel. Au moment où s'ébranla le carrosse royal, les Gardes du corps présents tirèrent leurs épées, mais les Gardes nationaux les forcèrent de les remettre immédiatement au fourreau et ne permirent qu'à Mondollot et à deux de ses camarades d'escorter le Roi. La Fayette et d'Estaing, que personne n'avait aperçu pendant toute la matinée, chevauchaient derrière la voiture du Roi, et « cela faisait fort bon effet ».

Qui pourrait décrire le pittoresque sauvage de cette sorte d'expédition qui ressemblait plus à un triomphe romain, où le Roi et ses Gardes figuraient les captifs, qu'à un retour volontaire ! Les miliciens ivres de leur succès déchargeaient sans cesse leurs fusils en l'air ; les poissardes avinées hurlaient à tout propos : « *Les évêques à la lanterne !* » Les patriotes s'époumonnaient à crier : « *Vive la Nation !* » Les ménagères répétaient avec conviction : « Nous n'allons plus manquer de pain, nous ramenons le boulanger, la boulangère et le petit mitron » ; la racaille menaçait toujours les Gardes du corps. Les porteurs de têtes étaient partis en avant, mais le grand Nicolas paradait avec sa hache encore ensanglantée.

« Ensuite, raconte Rivarol[1], parurent les poissardes ivres de fureur tenant des branches d'arbres ornées de rubans (arrachés, dit Mounier, aux députés ou sur les coiffures des dames de Versailles), assises à califourchon sur les canons, montées sur les chevaux des Gardes et coiffées de leurs chapeaux. Les unes étaient en cuirasse devant et derrière, et les autres étaient armées de sabres et de fusils. » « De longues branches, assure Bailly, produisaient un effet *très pittoresque* parmi les fusils et les piques. »

Les voitures des députés et soixante charrettes de blé, symbole du retour de l'abondance à Paris, terminaient le cortège. Pour les remplir, les Gardes nationaux avaient vidé tous les magasins de la cité royale et le surlendemain les habitants de Versailles se trouvèrent sans Roi, ni pain.

Les Gardes furent copieusement injuriés tout le long de la route, et même souvent menacés ; la foule désarma d'Arbonneau en lui disant : « Quand on est prisonnier on n'a pas d'armes », et M. de Pouy fut à

---

[1] *Journal politique national.*

deux reprises couché en joue. On les forçait de crier sans interruption : « *Vive la Nation !* ». « Comme j'étais trop fatigué, raconte le chevalier de L'Isle, je fis monter un homme de mon pays en croupe derrière moi, et ce fut lui qui cria tout le temps à ma place : « Vive la Nation ! »[1]. Sur sa demande, un Garde national voulut bien lui prêter sa baïonnette pour lui permettre d'entrer en armes à Paris.

Quelques députés furent également houspillés : M. de Cocherel, député de Saint-Domingue, pris pour Petit-Moineau — autrement dit Virieu — allait être arraché de son carrosse et sans doute fort malmené quand M. de Gouy d'Arcy, l'ami des citoyennes, « reconnu aussitôt, disent les *Suites des nouvelles de Versailles*, pour un bon député », parvint à le délivrer en certifiant sa véritable identité.

« Le vaisseau de l'État va s'avancer plus rapidement vers le port », s'était écrié le matin Mirabeau, certainement cette métaphore ne s'appliqua guère au carrosse du Roi, car le véhicule mit près de sept heures pour se rendre de Versailles à l'Hôtel de Ville !

Le cortège atteignit à six heures du soir la barrière de la Conférence où l'attendaient les représentants de la Municipalité parisienne. Bailly, en sa qualité de maire, harangua le Roi : « C'est un beau jour, dit-il, que celui où Votre Majesté vient dans sa capitale avec son auguste épouse... Le Roi sera puissant par

---

[1] « Vive le Roi ! » d'après un mémoire de lui rédigé en... 1814 (*Revue historique du Vivarais*). De Lisle fit partie de l'armée de Condé.

son peuple, et le peuple heureux par son Roi. »
« C'est toujours, répondit Louis XVI, avec plaisir et
confiance que je me vois au milieu des habitants de
ma bonne ville de Paris. »

Une foule énorme encombrait les berges de la
Seine, tout le long de la terrasse du Bord de l'Eau ;
Marie-Antoinette, très fatiguée et peu soucieuse de
traverser parcille cohue, demanda à La Fayette s'il
était bien nécessaire qu'elle accompagnât le Roi à
l'Hôtel de Ville. Le général alla consulter Moreau de
Saint-Méry, président de l'Assemblée municipale[1].
« J'espère, lui répondit ce dernier, que la Reine
reviendra de l'Hôtel de Ville, mais je doute qu'elle
puisse arriver seule aux Tuileries. »

Les voitures se remirent en marche, mais la curiosité des badauds à voir la famille royale devint si
importune que les carrosses mirent près de deux
heures pour atteindre la place de Grève. « Le Roi,
note Bailly, avait l'air calme et serein, la Reine
affectait l'assurance, mais on distinguait sur son
visage la trace d'un chagrin profond. » La Fayette
constate modestement qu'il fut couvert d'acclamations
« par la foule élégamment vêtue qui débordait la terrasse des Tuileries ».

Bailly, en répétant aux membres de la Municipalité
la réponse du Roi à son adresse de bienvenue, oublia le
mot confiance, aussitôt la Reine le lui fit remarquer.
« Messieurs, reprit-il alors, vous êtes plus heureux que

---

[1] Le célèbre pamphlet, *Les Chevaux du Manège*, l'appelle le Rhi-
nocéros.

si je vous l'avais dit moi-même. » Moreau de Saint-Méry prit ensuite la parole et complimenta le Roi de « sa venue qui favorisait ceux de ses sujets qui l'aimaient le plus ».

Le Roi et la Reine se montrèrent ensuite au balcon, alors le peuple les acclama; puis la famille royale prit le chemin des Tuileries où elle finit par arriver sans incident à dix heures du soir. Le palais était lugubre avec ses grandes salles démeublées, éclairées simplement par les torches des Gardes nationaux. « Que c'est vilain ici! » s'écria le Dauphin.

Ainsi finit *ce beau jour*, pour employer l'heureuse expression de Bailly.

L'invasion du Château porta un coup terrible à la popularité de La Fayette : blessé dans son immense amour-propre, et n'osant trop s'en prendre aux pamphlétaires révolutionnaires, le Commandant de la Garde nationale se vengea sur le duc d'Orléans. D'après les conseils du général, Louis XVI se débarrassa de son *fâcheux cousin* (le mot est de Madame Adélaïde) en lui confiant l'ironique mission d'aller à Londres « rechercher jusqu'à quel point le cabinet de Londres avait cherché à fomenter les troubles ».

Mirabeau employa tous ses efforts pour empêcher le prince de partir; mais trop heureux de s'en tirer à si bon compte, d'Orléans adressa au Roi une lettre d'une platitude remarquable dont voici le début : « Daignez agréer mes sincères et très respectueux remerciements pour la mission particulière dont

Votre Majesté a bien voulu me charger..., etc. »

Furieux d'avoir été si complètement *lâché*, Mirabeau apprécia de suite à sa juste valeur le courage de son compère et s'écria, quand il apprit le 15 octobre la *fuite* du duc d'Orléans : « Il est lâche comme un laquais ! Ce n'est qu'un J... F... qui ne mérite pas la peine qu'on s'est donnée pour lui »[1].

[1] « D'Orléans a bien, à l'aide de son conseil, les talents d'un grand intrigant, mais n'en a ni la fermeté, ni la bravoure. » (*Ce que c'est que l'histoire du Châtelet.*)

CHAPITRE XII

LES « BONNES CITOYENNES DU 8 OCTOBRE »

Une centaine de citoyennes, satisfaites d'avoir obtenu du Roi des ordres formels pour faire venir du blé de Senlis et de Lagny — ou impatientes d'annoncer aux Parisiens le succès de leurs démarches — s'empressèrent de rentrer à Paris dès le lundi soir. Les unes, comme Louison Chabry, revinrent dans les voitures mises par la Cour à leur disposition, les autres au moyen de « chaises ou de carrosses » qu'elles réquisitionnèrent en menaçant le receveur Roudier « de mettre le feu à l'hôtel des Messageries si on ne les servait pas promptement »[1].

Les premiers renseignements relatifs à l'expédition des Amazones arrivèrent à l'Hôtel de Ville, vers huit heures, apportés « par une femme du peuple qui annonça que ses compagnes n'avaient rencontré aucune résistance, et qu'elles avaient maltraité deux ou trois particuliers portant des cocardes noires »[2].

Un peu plus tard, « une courrière femelle » fit à

---

[1] Déposition 249. La Compagnie réclama à l'Assemblée nationale une indemnité de 210 livres pour les seize chaises à deux places et les onze carrosses à quatre places qu'elle avait été obligée de fournir (*Versailles Illustré,* avril 1903).

[2] Déposition de Molieue (11).

la Commune ce pittoresque récit : « Lorsque nous
sommes arrivées aux Champs-Élysées, nous avons
rencontré quatre hommes à cheval *qui nous ont paru
déguisés*. L'un d'eux avait à ses oreilles de très grands
anneaux d'or ; son chapeau était rond et cachait ses
cheveux relevés en tresse ; il portait la cocarde noire.
Nous lui avons demandé d'où il venait ; il a répondu
qu'il était domestique, qu'il allait où son maître l'en-
voyait, et que son maître lui avait ordonné de porter
une telle cocarde.

« Ensuite, elle a raconté, d'une façon assez confuse,
que la troupe s'était portée vers le Pont-Tournant,
qu'elle avait éprouvé de la résistance de la part d'un
Suisse et qu'on l'avait pendu. La troupe a continué
sa marche jusqu'à Sèvres où elle a appris que le Roi
était à la chasse dans les environs. « Eh bien ! a dit
la courrière, nous ne voulons pas lui faire de mal,
mais lui demander du pain. » Elle assure avoir parlé
à Sa Majesté, et que le Roi a répondu qu'on le trou-
verait au Château. La troupe s'y est transportée ;
chemin faisant, elle a rencontré l'homme aux boucles
d'oreilles, qui, sur de nouvelles questions, a persisté
à se dire domestique. Il paraît que sa réponse n'a
point satisfait la questionneuse, car il a été accroché
à une grille. *La même femme s'est emparée de son
cheval, et s'est rendue à la tête de la milice de Versailles.* L'accueil des habitants lui a été plus favorable
qu'elle ne s'y était attendue ; le peuple s'est rangé
sur deux files et l'a laissée passer. Effrayée de l'aspect
de quelques canons, elle s'est retirée, non sans avoir

sommé les Gardes du corps et les dragons de quitter la cocarde noire ! En allant à Versailles elle avait rencontré trois courriers et déchiré les papiers dont ils étaient porteurs.

« Ce récit est d'après celui fait hier au soir à huit heures et demie à l'Hôtel de Ville. Nous avons essayé d'imiter le désordre que la messagère a mis dans sa narration pour approcher le plus possible de la vérité. Elle a sollicité les applaudissements de l'Assemblée qui ne les lui a pas refusés, et a demandé du renfort en disant *qu'elle retournait à Versailles.* [1] »

Vers deux heures du matin [2] arrivèrent à l'Hôtel de Ville un petit groupe de femmes. « La nommée Louison- Chabry, l'une d'elles [3], a annoncé qu'elle avait parlé au Roi, que s'étant jetée aux genoux de Sa Majesté, et lui ayant demandé la permission de lui baiser la main, Sa Majesté avait eu la bonté de la relever et de l'embrasser. Que le Roi avait assuré qu'il allait donner des ordres pour faire venir des grains et pour que le pain soit abondant. » Brousse des Faucherets complète ainsi le récit de la bouquetière : « Elle a ajouté qu'après avoir obtenu de l'Assemblée nationale différents décrets sur les grains, elle avait obtenu une audience particulière du Roi qui, ayant sanctionné les dits décrets, l'avait embrassée ; que ces décrets avaient été remis à

---

[1] *Journal de la Ville*, 6 octobre.

[2] Toutes les heures indiquées demeurent fort approximatives : ainsi certains témoignages placent l'arrivée de Chabry avant minuit et d'autres après quatre heures.

[3] *Actes de la Commune de Paris.*

d'autres femmes qui, conduites par le sieur Maillard, allaient arriver dans les voitures de la Cour, auxquelles on avait ordonné de les ramener à Paris. »

Effectivement, une heure plus tard, on vit débarquer deux ou trois douzaines de citoyennes suivies de Maillard qui s'empressa de remettre à Bailly les ordonnances dont il était porteur (C'est à dire l'ordre du Roi, accompagné de la lettre adressée à Mounier par Louis XVI, et la copie de divers décrets relatifs aux subsistances pris par l'Assemblée nationale les 29 août, 18 septembre et 5 octobre). Le général des Amazones offrit ensuite à la Commune l'épée du malheureux Suisse des Tuileries, mais le maire s'empressa de refuser ce trophée fort peu glorieux en assurant le donateur « que cette arme était on ne peut mieux entre ses mains ». C'est ainsi que la Commune, d'après Maillard, le gratifia d'une *épée d'honneur !*

« Toutes ces femmes, continue l'avocat Brousse des Faucherets, épuisées de fatigue et de faim, ayant demandé des aliments, on rassembla tout ce qu'on put se procurer de viande, de pain (et de riz), et on leur servit, dans la salle attenant à celle de l'Assemblée, un souper qu'elles partagèrent entre elles. Il a vu ces femmes, dans l'ivresse de leur joie, se livrer aux propos les plus scandaleux ; que, s'étant approché, il a entendu l'une d'elles dire : « Ah ! cette petite Antoi-« nette, si nous l'avions attrapée, nous l'aurions fait « danser comme il faut » et, sur l'étonnement que lui, déposant, témoigna d'un pareil discours, elle ajouta : « C'est bien ce qu'elle méritait, car elle seule est la cause de tous les maux que nous souffrons… »

« Mon fils soupait avec sa troupe à l'Hôtel de Ville, écrit le Marquis de Vergennes [1] le 6 octobre, quand les harengères arrivèrent raconter leur ambassade, la nommée Chably à la tête ; il l'a embrassée ainsi que plusieurs autres, les a fait mettre à table avec eux et boire tant qu'elles ont voulu. Ensuite il a fait reconduire chez elle sous bonne escorte cette Chably que les autres jalousaient d'avoir été embrassée par le Roi, et, dans la chaleur du vin, voulaient pendre. »

Cette petite fête dura jusqu'à six heures du matin ; elle se serait peut-être encore prolongée si « M. Bailly n'avait pas engagé ces femmes à se retirer ». Douze admiratrices de Maillard lui firent une escorte d'honneur jusqu'à son domicile de la rue de Grenelle Saint-Honoré. Dès huit heures, elle revinrent le chercher « et le forcèrent à marcher avec elles pour aller au-devant de la Garde nationale, et présenter à M. le marquis de La Fayette une branche de laurier [2] ».

Enhardies par leurs succès, les poissardes essayèrent pendant plusieurs jours de renouveler leurs exploits. Le 7, elles déclarent se charger de la surveillance de la Halle au blé, et, sous prétexte de vérification, défoncent trois cents tonneaux dont elles pillent ou

---

[1] *Lettres d'Aristocrates*, publiées par M. de Vaissière (p. 95). A noter que M. de Vergennes se réjouit de ce que son fils, capitaine de la Garde nationale du district Saint-Magloire, « va avoir l'honneur, à son tour, de monter avec sa compagnie et de recevoir l'ordre comme les feus capitaines aux Gardes. »

[2] Déposition de Maillard (84).

gâchent le contenu. « La moitié de ces barriques, remarque l'*Histoire authentique et suivie de la Révolution*, étaient de bonne qualité, et le reste aurait été bien précieux pour les amidonniers, qui, depuis longtemps, ne pouvaient plus se procurer de farine. » Le chevalier de Beaulieu eut beaucoup de peine à faire évacuer les halles.

Les Amazones ne se contentèrent pas de ce haut fait et émirent la prétention de faire elles-mêmes la police de la ville. « Des femmes, disent *Les Révolutions de Paris*, se sont emparées d'un corps de garde vis-à-vis Saint-Laurent, dans le district des Récollets, et y montèrent la garde le jour et la nuit; il appartenait au guet à pied de Paris. » « Les dames de Paris, qui ont si bien mérité de la Patrie, opine l'auteur du *Voyage de Versailles à Paris*, sont dignes de garder elles-mêmes la capitale. »

Ces guerrières chantaient sans doute :

Quoique j'soyons une femme, oh ! j'sentions dans not'cœur
Que je pouvions, comme un homme, avoir tautant d'valeur.
Quand d'sous le brav' La Fayette, on z'est sur des lauriers
Hommes, femmes, enfants, tous veulent être guerriers [1] !

D'autres, n'ayant plus pour s'agiter le prétexte de réclamer du pain, pensèrent à leur toilette quelque peu négligée et se mirent à réquisitionner dans les magasins tous les rubans plus ou moins patriotiques qu'elles purent trouver ; elles firent, dit un de leurs admirateurs, des quêtes qui « malheureusement les

[1] *La Gazette des Halles.*

avilirent [1] ». « Une fois chargées de rubans, ajoute la *Chronique de Paris*, elles arrêtèrent tous les fiacres et leur défendirent de conduire, sous prétexte de l'abolition des privilèges exclusifs. »

« Ces excès [2] ont décidé les dames de la Halle à faire des patrouilles pour arrêter certaines femmes qui entrent dans les maisons sous prétexte de demander la récompense de leur bravoure à Versailles, et qui prennent sans façon ce qu'on ne veut pas leur donner. » La bibliothèque de la ville de Paris possède un arrêté imprimé du Comité de police, daté du 7 octobre, remerciant Agnès Fleuri, marchande de marée au marché Saint-Paul et Rosalie Regnault, marchande de marée à la place Royale, « d'avoir eu le courage d'arrêter des femmes qui osaient se faire donner de l'argent par les marchands et les particuliers chez lesquels elles se présentaient, et de les avoir conduites au Comité de police où ces braves et honnêtes femmes ont déposé cet argent pour être remis au curé de Saint-Paul et donné aux pauvres ».

Pendant que ces menus événements se passaient dans les rues, d'autres manifestations se déroulaient autour des Tuileries. Le mercredi, Louis XVI et Marie-Antoinette reçurent une députation de quelques dames de la Halle qui venait protester de leur dévouement, obtenir l'assurance que la Cour resterait à Paris, demander le retour des Princes, réclamer le

[1] *Le Patriote français* et *Les Héroïnes du 5 Octobre.*
[2] *Suite des Nouvelles de Versailles*, 8 octobre.

pain à 8 sols les quatre livres et la viande à 8 sols, enfin solliciter la restitution des effets d'habillement engagés au Mont-de-Piété.

Leur porte-parole fut encore Louison Chabry, l'oratrice des Parisiennes à Versailles. « Elle s'en acquitta fort bien, dit *Le Tout sur les Événements de Paris et de Versailles*, et, comme dans son langage poissard, il lui échappa des réflexions un peu relevées, on ne douta pas qu'elle fût une demoiselle déguisée. Elle était fort jolie, et le Roi l'embrassa. » Malheureusement pour la vraisemblance de cette supposition, Chabry déclara devant le Châtelet ne point savoir signer. Il paraît que les mégères, qui avaient d'abord cherché à la pendre sur la place d'Armes et ensuite à l'Hôtel de Ville, recommencèrent à la houspiller, puisque Moreau, président du district de l'Oratoire, reçut le lendemain l'ordre de protéger la pauvre bouquetière « contre les entreprises et les insultes des femmes qui lui en voulaient ».

Le Roi répondit à l'oratrice : « Oui, mes enfants, nous resterons parmi vous tant que vous le désirerez et que vous trouverez que votre bonheur y est attaché[1] », et la Reine aurait plus ou moins promis de faire rendre gratuitement par le Mont-de-Piété tous les vêtements engagés. Cette promesse généreuse était malheureusement fort imprudente, car la restitution des 200.000 effets mis en gage aurait, pour le moins, coûté trois millions.

---

[1] *Les Révolutions de Paris et de Versailles.*

Le 9 octobre, jour de la Saint-Denis, était, à cette époque, une grande fête ; aussi, dès le matin, une multitude de femmes se porta dans le Jardin des Tuileries où six bureaux avaient été installés pour délivrer les mandats nécessaires. La cohue devint bientôt telle qu'il fallut fermer les guichets et renvoyer les intéressées s'adresser à partir du 15 suivant à leurs sections. Ce contre-temps, joint au désappointement provoqué par la nouvelle que le Mont-de-Piété ne rendrait gratuitement que le linge et les effets d'hiver — engagés, avant le 30 septembre, pour une somme inférieure à vingt-quatre livres — provoqua un tumulte considérable. L'annonce que le Roi prendrait sur sa cassette particulière les deux cent mille livres nécessaires pour cette opération parvint d'autant moins à calmer la foule que les agitateurs professionnels s'empressèrent de profiter de l'incident.

Le peuple n'avait point attendu ce prétexte pour prendre l'habitude d'envahir à toute heure la terrasse des Tuileries et de traiter la famille royale « comme des marionnettes, applaudissant le Roi et la Reine quand ils se montraient, les sifflant quand ils se retiraient ». [1] « Pendant huit jours, confirme Rivarol, Leurs Majestés restèrent *exposés* aux fenêtres des Tuileries, le peuple voulant contrôler le *miracle* de leur présence », et, quand Louis XVI se promenait dans le Jardin, parfois la foule criait des terrasses : « Tiens, voilà le Roi lâché ! [2] »

[1] *Histoire authentique et suivie de la Révolution.*
[2] *Histoire de la conspiration de Philippe d'Orléans.*

La première aubade de ce genre commença à dix heures du matin le lendemain même du retour de la famille royale. Marie-Antoinette, qui la veille n'avait pas eu un moment de repos de six heures du matin à plus de minuit, dormait encore. Pour faire cesser le charivari, Madame Élisabeth dut paraître au balcon et demander à la populace « de vouloir bien donner à la Reine le temps de passer un déshabillé ». Quatre minutes après, suivant *Les Nouvelles de Versailles*, Marie-Antoinette se montra et dit à la foule : « Je veux être votre bonne mère et vous faire autant de bien qu'on vous a dit de mal de moi. » Le peu suspect *Fouet national* confirme la scène : « Peu de temps après, la Reine a paru au balcon ; comme son chapeau lui couvrait une partie de la figure, on l'a priée de le lever parce qu'on ne la voyait pas ; alors la foule a applaudi. (O Peuple que tu es bon ! Tu aurais dû crier : A bas l'Autrichienne !)[1] »

Les applaudissements ne furent pourtant pas unanimes, et M^mo Campan entendit répondre aux bonnes paroles de la Reine : « Oui ! Oui ! Mais au 14 Juillet, vous vouliez assiéger la ville et la faire bombarder, et le 6 Octobre, vous désiriez vous enfuir aux frontières ! » Une femme prit ensuite la parole en allemand, mais la Reine ne tomba pas dans le piège et interrompit l'oratrice en lui disant qu'elle avait oublié cette langue. Les Parisiennes demandèrent encore à Marie-Antoinette de leur donner les fleurs et

---

[1] Le citoyen Gonchon, en des termes émus, décrivit « cette scène attendrissante ».

les rubans de son chapeau, et la Reine s'étant empressée
de les jeter, la foule finalement acclama chaleureusement la souveraine. L'attendrissement gagna même
si bien tous les cœurs que citoyens et citoyennes se
livrèrent à des accolades fraternelles qui permirent à
quelques filous de rafler les porte-monnaie de leurs
voisines.

Les dames de la Halle crièrent ensuite au Garde
du corps La Roque de descendre sur la terrasse avec
ses camarades. « Alors, dit-il, elles nous embrassèrent puis nous conduisirent au Palais Royal ; là nous
fûmes promenés dans la rue Saint-Honoré et autres,
toujours agréablement embrassés. »

Un peu plus tard, « les femmes du Palais Royal,
raconte la *Chronique de Paris*, sont également venues
réclamer la grâce de certains hommes à qui elles
seules peuvent s'intéresser, mais les spectatrices ont
formé la chaîne et les ont exclues des cours ». D'après
le *Fouet national*, ces citoyennes demandaient simplement la mise en liberté des détenus pour dettes de
mois de nourrice (?).

Le *Journal de la Ville* du 8 octobre déclare : « Nous
apprenons que, sur les cinq heures du soir, les dames
de la Halle sont venues demander la grâce de tous
les prisonniers non malfaiteurs et de tous les déser-
teurs. » Il ajoute que le prince de Luxembourg se
serait alors avancé et aurait en échange demandé à
la foule le pardon des princes émigrés. « Ce qui lui
fut accordé, à l'exception du prince de Lambesc. »

Ces scènes tumultueuses, qui discréditaient leur

sexe et ruinaient le commerce en effrayant les gens riches, déplurent aux Parisiennes patriotes et aux marchandes authentiques des Halles. Le 8 octobre, un groupe de ménagères du district Saint-Nicolas-des-Champs vint à l'Hôtel de Ville en même temps que quelques vendeuses des marchés Saint-Paul et Saint-Martin-des-Champs, répudier toute solidarité avec les émeutiers des 5, 6 et 7 octobre, et « pour représenter que non seulement elles n'ont point eu de part à ce qui s'est passé dans la journée d'hier à la Halle aux farines, mais encore qu'elles le désapprouvent ainsi que les projets qu'on avait formés contre l'École militaire, les prisons de l'Abbaye Saint-Germain et le Mont-de-Piété ; qu'elles dévouent à la justice publique des femmes qui n'ont d'autre qualité que celle de femmes du monde[1] et prostituées à des personnes qui, comme elles, ne veulent que troubler le repos et la tranquillité publique... Femmes Lardin, Stoude, Gosselin, etc... Après avoir signé, elles ont déclaré qu'elles n'avaient pas demandé l'élargissement des prisonniers, qu'elles désapprouvaient la manière indécente dont ces mêmes femmes s'étaient présentées chez le Roi et la Reine, etc[2]. »

Quelques instants plus tard la Commune reçut une délégation de vingt-trois dames de la Halle, presque toutes vendeuses de marée « qui supplièrent également MM. les Représentants de punir ou faire

[1] On nommait alors souvent les courtisanes « femmes du monde », par une antiphrase singulière.

[2] *Actes de la Commune*, t. II, p. 214.

punir suivant la rigueur des lois tous les motionnaires, faiseurs et distributeurs des libelles dont le public est inondé, et qui ne font qu'exciter le trouble et la fermentation publique, et qui n'ont pour but que la publicité la plus condamnable, et que les lois devraient réprimer avec la plus grande énergie ». Le Comité de police décida sur-le-champ que cette protestation serait imprimée à mille exemplaires et affichée partout où besoin serait[1].

« Lecture faite des arrêts ci-dessus, M. le maire leur a témoigné combien l'Assemblée était touchée des sentiments patriotiques dont elles étaient animées, et qu'elles ne pouvaient douter que l'Assemblée n'applaudît à la générosité de leur conduite, qu'elle les reconnaissait avec plaisir pour *Bonnes Citoyennes,* et les encourageait à s'unir à elle pour faire rentrer dans le devoir celles de leurs camarades qui seraient tentées de s'en écarter ; que ce serait un moyen de se concilier de plus en plus l'estime et la bienveillance dont on était déjà pénétré pour elles. » Bailly distribua des cocardes aux déléguées puis leur donna l'accolade ; « en les embrassant, il avait les larmes aux yeux. On a applaudi avec transport ce qu'elles ont dit contre l'indécence de ces scènes dégoûtantes auxquelles elles protestent de n'avoir pris part »[2].

Les dames de la Halle, baptisées de *Bonnes Citoyennes* par le maire de Paris, adoptèrent immé-

[1] Carnavalet. 10,073 (4°).
[2] *La Chronique de Paris.*

diatement ce surnom. Le lendemain, elles vinrent réclamer à la Commune la médaille qu'un Représentant avait la veille proposé de faire frapper en leur honneur : mais l'Assemblée se borna à répondre qu'elle s'occuperait incessamment de la question. Peu satisfaites de cette réponse dilatoire, les dames de la Halle revinrent le 11 octobre à l'Hôtel de Ville : « Avant de les recevoir, on discuta si la médaille proposée leur serait accordée, et même si l'on ferait graver leurs noms sur une table d'airain placée à l'Hôtel de Ville. Ces dames furent alors admises, et réclamèrent la médaille qui avait été votée, offrant de la faire frapper à leurs frais. Le maire répondit qu'aucun engagement n'avait été pris, mais que l'Assemblée allait en délibérer. »

La députation s'étant retirée, la question fut de nouveau débattue, et l'on prit un arrêté portant que, sur la demande de dix dames de la Halle, et en considération de leur conduite et de leurs bonnes intentions, « il serait frappé aux frais de la ville de Paris une médaille d'argent qui serait distribuée par le maire à ces dix dames et à deux autres dames, marchandes de marée, toutes nominativement désignées. On leur fit aussitôt part de la décision de l'Assemblée ».

Ces médailles d'argent sont octogonales et munies d'une bélière ; Bailly les distribua le 21 novembre. Elles portent d'un côté cette légende : « *Aux Bonnes Citoyennes. Donnée par la Commune de Paris le 8 octobre* 1789 ; et de l'autre les armes de la capitale.

Le même jour, les dames du faubourg Saint-Antoine demandèrent l'autorisation de porter également cette médaille.

Pendant huit mois la Commune continua à accorder quelques-uns de ces insignes, mais toujours avec parcimonie, et le nombre des titulaires ne dut pas être considérable [1].

Le 28 janvier 1790, en distribuant une médaille, Bailly fit à la Bonne Citoyenne ce petit discours : «... Cette empreinte vous rappellera sans cesse les devoirs que ce titre vous impose... Entourée de votre famille, lorsque la vieillesse glacera vos sens sans refroidir votre cœur, vous leur montrerez cette médaille précieuse et vous leur direz : « Voilà le prix dont votre mère a été honorée : c'est, avec ses exemples, le seul trésor qu'elle vous laisse : mais elle ne vous plaint pas, vous vivrez chez un peuple où, sans distinction de rang, on couronne la vertu! » Une médaille de Bonne Citoyenne, probablement la dernière, fut remise le 31 juillet 1790.

Ce groupe de femmes pacifiques fit célébrer le 11 octobre 1789 un *Te Deum* solennel dans l'église des Petits-Pères en présence de la princesse de Lamballe et des ducs de Penthièvre et de Chartres. Louison Chabry quêta encore à cette cérémonie [2], puis on n'entendit plus parler d'elle.

Le 15 octobre, les marchandes des Halles demandèrent aux comédiens du théâtre de Monsieur de

[1] Hennin. *Histoire numismatique de la Révolution française.*
[2] *Révolutions de Versailles et de Paris.*

jouer *Le Souper d'Henri IV*. L'Envoyé de Saxe raconte qu'avant le lever du rideau, elles envoyèrent une députation prier le Roi et la Reine de vouloir bien honorer le spectacle de leur présence. Mais Louis XVI leur répondit qu'il se trouvait en affaires au Conseil et que la Reine était à son jeu.

On chantait alors aux Halles :

> Not Roi z'est un bon citoyen (*bis*)
> Qui n'dsire que notre bien (*bis*)
> Va ! Va ! laissons-le faire,
> Les méchants y f'ra bientôt taire... [1]

Pareil au baromètre qui monte et descend en temps d'orage, le civisme des dames de la Halle a toujours indiqué les fluctuations du véritable sentiment populaire. Pendant tout le cours de la Révolution, le commerce marchait trop mal pour qu'elles se soient jamais montrées longtemps d'ardentes républicaines. Elles dénonçaient surtout comme suspects les mauvais payeurs tels que le baron Lapallu « parce qu'il leur doit à toutes de l'argent »[2], et un aristocrate raccourci était pour elles un client de moins. Au mois de septembre 1793, elles refusèrent de porter le bonnet rouge[3], et même d'attacher à leur bonnet la cocarde patriotique... tout comme les nobles spectatrices du banquet des Gardes du corps ; le 29 septembre, la Convention dut prescrire à

---

[1] *La Gazette des Halles.*

[2] Archives nationales, BB³, 72.

[3] Voir notre *Histoire des Clubs de femmes et des légions d'Amazones.*

toutes les femmes, sous peine de huit jours de prison, d'arborer un ruban aux trois couleurs !

Pendant près de trois ans, les Parisiennes eurent le bon sens de faire peu parler d'elles. Elles comprirent sans doute la sagesse des conseils que leur prodigua le 19 octobre 1789 le marquis de Sillery à la tribune de l'Assemblée nationale : « Que les braves citoyennes de Paris restent en paix dans leurs foyers ! Qu'elles se livrent aux soins intéressants de leur ménage et de l'éducation de leurs enfants... »

Le 10 août 1792 et surtout en 1793, de la chute des Girondins à l'exécution de la Reine, les mégères se rattrapèrent ! Tant que les Montagnards eurent besoin de leurs concours dans la rue, ils applaudirent à leurs exploits, mais dès qu'ils crurent pouvoir, après la mort de Marie-Antoinette, se passer de leurs concours, ils s'empressèrent de se débarrasser de ces alliées compromettantes en supprimant tous les clubs de femmes (29 octobre 1793).

Hélas ! à cette époque, les *Bonnes Citoyennes* étaient pour la plupart devenues de farouches révolutionnaires; le 1er brumaire (22 octobre 1793), elles vinrent déposer à la Commune leurs brevets entachés de royalisme et réclamèrent en échange « des médailles véritablement républicaines ». Le Conseil les félicita de leur patriotisme, le président leur donna l'accolade et leur remit peut-être quelques insignes plus au goût du jour, mais aucune nouvelle médaille ne fut frappée en leur honneur.

La jalousie avait sans doute mordu le cœur des *Bonnes Citoyennes*, quand elles virent les honneurs accordés le 10 Août précédent aux « Héroïnes des 5 et 6 Octobre ». Peut-être même l'espèce d'association des citoyennes du 8 Octobre se transforma-t-elle alors en *citoyennes du 6 Octobre !*

Lors de la fête de la Régénération, « assises sur *leurs* canons », les Héroïnes trônèrent dignement boulevard Poissonnière, sous un arc de triomphe portant en exergue : « *Comme une vile proie, elles ont chassé le tyran devant elles.* » Hérault de Séchelles, président de la Convention, les harangua en ces termes : « Quel spectacle ! la faiblesse du sexe et l'héroïsme du courage ! O Liberté ! ce sont là tes miracles ! Les représentants du peuple souverain, au lieu de fleurs qui parent la beauté, vous offrent le laurier, emblème du Courage et de la Victoire ; vous le transmettrez à vos enfants ! »

TROISIÈME PARTIE

LA PROCÉDURE DU CHATELET

CHAPITRE XIII

L'ENQUÊTE DE LA MUNICIPALITÉ
CAMPAGNE DES CORDELIERS CONTRE LE CHATELET
LE RAPPORT DE CHABROUD

Le Palais de Versailles sauvagement envahi, la Reine un instant en péril, l'oriflamme royale traînée dans la boue, les salles des Gardes saccagées, tel fut avec les cadavres de Varicourt et de Deshuttes — et de L'Héritier — le bilan criminel de la matinée du 6 Octobre.

Les meneurs occultes des deux Journées, satisfaits d'avoir obtenu, sinon tout ce qu'ils désiraient, du moins plus qu'ils n'osaient espérer, s'empressèrent de renier bruyamment les bandits à leur solde, dont l'invraisemblable audace, en montrant à Louis XVI combien il avait tort de se croire en sûreté dans son Palais de Versailles, acheva certainement de déterminer la famille royale à venir se *réfugier* aux Tuileries.

Une vertueuse indignation sembla même quelque

temps régner à Paris contre les assassins des Gardes du corps, et le 10 octobre, les représentants de la Commune, dans l'adresse qu'ils remirent à l'Assemblée pour lui demander de se transporter à Paris, s'exprimèrent ainsi par l'organe de Brissot de Warville : « ... L'orage est loin qui menaçait d'écraser la capitale et la France entière, il a paru comme un éclair et s'est évanoui de même. Grâces en soient rendues au Ciel dont la main bienfaisante nous a si visiblement protégés ; à Vous nos Seigneurs dont les sages décrets ont apaisé les cris d'un peuple égaré ; à la bonté d'un Roi qui a daigné condescendre à toutes ses demandes et remplir tous ses vœux... Quels Français, plus que la foule des bons citoyens de Paris, sont pénétrés plus qu'eux du respect de l'Assemblée ? Et vous ? Ministres des autels, que la sainteté de votre caractère rendait inviolables, oubliez un moment de délire, il ne reviendra plus... »

Le 15, l'Assemblée générale de la Commune adressa de sages conseils aux habitants de Paris : « ... Les soulèvements ne conviennent qu'à des hommes qui gémissent dans l'esclavage... Les émeutes amènent la disette, car elles éloignent les cultivateurs des marchés... » La Municipalité alla même jusqu'à promettre aux dénonciateurs des coupables des primes d'une valeur de cent écus à mille louis, et le Comité des Recherches de l'Hôtel de Ville, composé d'Agier, de Perron, d'Oudart, de Garan de Coulon et de Brissot de Warville prit le 23 Novembre un arrêté prescrivant de rechercher et de dénoncer les auteurs et complices de « ce forfait *exécrable* et de ces *atroces* attentats ».

Ces sentiments méritoires n'avaient cependant point empêché la Municipalité de remettre très rapidement en liberté un des porteurs de têtes arrêté le 6 Octobre, bien que Bailly le traite dans ses *Mémoires* de cannibale.

Nougaret raconte qu'on les força de jeter les têtes dans la Seine; toutefois, d'après Lafayette, « elles furent d'abord promenées, dès une heure, au Palais Royal », et l'*Observateur* nous apprend qu'on fit croire aux Parisiens que c'étaient celles du duc de Guiche et du vicomte d'Agoult. Beaulieu déclare que ces bons sans-culottes n'avaient pas plus de douze à quinze ans; pourtant nous pensons pouvoir, comme George Duval, identifier l'un d'eux avec le cuisinier François-Félicissime Desnos ou Denot, âgé de trente-quatre ans, arrêté le 12 janvier 1790 pour s'être vanté d'avoir arraché la tête du gouverneur de la Bastille le 14 Juillet précédent.

Ce digne émule ou précurseur du Grand Nicolas « Coupe-têtes » se montra, d'après le *Moniteur* du 15 janvier, fort surpris d'être inquiété : « Je suis pourtant, déclare-t-il, un très bon citoyen : n'ai-je pas coupé la tête de Launay et de Foulon ? » Par contre il protesta de l'innocence de sa conduite à Versailles « ayant seulement pris le soulier d'un Garde du corps pour lui tenir lieu de monument des actions de ces deux Journées ». On peut douter des dénégations de cet émeutier professionnel, car, arrêté de nouveau à

la suite des Journées de Prairial, il reconnut encore
avoir porté la tête de Launay, et fut alors dénoncé
par deux citoyens comme un des principaux
auteurs des troubles qui éclatèrent à Saint-Denis le
2 août 1789.

Le rapport de la section des Lombards[1] représente
Desnos, devenu mécanicien, comme un homme très
dangereux « qui inspirait une telle terreur que les
propriétaires n'osaient lui donner congé » ; par contre
son patron, un fabricant d'instruments de mathémati-
ques, fit son éloge. « ... Son acte du 14 Juillet n'est
pas la seule action qu'on reproche à Desnos ; on l'a
vu, nous a-t-on dit, dans la Journée du 6 Octobre porter encore des têtes ; on ajoute que dans son domicile
précédent il était plus connu sous la dénomination de
Coupeur de têtes. Nous nous sommes assurés de cette
odieuse nomination : lors de nos informations, au
moment où nous articulions son nom, la première
question était : — Est-ce le coupeur de têtes ? — Et,
sur l'étonnement que nous avons témoigné, on nous
a dit que lui-même s'en était vanté, et avait plusieurs
fois montré le couteau avec lequel il disait les avoir
coupées... » On reprochait alors à Desnos d'avoir
cavalcadé le 1er Prairial à la tête d'une « fausse patrouille » ; il fut remis en liberté le 20 fructidor an III.

En 1790, le lieutenant criminel Barbois fit relâcher
cet intéressant citoyen après lui avoir fait subir deux
interrogatoires. Le juge ne tint pas compte de ses

[1] Arch. nat. F⁷ 4669.

aveux, mais s'empressa d'admettre, sans les contrôler, ses dénégations pourtant suspectes. La Municipalité ne fit d'ailleurs que suivre l'exemple de la milice parisienne qui, après avoir commencé par mettre en prison l'assassin de Desmiers, s'était hâtée de lui rendre la clé des champs[1].

En vertu de l'arrêté pris par la Municipalité, Boullemer de la Martinière, procureur syndic de la Commune, remit le 30 novembre la dénonciation du Comité des Recherches entre les mains de M. de Flandre de Brunville, procureur royal près la Cour du Châtelet, « parce qu'il importe que l'on sache à qui l'on doit imputer les attentats commis à Versailles dans la matinée du 6, quel en était le but, et combien ils sont étrangers aux bons habitants d'une ville renommée dans tout l'univers pour son respect pour ses rois ».

La compétence du Châtelet résultait d'un décret de l'Assemblée nationale, rendu le 26 octobre précédent et sanctionné le 3 novembre, prescrivant « que, provisoirement, et en attendant qu'un tribunal chargé de juger les crimes de lèse-nation soit institué, le Châtelet de Paris serait autorisé à juger en dernier ressort les prévenus accusés de lèse-nation ». Voidel, pour restreindre la compétence du Tribunal, proposa d'adjoindre au procureur du Châtelet quatre membres du Comité des Recherches, qui seraient seuls chargés

---

[1] Voir les dépositions de Doazant et de Rigonneau déjà citées p. 228, et la lettre de d'Agville.

de dénoncer les accusés à poursuivre, mais sa motion n'obtint aucun succès.

Les lois n'ayant point d'ordinaire d'effets rétroactifs, les patriotes contestèrent plus tard au Châtelet le droit de s'occuper des crimes commis avant le 3 novembre, toutefois la question ne fut jamais résolue.

Malgré sa dénonciation au tribunal, le Comité des Recherches de la Municipalité résolut de continuer son enquête particulière sur les attentats du 6 Octobre. Ses résultats seraient bien intéressants à connaître : malheureusement les procès-verbaux, la plupart des dépositions et les pièces à conviction ne furent jamais communiqués qu'à un très petit nombre de privilégiés d'une discrétion à toute épreuve. Plus tard, presque tous les documents de cette information disparurent sans laisser de traces, probablement à la même époque que la volumineuse Procédure du Châtelet, dont il ne subsiste plus aux Archives nationales qu'*une* pièce insignifiante [1].

On ignore l'époque où s'envolèrent en fumée tous ces dossiers compromettants pour tant de plus ou moins hauts personnages. D'après George Duval, la Procédure « fut conservée longtemps à la Sainte-Chapelle »; quelques auteurs pensent qu'elle existait encore en 1815. Tout le monde s'attendait si bien à cette disparition que dès le mois de mai, un certain nombre de témoins prirent la précaution de déposer

---

[1] Inventaire (très sommaire) de la Procédure, dressé par le greffier Denonvilliers (Y. 10, 569).

une copie de leurs dépositions devant le Châtelet entre les mains de leurs notaires. Le *Nouveau Pot-Pourri National* raconte même le 10 mai que le Châtelet « a réuni un double des dépositions chez plusieurs notaires » ; le fait serait intéressant à vérifier.

De toutes les pièces de l'enquête de la Municipalité, nous ne connaissons, en dehors d'une liste de quatre-vingts témoins susceptibles d'être entendus par le Châtelet, que les neuf dépositions[1] reproduites à la fin du *Rapport de la Procédure* rédigé par Chabroud, et celle de Miomandre de Sainte-Marie et de La Tour-Maubourg annexées aux *Lettres des Gardes*, conservées aux Archives Nationales. Bien d'autres témoignages furent certainement entendus, mais la Municipalité ne laissa publier que ceux qui, par leurs affirmations ou leurs contradictions, pouvaient infirmer les conclusions du tribunal.

Les gazetiers et les libellistes, à quelque parti qu'ils appartinssent, semblent pareillement s'être donné le mot pour respecter religieusement les secrets de l'enquête. Pourtant la *Bouche de Fer*[2] publia sous forme de relation anonyme la déposition de Lecointre et l'*Histoire authentique et suivie de la Révolution* rapporte quelques réponses de Madame Adélaïde et du comte de Provence.

Un peu avant Noël, le fait est certain, Perron, pré-

---

[1] Celles de Grincourt, Baudart, Lecointre, Denise, Émard (ou Eymard), Durup de Baleine, Mettereau, Ruvet (veuve Ravet) et de Marcel Regnier.

[2] *Supplément.* Lettre III et suivantes (janvier 1790).

sident du Comité des Recherches, se rendit plusieurs fois aux Tuileries pour recueillir les témoignages de la famille royale. A une de ses visites, Madame Adélaïde aurait reconnu : « la phrase : *Que j'avais un vilain cousin!* est en effet bien de moi », et, comme Perron la priait de préciser, elle aurait ajouté : « Vous pouvez mettre sur votre procès-verbal le nom du duc d'Orléans. » D'après Monsieur, La Fayette aurait bien réellement crié à la foule tumultueuse : « Peuple, calmez-vous. Je connais vos ennemis ; je vous les ferai connaître. *Ils ne sont pas loin!* »

Marie-Antoinette, plus circonspecte, n'accusa personne et se borna à déclarer : « Jamais je ne serai la délatrice des sujets du Roi. » Selon certains auteurs, elle répondit plus tard à un conseiller du Châtelet : « J'ai tout vu, j'ai tout entendu, j'ai tout oublié! »

Malheureusement pour l'Histoire, presque tous les acteurs des Journées d'Octobre, et même la plupart des témoins *importants*, perdirent en même temps que la Reine complètement la mémoire. A une époque où les faux vainqueurs de la Bastille pullulaient d'une façon vraiment inquiétante pour le Trésor, tous les Héros d'Octobre s'empressèrent de disparaître modestement ; le 1ᵉʳ janvier 1790, on n'aurait certainement pas trouvé à Paris cinquante personnes se vantant de s'être rendues à Versailles. Les Cordeliers commencèrent par détruire systématiquement tous les exemplaires de leur fameuse affiche ; le sieur Besson, sous-inspecteur des mines, dont la déposition pouvait avoir une certaine importance, ne parvint même jamais à se rappeler dans quelle ville il pouvait bien se trouver le 5 Octobre !

- Le 1er décembre, le Châtelet, par délibération du Conseil, arrêta d'ouvrir une information « contre les auteurs fauteurs, complices et adhérents des attentats commis à Versailles dans la matinée du 6 Octobre ». Un registre du Châtelet où se trouvent enregistrées sans aucun détail, « les plaintes et informations » porte, à la date du 5 décembre : « Le lieutenant criminel informe contre Philippe-Égalité [1] (*sic*) ».

Du 11 décembre 1789 au 10 juillet 1790, le Tribunal entendit trois cent quatre-vingt-seize dépositions, chiffre obtenu en rectifiant les erreurs de numérotage de la *Procédure criminelle, imprimée par ordre de l'Assemblée Nationale* [2]. Mais, en réalité, tous les témoignages recueillis par le Châtelet n'ont pas été publiés; nous reviendrons un peu plus loin sur cette question importante.

Perron, d'opinion moins avancée que ses collègues, déclara à Derosnet, au commencement d'avril « que le Châtelet ne pourrait jamais juger cette affaire-là, qu'il fallait un tribunal appuyé d'une plus grande autorité, et que, si on rendait une justice exacte dans cette affaire, il faudrait pendre plus de dix mille personnes ». (Déposition 211). L'enquête du Châtelet ne tarda pas en effet à devenir bientôt laborieuse; les

[1] Archives nationales, Y, 10, 598 (fol. 139).
[2] L'ouvrage est divisé en trois parties.

idées révolutionnaires gagnaient rapidement du terrain, et l'indignation de la première heure se transformait petit à petit en indulgente compassion.

Les « forfaits » du 6 Octobre devinrent de simples « malheurs », puis « l'affaire ». Plus tard, Brissot ira même jusqu'à déclarer[1] : « ... L'anarchie n'est favorable qu'aux anti-révolutionnaires... Le meurtre des Gardes du corps ne fut qu'un *holocauste* offert aux mânes d'un citoyen », et il regrette « d'avoir autrefois mis sur la même ligne l'exécrable nuit du 6 Octobre et les exécrables *orgies* de Versailles. J'aurais dû qualifier d'une manière dix fois plus énergique ce dernier forfait » ; un peu plus, le futur Girondin répéterait la célèbre apostrophe de Barnave, lancée à propos de la mort de Berthier : « Le sang qui a coulé était-il donc si pur ! » « Si c'est un crime, ajoutera Dulaure[2], c'est celui de toute la Nation ! »

Une véritable levée de tous les patriotes se produisit quand on apprit dans les premiers jours d'avril qu'Omer Talon, accompagné du procureur royal et de deux conseillers du Châtelet, MM. Olive de La Gatine et Olivier, étaient venus proposer à la Municipalité « d'étendre leur enquête aux excès commis le 5 Octobre et au projet de conseil de régence... Cette idée leur était venue d'après l'observation qu'ils avaient faite que quelques témoins paraissaient retenus par la trop grande généralité des termes de la dénonciation et croyaient ne pouvoir pas déposer parce que les

[1] *Réplique de Brissot à Stanislas Clermont,* 8 octobre 1790.
[2] *Commentaire sur la Procédure criminelle du Châtelet.*

faits de cette dénonciation n'étaient pas assez particularisés [1] ».

La nouvelle fut confirmée le 9 avril par le *Modérateur*, et le 22 avril la *Chronique de Paris* précise « Le Châtelet a demandé des explications sur le plan du conseil de régence en cas de départ du Roi » ; inutile d'ajouter que le procureur de la Commune refusa d'en fournir.

Les habitués des clubs, dont beaucoup pouvaient craindre de se trouver englobés dans les poursuites, avaient pris les devants et attaquaient avec véhémence depuis déjà deux mois la Procédure du Châtelet. Se trouvant le plus compromis par suite de son arrêté du 4 octobre, le district des Cordeliers, présidé par Danton, alors en correspondance suivie avec le duc d'Orléans, se fit remarquer tout particulièrement par sa violence. Dès le 12 février, il avait dénoncé le Tribunal « inique qui a déjà emprisonné tant de patriotes sous le roi Jean » (*sic*) ; le 20 avril, il prend un arrêté protestant contre toute liaison entre le 5 et le 6 Octobre et réclamant la destitution de l'*infâme* Châtelet et son remplacement par un Grand Jury [2], « dont les sièges, ajoute un pamphlétaire, seraient garnis de la peau des anciens juges ». La motion des Cordeliers, soumise à tous les autres districts de Paris, reçut l'approbation de quarante et un d'entre eux.

Le 24, Quillet déclara à l'Assemblée des Petits

---

[1] *Adresse du Châtelet à l'Assemblée nationale.*
[2] Arch. Nat. A. D. 168.

Augustins : « ... Lorsque, bravant toutes les intempéries, tous les dangers, vous avez suivi les étendards de la liberté, vous n'aviez pour but que de défendre la personne sacrée du plus cher des monarques... », et Boucher ajouta « qu'il n'y avait pas lieu à permettre de rechercher les moyens employés pour procurer à la capitale la précieuse possession de son Roi... *Le succès essuiera nos pleurs* sur ces malheureuses victimes du désir effréné du peuple ». Finalement le district décida « d'enjoindre à M. le Maire de défendre à toute la Garde nationale de prêter assistance ni main forte à l'exécution d'aucun décret de la Commission en dernier ressort du Châtelet [1] ».

Encouragés par l'opinion publique, les Cordeliers rédigèrent alors le 10 mai, en termes plus parlementaires, une nouvelle pétition pour demander à l'Assemblée nationale d'annuler toute la procédure, « contre les excès *qu'on prétend avoir été commis* à Versailles le 6 Octobre », disait un pamphlet intitulé *A Messieurs du district des Cordeliers.*

« ... Les *inconnus* qui se sont souillés par des actes de fureur, insinuaient les Cordeliers, étaient-ils plus coupables que les personnages *connus* qui, de sang-froid, ont insulté les couleurs sacrées de la liberté dans le fracas d'une espèce de bacchanale ?... A l'exemple du Roi, la Commission des Cordeliers demande l'oubli ! »

Une quinzaine de districts s'abstinrent probable-

---

[1] *Contre le Châtelet.*

ment de donner leur avis, et deux seulement, ceux de Saint-Étienne-du-Mont et de Saint-Philippe-du-Roule osèrent approuver le Châtelet. Le dernier déclara même le 2 mai « se faire gloire d'appartenir à cette honorable minorité », et se prononça « pour la continuation de l'instruction afin que rien n'arrête la marche d'une instruction qui portera la lumière sur cette circonstance de la Révolution »[1].

D'après les *Révolutions de Paris* (n° 40), Marat écrivit en même temps aux députés : « On fait à Versailles chauffer des bombes... Augustes représentants, sauvez-nous !... Destituez à l'instant l'infâme tribunal du Châtelet; il n'y a pas un moment à perdre ! » L'Ami du Peuple ne tardera pas d'ailleurs à soutenir « que le meurtre d'un roi n'est pas un crime de lèse-nation, mais un homicide ordinaire[2] ».

De son côté, la Municipalité, depuis longtemps, ne cherchait même plus à cacher son hostilité contre les conseillers, et ses investigations n'étaient en réalité qu'une contre-enquête destinée à innocenter les coupables présumés, ou à induire le Tribunal en erreur en lui envoyant de faux témoins comme la veuve Ravet. Au lieu d'aller fouiller les papiers du duc d'Orléans contre lequel une instruction en fait était ouverte, le Comité des Recherches s'était empressé d'aller perquisitionner chez... le comte d'Estaing où il saisit quelques brouillons de lettres relatifs aux imprudences

---

[1] *Actes de la Commune*, V, p. 151.
[2] *Ce qu'est l'histoire du Châtelet.*

commises au banquet du 1er octobre et à d'assez
vagues projets de départ de la famille royale.

« Le procureur général de la Commune refuse, dit
la *Chronique de Paris* du 22 avril, de fournir au Tribunal les renseignements qu'il lui demande sur le
plan du conseil de régence, en cas de départ du Roi. »
Ce journal ne cherche nullement à cacher le caractère
révolutionnaire des deux Journées ; mais il proclame,
la fin justifiant les moyens :

Si j'eusse été vaincu, je *serais* criminel !

Le 24 avril, Brissot, au nom du Comité des Recherches de la Municipalité, vint protester à la Commune
contre l'extension de l'enquête du Châtelet aux pré-
tendus délits commis le 4 ou le 5 Octobre : « Les
attentats, dit-il, commis le 6, c'est-à-dire l'irruption
violente et soudaine faite dans les appartements de
Versailles, sur les six heures du matin, par des gens
inconnus et armés, et le massacre de quelques Gardes
du corps, qui a suivi cette irruption, sont les seuls
faits dénoncés au Châtelet par le procureur syndic de
la Commune. Toute poursuite, toute information au
delà de ces faits et de ce point unique sont étrangères
au Comité des Recherches. »[1]

De violents libelles parurent contre les principaux
témoins de la Procédure ; on en distribuait un à profu-
sion intitulé *Pelletier crèvera dans sa peau !* Les personnes citées par le Châtelet recevaient des lettres
anonymes les menaçant « de les dénoncer à la Com-

---

[1] *Actes de la Commune*, t. V, p. 134.

mune comme aristocrates très endurcis s'ils venaient déposer devant le tribunal ». (Déposition de Borg, musicien de la chapelle du Roi.) Aussi plus d'un témoin refusa de parler : et certains magistrats montrèrent la même pusillanimité : un juge commis pour recevoir à Grenoble la déposition de Mounier renvoya sa commission !

Pour se défendre contre toutes ces attaques et surmonter tant de mauvais vouloir, le Châtelet décida le 14 mai d'envoyer Talon, à la tête d'une députation, pour demander à l'Assemblée nationale d'enjoindre à son Comité des Recherches, et à celui de la Municipalité, de remettre au tribunal tous les documents dont il avait besoin.

« Vous nous avez, déclara le Lieutenant-criminel, institués juges des attentats commis contre le bien public et des entreprises formées contre la liberté naissante. Placés tout à coup au milieu d'intérêts opposés, de tant de passions contraires mutuellement irritées, exposés au choc de toutes les erreurs, livrés aux attaques de tous les partis, il ne nous était pas permis de calculer les périls du poste auquel vous nous avez appelés, nous n'en avons étudié que les devoirs. Nous serions bien peu dignes de la confiance publique si nous avions pu songer à inquiéter ceux à qui nous devons la Révolution. Sur la trace des corrupteurs pécuniaires dont les forces sont d'autant plus importantes à chercher que les détours ténébreux, pris pour les faire arriver aux vils instruments de ces coupables manœuvres, semblent indiquer

qu'une partie des fonds proviennent de mains étrangères, et que ces secrets versements continuent peut-
être encore de fomenter l'agitation dans quelques
parties du royaume, nous ne croyons pas que notre
conduite exige une justification... L'instruction serait
plus convaincante si le Châtelet avait communication
des pièces qui sont entre les mains de la Municipalité. »

Les députés firent en partie droit à la requête et
autorisèrent leur Comité des Recherches « à communiquer au procureur du Roi les renseignements qu'il
a pu se procurer sur l'*affaire* de Versailles du *six*
octobre dernier. » Par contre, le Comité de la Commune se borna à répondre, au bout d'un mois, sur
une nouvelle réclamation datée du 17 juin : « Nous
n'avons aucune pièce qui nous paraisse se rapporter
à l'affaire du 6 Octobre », et traita la Procédure « d'il-
légale et d'anti-patriotique ».

La Municipalité ne se donna même pas la peine de
répondre à une lettre envoyée par Talon le 15 juillet
« parce qu'elle n'était pas datée » ; pourtant à la suite
d'une troisième réclamation expédiée le 6 août, elle
se décida à envoyer une nouvelle liste de témoins à
entendre. Le Comité souligna les noms de quelques personnes qui n'avaient point encore été citées, bien qu'il
les eût déjà indiqués (ce sont ceux de MM. d'Ayen, de
Luxembourg, de Narbonne, de Chatellux et du chevalier de Maubourg), mais continua à refuser de
remettre aucune des pièces à conviction dont l'existence se trouve certifiée par plusieurs témoins, notam-

ment par deux officiers municipaux nommés Trudon-Desormes et Lacretelle.

Quelles pouvaient donc être ces pièces à conviction à propos desquelles Boucher d'Argis répète encore le 15 août : « Le Comité des Recherches de la Ville de Paris a nombre de pièces entre ses mains qui seraient utiles à l'instruction. » Sans doute ce n'étaient ni les quelques centaines de piques offertes *gracieusement* par un pauvre armurier à divers districts, ni ces cinq cents plaques de cuivre ou de plomb, de vingt-trois centimètres de haut, dont quelques-unes portaient : *Vive Orléans!* « destinées à délimiter les chasses du Prince » (?), ni ces bizarres petits morceaux de bois qui pouvaient indifféremment passer pour des modèles de ponts volants militaires (*sic*), servir à construire de petits carrosses pour le Dauphin (!), ou plus simplement former des lambels[1], faciles à appliquer sur les armoiries royales pour les transformer.

La Municipalité ne refusa de livrer ces étranges pièces à conviction que pour discréditer la Procédure en exagérant l'importance que le Châtelet semblait mettre à la possession de ces joujoux. Elle agira un peu de la même façon en faisant comparaître devant elle Marie Andelle, veuve Ravet, puis en l'*envoyant* réciter devant les conseillers un invraisemblable roman de concierge, avec l'espoir qu'une déposition aussi fantastique rendrait les autres suspectes.

---

[1] Brisure héraldique, distinctive de la branche d'Orléans.

Les documents réclamés par le Châtelet devaient
consister en « un assez grand nombre de lettres arrêtées
à la poste de Paris par M. d'Ogny (Directeur général
des Postes), comme adressées à plusieurs personnes,
entre autres à la Maison d'Orléans (et à Mme de
Sillery) venant d'Angleterre, et dont quelques-unes
même aux armes et de l'écriture du duc d'Orléans ».
(Dépositions du député Tailhardat de la Maisonneuve
et de Turpin, membre du Comité des Recherches,
126 et 162.)

Que contenaient ces lettres ? nul ne peut maintenant le savoir bien qu'il soit assez peu vraisemblable
qu'elles aient été détruites sans avoir été ouvertes,
le Comité de la Municipalité n'ayant pas sans doute
éprouvé les mêmes scrupules que le Roi qui avait
refusé au Comité des Recherches de l'Assemblée
nationale le droit d'ouvrir la correspondance de son
cousin, « ce droit n'appartenant qu'à un tribunal et
seulement vis-à-vis d'un inculpé ! »

De cette jurisprudence dogmatique résultait que la
seule autorité à même de saisir la correspondance du
duc pouvait en refuser communication à ceux qui
seuls pouvaient la décacheter. M. Rigolley d'Ogny se
retrancha toujours derrière le secret professionnel et
le *Châtelet ne put jamais obtenir qu'il en fût délié !*

Au mois de juin, quand il devint tout à fait évident
que les Conseillers enquêteurs paraissaient bien déter-
minés à poser quelques questions indiscrètes au duc
d'Orléans et à Mirabeau, l'Assemblée Nationale résolut
d'éviter à ses deux membres les plus populaires le

désagrément d'aller s'asseoir sur la sellette, et le 26 juin, sur la proposition de Robespierre, l'Assemblée arrêta, à propos de l'arrestation de Toulouse-Lautrec, « que si on peut recevoir des plaintes et des informations contre les députés, ils ne peuvent être décrétés par aucun juge avant que le Corps Législatif, sur le vu des informations et des pièces à conviction, ait décidé qu'il y a lieu à accusation ».

Le 4 août 1790, l'instruction paraissant suffisamment avancée, M. De Flandre de Brunville, procureur du Roi près la cour du Châtelet, déposa les réquisitions suivantes : « Vu l'information commencée le 11 décembre 1789 et terminée le 29 juillet dernier... je requiers, pour le Roi, les informations être continuées, et cependant que les nommées Théroigne de Méricourt, Reine Louise Leduc... et les nommés Nicolas, etc... soient pris au corps... comme aussi, attendu que MM. Louis-Philippe d'Orléans et Mirabeau l'aîné, députés à l'Assemblée nationale, paraissent dans le cas d'être décrétés, disons que des expéditions de la présente information seront portées à l'Assemblée nationale conformément au décret du 26 Juin dernier... » Dès le surlendemain, la chambre criminelle du Châtelet « par délibération du Conseil, jugement en dernier ressort, la compagnie assemblée », adopta ces conclusions.

Montjoie raconte, dans son *Histoire de la Conjuration de Philippe-Egalité*, que le Comité des Recherches de l'Assemblée fit, au dernier moment, tous ses efforts pour intimider les juges et les empêcher de rendre leur arrêt. La loi interdisant formellement d'interrompre le Rapport d'une affaire criminelle, Voidel pria la Cour de venir immédiatement délibérer avec le Comité dont il était vice-président, mais les conseillers, sans lever l'audience, se contentèrent d'envoyer une députation. «... Le moment, lui déclara Voidel, est mal choisi. L'Assemblée Nationale et le Comité n'ont rien tant à cœur que de voir juger cette affaire et punir les coupables, mais nous engageons le Châtelet à choisir un moment plus tranquille. »

Les magistrats refusèrent d'entamer aucune discussion sur ce terrain, et se retirèrent en dépit des menaces du président Pardieu qui leur déclara « que personne n'allait plus pouvoir garantir leur sûreté personnelle ». Sans s'inquiéter de cette tentative d'intimidation, les trente et un conseillers rendirent et signèrent leur arrêt à cinq heures du soir.

Le 7 Août, Boucher (ci-devant d'Argis), officier du tribunal, vint remettre à l'Assemblée nationale l'arrêt de la Cour accompagné de toutes les pièces de la procédure. Il en profita pour prononcer un discours prodigieusement emphatique : « Nous venons enfin, Messieurs, de déchirer le voile de la malheureuse affaire devenue déjà trop célèbre. Ils vont enfin être connus ces secrets pleins d'horreurs...[1] Les ennemis du bien public ont voulu nous forcer à la faiblesse, mais ils

---

[1] Réminiscence d'un vers de *Zaïre :*

Les voilà donc connus, ces secrets pleins d'horreurs

ne savent pas, qu'ainsi que Mars, Thémis a ses héros ! »

Cette harangue était pour le moins maladroite, car si le Châtelet pouvait, non sans raisons, soupçonner la conduite du duc d'Orléans, il faut bien reconnaître que les dépositions, du moins *imprimées*, n'apportaient aucune preuve décisive de sa culpabilité. Boucher d'Argis ayant attribué les lacunes de l'instruction au mauvais vouloir du Comité des Recherches de la Municipalité, sur sa demande, les députés arrêtèrent « que le Comité des Recherches de la ville de Paris sera tenu de remettre sans délai, entre les mains du Procureur du Châtelet, pour servir en tant que de besoin à la procédure, tous documents et pièces qu'il peut avoir y relatifs. » Le député Defermon combattit cette proposition « crainte que la Ville ne soit obligée de remettre certaines pièces *intéressantes* (*sic*) sur les événements qui ont précédé le 5 Octobre, si elles avaient quelque connexion avec l'affaire sur laquelle a informé le Châtelet ».

Trois jours plus tard, Oudart, Procureur syndic de la Commune, vint protester contre les accusations de Boucher d'Argis... « Le Châtelet, samedi dernier, a déféré notre Comité comme ayant refusé de remettre à M. le Procureur du Roi les documents et les pièces relatives à une procédure dont on est venu vous entretenir... L'Assemblée a été induite en erreur... Quelques mois après notre dénonciation, M. le Procureur du Roi et trois autres membres du Châtelet nous proposèrent d'ajouter à la dénonciation des délits commis le 6 Octobre, celle de plusieurs autres faits, vrais ou faux, qui tous nous parurent étrangers à la poursuite provoquée par le Procureur syndic de la Commune, et dont quelques-uns nous parurent même plutôt dignes de la reconnaissance publique que d'une procédure criminelle... Sous prétexte de venger les délits du 6 Octobre, le Châtelet faisait le procès à la Révolution et au peuple de Paris que la Commune honore à jamais... » Le 14, Boucher d'Argis écrivit à l'Assemblée pour réfuter les assertions du Syndic.

Après le départ de la députation du Châtelet, l'abbé Gouttes proposa à l'Assemblée de ne pas décacheter la Procédure, « et d'inviter simplement le tribunal à fournir au Comité des Rapports un extrait des pièces qui peuvent concerner des députés ». L'abbé Maury et Cazalès demandèrent à leurs collègues de ne point intervenir dans la Procédure, d'autoriser le Châtelet à continuer les poursuites sous sa responsabilité, et « d'affirmer qu'en matière criminelle, il n'existait aucune distinction entre les citoyens »; Mirabeau, Pétion et Le Chapelier réclamèrent par contre le renvoi de l'instruction au Comité des Recherches.

Finalement, après avoir entendu un plaidoyer de Feraud en faveur de Mirabeau, l'Assemblée nationale décréta « que son Comité des Rapports lui rendra compte des charges qui concernent les représentants de la Nation, s'il en existe dans la Procédure faite par le Châtelet sur les événements du 6 Octobre dernier, à l'effet qu'il soit décrété sur ledit rapport s'il y a lieu à accusation, conformément au décret du 26 juin dernier ». Malouet ne put obtenir que le mot d'attentats remplaçât ce terme euphémique *d'événements !* Les députés votèrent ensuite « la continuation des poursuites vis-à-vis des autres personnes », et décidèrent de ne point prendre connaissance de la procédure « *avant que les décrets qui portent sur des personnes étrangères à la procédure ne soient mis à exécution* ».

Cette restriction ambiguë, ajoutée par les adversaires du Châtelet, était fort habile puisqu'elle permettait d'ajourner indéfiniment les poursuites contre Mirabeau et le duc d'Orléans, si aucun autre inculpé ne pouvait être arrêté. C'est ce qui serait sans doute arrivé si Reine Audu n'avait commis l'imprudence, au lieu de rester cachée à Paris, de se montrer à Versailles.

Chaque jour naissait un nouveau pamphlet contre le Châtelet ; citons : *Détail circonstancié des complots journaliers du Châtelet ; Les Crimes du Châtelet dénoncés à la Nation ; Contre le Châtelet ; A nous Français ! Un mot sur la Procédure du Châtelet ; Le Châtelet dévoilé. Avis aux bons Citoyens ou extraits de la Procédure*, etc., etc.

Les « Robinocrates, les crocodiles à longues robes » du Châtelet,

> Qui noircissent le linge blanc
> Et blanchissent les chiffons sales [1]

---

[1] *Le Châtelet mis aux enchères.*
On chantait aussi :

> Vous êtes le papier brouillard
> Qui enlevez la tache, et la tache vous reste.

devant les violentes attaques dont ils ne cessaient d'être l'objet, jugèrent prudent de ne point entamer les poursuites qu'ils avaient annoncées contre la *Chronique de Paris* coupable d'avoir publié diverses indiscrétions relatives à l'instruction.

Le 31 Août, le Comité des Rapports demanda à l'Assemblée d'ordonner l'impression de la Procédure, Reynaud de Montlosier combattit cette proposition par crainte de voir les coupables s'enfuir. « L'évasion des témoins, riposta Mirabeau, est aussi probable que celle des accusés, et pourtant les accusés ne prennent pas de mesures contre l'évasion des témoins. » Depuis le mois de Juin, les journaux en effet, notamment la *Chronique de Paris*[1], annonçaient de temps à autre la fuite de faux témoins, terrorisés par le retour du duc d'Orléans. Ils se gardèrent bien d'ailleurs, et pour cause, de citer d'autre nom que celui de La Prade, qui ne s'enfuit pas, mais émigra en Angleterre.

Chargé par le Comité des Rapports d'examiner la Requête du Châtelet, Chabroud annonça le 22 septembre, trois jours après l'achèvement de l'impression de la *Procédure* et le lendemain de l'arrestation de Reine Audu, la clôture de son travail ; « il ajouta que sa lecture devant durer au moins deux heures et demie, il serait fatigant pour lui de le lire à la lumière ». L'Assemblée nationale décida aussitôt qu'elle entendrait le rapporteur « à la première séance du matin qui suivra le décret sur les assignats ».

---

[1] Numéro du 7 juin.

Le 30 septembre, Chabroud déposa sur le bureau un volumineux rapport concluant à l'illégitimité des poursuites. Cette œuvre ne dut pas lui coûter beaucoup d'imagination, car il puisa grandement pour la rédiger dans une consultation méthodique que lui remit Duveyrier, l'avocat du duc d'Orléans, en possession depuis plus de deux mois d'une copie de la Procédure.

Le plaidoyer de Chabroud fait preuve de la plus grande partialité, omet, nie ou dénature les faits les moins contestables. L'étrange rapporteur ne dit pas un mot du pillage de l'Hôtel de Ville, tronque ou même falsifie toutes les dépositions qui l'embarrassent comme celles de La Fayette, de Fissour, de Desroches, du Dr Gondran, ou de son collègue Henry de Longuière, qui protesta dans une réponse intitulée *Observations*. Cette brochure confirme le fait, certifié par plusieurs autres députés, que le Rapport imprimé de Chabroud diffère sensiblement de celui qu'il lut à l'Assemblée. La Tontinière, Girin de la Motte et Le Clerc protestèrent également par écrit contre les insinuations de Chabroud. Chabroud supprime la dernière partie du discours de Mercier à La Fayette, sous prétexte « que les témoins la rapportent diversement » ; or on a pu voir, page 141, que les dépositions de Fissour et de Brousse des Faucherets concordent parfaitement.

Mirabeau jeune avait certifié avoir entendu le buvetier de l'Assemblée « en train de distribuer au peuple ses cervelas, pâtés, jambons, ses fruits et son vin », répondre à quelqu'un qui lui demandait « s'il voulait se ruiner — M. d'Orléans m'a dit que je pouvais donner ».

Cette déposition devait fort gêner les Patriotes, car le Comité des Recherches de la Municipalité parisienne chercha à l'infirmer en citant le 25 septembre 1790, non pas le buvetier Brille *qui habitait pourtant Paris*, mais un de ses amis nommé Marcel Regnier ; ce témoin déclara que Brille avait reçu un ordre écrit en entier de la main de M. Mounier « et qu'il *devait* l'avoir encore, attendu qu'il n'était pas encore payé ».

Jamais déposition ne fut plus maladroite : si l'ordre de Mounier avait réellement existé, il aurait été immédiatement publié et on n'aurait pas eu besoin de l'intervention d'un compère ; puis l'Assemblée nationale avait coutume de payer ses dettes patriotiques, ce qui la différenciait du duc d'Orléans ! Chabroud se borne à trouver « tout cela singulier ».

Tous les témoignages contraires à sa thèse deviennent pour lui suspects. « Je sais que M. Diot entendit, ou crut entendre... M. de Montmorin crut voir et ne vit pas » ; par contre, il met en évidence les dépositions qui peuvent la confirmer, même quand elles ne font que recueillir de vagues on dit. Nous avons déjà vu « que la présence d'hommes habillés en femmes lui paraissait suspecte », et qu'il déclarait à propos des distributions d'argent : « Je reste entre le soupçon et la croyance, et si l'on ôtait quelque chose, je n'oserais même plus soupçonner. » Pareille

façon d'escamoter les deux preuves les plus convain-
cantes de la préméditation du mouvement suffit pour
juger de la valeur historique du *Rapport sur la Procédure*.

La logique de Chabroud est tout aussi surprenante;
ainsi, de ce que le Châtelet, à qui il déniait d'ailleurs
tout droit de s'occuper des événements du 5, n'avait
pas poursuivi Carpentier, l'assassin de Savonnières,
Chabroud conclut : Les Conseillers *ont sans doute
pensé qu'il y avait eu provocation*, ce qui changerait
la nature des faits ! » Il oubliait qu'il avait reconnu
lui-même que le malheureux lieutenant n'avait fait
que son devoir.

Quand Chabroud ne peut contester certaines dépositions comme celles de ses collègues Dufraisse,
Tailhardat de la Maisonneuve et Guillermy, le Rapporteur se transforme en accusateur, et leur reproche
« d'avoir violé l'hospitalité que commande l'intimité
d'un déjeuner » en répétant les propos de M. Coroller [1]; il laisse entendre qu'on ne peut vraiment se fier
aux déclarations de personnes coupables d'une telle
indélicatesse ; par contre, il paraît trouver tout natu-
rel « que le salut de la patrie ait délivré Lecointre
de son serment » (Déposition de Lecointre). Dans
une réponse intitulée *Opinion...* Guillermy fit obser-
server qu'il n'avait jamais déjeuné chez Coroller !

Les conclusions de Chabroud sont nettes et simples :

---

[1] Coroller avait raconté le 17 juillet précédent, chez Malouet,
qu'en cas d'insuccès devant la Bastille, toutes les dispositions
étaient prises pour mettre le feu au Palais Bourbon.

« Ce n'est pas dans l'insurrection elle-même que peut
être le délit, elle serait dans l'intrigue qui l'aurait
provoquée, et dans le secret dessein qui en aurait été
l'objet... Aucun délit n'a été commis le 5, et *des
meurtres* ont suscité les événements du 6... Je ne
vois donc plus qu'une conspiration qui a été ourdie
contre la Constitution. Une ligue s'est formée sur les
débris de l'ancienne Cour pour tenter le renverse-
ment du régime nouveau. » Et *l'attentat horrible* du
début devient à la fin un de ces « *malheurs utiles
pour l'instruction des races futures et nécessaires pour
donner une leçon aux Rois, aux courtisans et aux
peuples* ».

Le seul passage du rapport de Chabroud qui mérite
d'être retenu est celui où il démontre l'invraisemblance de la présence du duc d'Orléans à Versailles,
le 6 Octobre de grand matin. Il n'eut guère de peine à
établir combien étaient confuses les dépositions d'un
certain nombre de témoins qui avaient aperçu sous
les accoutrements les plus variés, en divers endroits
et à des heures par trop différentes, le duc au moment
de l'invasion.

On peut dire *à priori* qu'en l'absence de témoignages indubitables, celui que Rivarol appelait « le
Prince le plus sage qui ait encore paru dans une
insurrection », n'était pas homme à se montrer dans
une telle bagarre ; pourtant, il manquait moins de
courage physique que d'énergie morale. En attendant les événements, d'Orléans avait prudemment
établi son quartier général près de Passy, à proximité

de Paris et de Versailles ; on le rencontra à la pyramide du bois de Boulogne et à Neuilly, mais toujours hors de portée des coups de fusil. « Ce prince, dit Brissot dans ses *Mémoires*, aimait assez les conspirations qui ne duraient que vingt-quatre heures ; après ce temps, il était effrayé. »

Rentré à Paris le 11 juillet 1790, le premier soin du duc d'Orléans fut de faire appeler Duveyrier : « J'aurais besoin, lui déclara le Prince en le recevant, d'un avocat pour plaider contre le décret dont je suis menacé, *et pour n'être pas pendu.* » Ce propos est tiré des *Anecdotes Historiques*, publiées en 1837 par Duveyrier.

L'auteur consacre cent vingt pages à proclamer avec beaucoup d'emphase l'innocence de son ancien client ; mais ce plaidoyer, seconde édition, soigneusement corrigée, du rapport de Chabroud — qui n'était lui-même que la répétition du premier mémoire de Duveyrier — ne nous apporte aucun argument nouveau en faveur du loyalisme du duc d'Orléans.

Par contre quelques révélations sont intéressantes à retenir ; ainsi les *Anecdotes* nous apprennent que le Prince était parvenu à se procurer « en la payant deux mille écus, une copie de toutes les pièces de l'Instruction secrète du Châtelet, écrite par *trente* mains différentes »[1]. Que de complices ! Duveyrier eut donc

[1] Un cahier de cette copie comprenant avec quelques lacunes les 148 premières dépositions se trouve encore conservé aux Archives nationales (K, 164, 8). Elle porte comme titre : *Copie informe de l'enquête faite par la Municipalité de Paris sur les événements des 5 et 6 octobre 1790 (sic)* ; trouvée dans les papiers de la Maison d'Orléans lors du travail fait en 1815. »

le temps d'examiner la Procédure tout à loisir et de remettre au duc d'Orléans un Mémoire justificatif « *avant même que l'Assemblée Nationale n'ait été saisie par le Châtelet* ».

« Dis-moi donc, Duveyrier, est-il vrai, lui demanda Mirabeau, que tu dois plaider pour d'Orléans? — C'est vrai. Il m'a choisi et j'ai accepté. — J'aimerais autant te voir l'avocat de cette pauvre femme qui allait à Versailles sur un canon. — Cette femme n'est ni connue, ni accusée, ni poursuivie [1]. Et que voulez-vous faire d'une femme ou de mille femmes qui ont été à Versailles sur un canon ou à pied? »

Le processif avocat poussa même son client à poursuivre reconventionnellement le Châtelet; malheureusement pour lui il mit tant d'insistance que le Prince, dès qu'il se trouva hors de cause, s'empressa de se priver des conseils de ce sermonneur plus orléaniste que lui.

Quand Duveyrier vit s'envoler son rêve de plaider un procès aussi retentissant, et se trouva dépossédé, au profit de Comeyras, d'une place si bien rétribuée [2], il perdit beaucoup de son enthousiasme pour le père du duc de Chartres; heureusement il le retrouva... en 1830.

---

[1] Cette conversation devait donc se passer très peu de temps après le 21 septembre, date de l'arrestation de Reine Audu, puisque Duveyrier ne la connaissait point encore.

[2] En même temps, le duc d'Orléans remercia tous ses anciens avocats-conseils Leroi, Henrion de Pensey, Ferrey et Benoist, ne les jugeant pas assez patriotes.

CHAPITRE XIV

L'ASSEMBLÉE NATIONALE REFUSE AU CHATELET L'AUTORISATION DE POURSUIVRE MIRABEAU ET LE DUC D'ORLÉANS. — DISPARITION DE TOUS LES ASSASSINS DES GARDES DU CORPS

La lecture du rapport de Chabroud nécessita près de deux séances. Dès qu'elle fut terminée, M. de Bonnay demanda le renvoi de la discussion à trois jours pour laisser aux députés le temps d'examiner à loisir les conclusions de leur collègue ; mais Mirabeau combattit cette proposition et obtint sans peine l'inscription de l'examen de la Procédure du Châtelet en tête de l'ordre du jour du lendemain.

Les débats s'ouvrirent à la fin de la séance du 1er octobre par une protestation de M. de Bonnay, ancien maréchal des Logis des Gardes du corps[1], qui

[1] Le marquis de Bonnay était un chansonnier de talent, il composa notamment une spirituelle complainte sur la guillotine :

Guillotin,
Médecin,
Politique,
Imagine un beau matin,
Que pendre est inhumain
Et peu patriotique !
Aussitôt
Il fait
Un supplice
Qui sans cordes ni poteau,
Remplace du bourreau
L'office, etc.

présenta à la tribune, en d'excellents termes, la
défense de ses anciens camarades : « Oui Messieurs,
jamais ils n'ont été plus dignes d'hommage et de respect que le jour où ils se sont laissé massacrer sur
les marches du trône que le Roi leur avait interdit de
défendre. Ils sont tombés, victimes innocentes, sous
le fer des assassins, et on ose encore outrager leurs
cendres ! Mais, Messieurs, en se sacrifiant, ils ont
sauvé la Reine, ils ont sauvé le Roi peut-être, et ils
sont morts contents !... Malgré leurs lâches détrac-
teurs, les Gardes du corps du Roi, mes braves frères
d'armes, tels que Bayard, seront toujours *Sans Peur
et sans reproche.* » Seulement l'orateur exagéra vraiment en faisant à l'œuvre de Chabroud l'honneur de
l'appeler « un modèle de plaidoyer pour les grands
criminels ». Plusieurs députés réclamèrent aussitôt
l'ajournement de la discussion jusqu'après la distri-
bution du rapport de Chabroud, mais Mirabeau
obtint facilement de la majorité la continuation im-
médiate des débats.

Le lendemain, dès l'ouverture de la séance, Mirabeau vint annoncer à la barre qu'il allait à son tour
poursuivre le Châtelet « jusqu'au tombeau ». Au nom
de la minorité, l'abbé Maury prit ensuite la parole
en commençant par déclarer emphatiquement « qu'il
ne déshonorerait pas la chaîne des décrets de l'Assemblée en suspendant honteusement, à son premier
anneau, le poignard des assassins... Ce n'est plus,
ajouta-t-il, de la Révolution, c'est d'une révolte qu'il
s'agit contre la Constitution, dont le Roi fait essentiel-

lement partie... Après avoir détruit tous les privilèges, oserons-nous nous réserver le plus odieux, le privilège criminel ?... Quand le peuple vient simplement demander du pain à son Roi, il ne se masque pas de peur d'être reconnu. Tout travestissement suppose un projet et le besoin de se cacher, et, par conséquent, c'est le caractère d'un complot destiné à commettre impunément des crimes... On ne cherchait qu'à intimider le Roi pour l'éloigner... » L'abbé terminait en reconnaissant insuffisantes les charges apportées contre Mirabeau, mais réclamait « le renvoi de M. d'Orléans devant le Châtelet afin d'y être jugé ». Mirabeau sans doute agréablement surpris d'une telle bienveillance à son égard, remercia ceux de ses collègues qui s'étaient levés pour appuyer la division.

Pour clore un incident provoqué par une interruption, l'Assemblée décida, sur la proposition de Goupil et de Rœderer, que les députés entendus par le Châtelet ne pourraient voter « à l'exception de ceux qui ont déclaré ne rien savoir ; qu'ils se tiendront à l'écart dans une partie de la salle et que l'appel en sera fait ».

La réponse de Mirabeau, n'éclaircissant aucun point, présente un assez médiocre intérêt. Le grand orateur ne chercha guère à se disculper ; sa tactique au contraire consiste à se moquer ou à attaquer. « M. de Valfond, dit-il, a pris M. Gamache [1] pour moi, et sa déposition n'a rien de vraiment fâcheux pour ce

---

[1] Plusieurs Gardes du corps affirmèrent pourtant que l'homme au sabre était le comte de X... (Besancourt, etc.).

citoyen, si ce n'est qu'il se trouve légalement et véhémentement soupçonné d'être fort laid... puisqu'il me ressemble ! » Mirabeau reconnut avoir, en effet, conseillé au duc d'Orléans de ne point partir pour Londres : « J'ai dit à M. de Biron : — M. d'Orléans va quitter, sans jugement, le poste que ses commettants lui ont confié : S'il obéit, je dénonce son départ et m'y oppose ; s'il reste, s'il fait connaître la main invisible qui veut l'éloigner, je dénonce l'autorité qui prend la place de celle des lois ; qu'il choisisse entre cette alternative. — M. de Biron me répondit par des sentiments chevaleresques, et je m'y étais attendu. M. d'Orléans, instruit de ma résolution, promet de suivre mes conseils, mais, dès le lendemain, je reçois dans l'Assemblée un billet de M. de Biron, et non de M. d'Orléans comme le suppose la procédure ; ce billet portait le crêpe de douleur et annonçait le départ du Prince. Mais, lorsque l'amitié se bornait à souffrir, il était permis à l'homme public de s'indigner. Une secousse d'humeur, ou plutôt de colère civique, me fit tenir sur-le-champ un propos que M. le Rapporteur, pour avoir le droit de taxer d'indiscret, aurait dû faire connaître. [Il est lâche comme un laquais ! C'est un J... F... qui ne mérite pas la peine qu'on s'est donnée pour lui.] Qu'on le trouve, si l'on veut, insolent, mais qu'on avoue du moins, puisqu'il ne suppose même aucune relation, qu'il exclut toute idée de complicité. Je le tins sur celui dont la conduite jusqu'alors m'avait paru exempte de reproches, mais dont le départ était à mes yeux plus qu'une faute ». Il raille ensuite Chabroud *d'avoir frémi d'horreur* en découvrant dans la Procédure que Mounier lui attribuait cette réponse ambiguë : « Eh mais ! Bonhomme que vous êtes, qui vous a dit qu'il ne faut pas un roi ? Mais, que vous importe que ce soit Louis XVI ou Louis XVII ? » Je ne me souviens point, ajouta-t-il, d'avoir prononcé ces paroles, mais je reconnais sans peine qu'elles exprimaient fort bien ma pensée. On ne sait jamais si Mirabeau nie ou avoue : après avoir reproché violemment à Virieu « d'avoir révélé, *avec tant de loyauté*, cette série de confidences qu'il suppose avoir reçues de moi », il ajoute : « le témoin est-il un assez sincère ami de la Liberté pour qu'un homme comme moi, dont on a tout dit, excepté qu'il soit une bête, l'ait pris pour confident ? »

Mirabeau oubliait qu'au mois de juillet Virieu était encore considéré comme « un bon député ». Virieu (Dép. 140) avait affirmé que, peu de temps après le 14 Juillet, Mirabeau lui avait dit : « La timidité du duc d'Orléans lui a fait perdre de grands succès ; on voulait le faire lieutenant-général du Royaume. Il n'a tenu qu'à lui : on lui avait fait son thème, on lui avait préparé ce qu'il avait à dire... Il devait se présenter à la porte du Conseil, s'y faire introduire pendant sa tenue, se porter comme médiateur entre le Roi et la ville de Paris et mettre pour condition sa nomination à cette place importante ; mais, au lieu de cela, parvenu à la porte du Conseil, il n'osa pas y entrer... »

Lameth et Rœderer répondirent ensuite au discours de l'abbé Maury, puis le duc de Biron (ex-Lauzun), après avoir baptisé le duc d'Orléans du nom « de premier sectateur de la Liberté », s'engagea au nom du Prince « à faire connaître des détails qui attestent sa pureté et mettront fin aux calomnies ».

La discussion paraissait terminée, quand Montlosier gravit la tribune pour réclamer encore, « ayant préparé une réfutation du rapport de Chàbroud, un délai de trois jours pour examiner un travail de trois mois ». Son intervention déchaîna la colère des spectateurs des deux sexes, et sa voix fut couverte par leurs cris répétés de « *Aux voix! aux voix!* » « Il me paraît, s'écria M. de Folleville, que les tribunes veulent voter dans cette affaire? Elles n'ont alors qu'à descendre à nos places ! »

Une fois le calme rétabli, la tribune resta quelques minutes déserte, sans pourtant qu'aucun député réclamât la clôture. Enfin Rœderer se décida à rompre cet embarrassant silence en déclarant tout haut, ce que tout le monde pensait intérieurement, qu'il ne restait plus qu'à entendre les explications promises par le Prince ; à cette mise en demeure, Biron se contenta de répondre : « M. d'Orléans, sûr de son innocence, plein de confiance dans la justice de l'Assemblée, n'a rien à ajouter. »

Le mutisme par trop prudent du duc d'Orléans, qui ne parut à aucune des séances de l'Assemblée, ayant provoqué quelques murmures, même parmi ses partisans, Barnave vint à son secours et traita « de véritable crime national la Procédure, qui a été jugée du moment qu'elle a été entre nos mains... Nous ne pouvons même pas, ajouta-t-il, accorder à M. d'Orléans le temps de fournir une justification rendue par ses propres accusateurs ». L'Assemblée applaudit cette déclaration, s'empressa de rejeter la proposition de Montlosier, puis décida « qu'il n'y avait pas lieu à accusation ».

Aussitôt Brulart de Sillery annonça que M. d'Orléans « l'avait chargé de demander la parole pour le lendemain ». Le 3 octobre, effectivement, le duc vint lire une sorte de confirmation de l'engagement pris en son nom par Biron, mais « les éclaircissements nécessaires devant être donnés en présence de tous ceux qui auront intérêt à les contredire et devant ceux qui auront droit d'en connaître », il laissa le soin de se justifier à ses conseils, Bonhomme-Comeyras, Hom et Rozier qui, dans un *Mémoire à consulter et consultation pour M. L. P. d'Orléans*, se bornèrent à reproduire en les délayant souvent maladroitement les arguments de Chabroud et de Duveyrier. Comme ce dernier, mais simplement pour la forme, ils conseillèrent à leur client d'engager des poursuites contre Boucher d'Argis, Flandres de Brunville et une dizaine de témoins (29 octobre).

Une lettre adressée le 9 novembre au duc d'Orléans par quarante-huit Gardes du corps [1] montre le peu de franchise du Prince ; les Gardes lui demandent

---

[1] *Arch. Nat.* C¹²⁴, 379.

comment il a laissé publier dans son *Mémoire* tant de calomnies contre eux, alors que quelques jours auparavant il avait proclamé devant de nombreux témoins « son admiration pour la conduite des Gardes du corps ».

D'après Beaulieu [1], d'Orléans, « sur les conseils d'une dame avec laquelle il avait des habitudes (Mme de Genlis), fit proposer un cartel au président de Frondeville »; ce dernier aurait accepté, le duel toutefois n'eut pas lieu. « Si M. d'Orléans est blâmable, écrivit le 5 Octobre Mme Robert-Keralio [2], c'est d'avoir cédé à une basse intrigue, d'avoir eu la prudence de s'éloigner lorsqu'il y avait de la gloire à triompher », et dans un bel élan d'éloquence, compara le Châtelet au « *reptile qui tisse sa toile* entre les colonnes de l'édifice en essayant en vain de les souiller ».

L'Assemblée adopta les conclusions de Chabroud « à une très grande majorité ». L'unanimité fut même d'autant plus complète que tous les membres de la minorité quittèrent la salle des séances avant le scrutin, après avoir chargé M. de Faucigny de faire en leur nom la déclaration suivante : « Comme nous n'avons pas été envoyés ici pour juger, nous pensons ainsi ne pouvoir ni absoudre, ni condamner. »

Cent vingt-trois d'entre eux rédigèrent immédiatement une protestation par laquelle ils déclarèrent

---

[1] *Essais historiques sur la Révolution.*

[2] Olympe de Gouges, l'autre grande féministe de la Révolution, était également une admiratrice du duc.

« improuver le Rapport de M. Chabroud parce qu'il paraît n'avoir eu pour objet que de dénaturer les faits, d inculper les victimes, de diffamer les témoins, de rendre odieux le tribunal, d'excuser les plus horribles attentats en les identifiant aux opérations de l'Assemblée Nationale, de substituer pour les justifier un complot imaginaire à un complot réel, de diminuer enfin l'horreur que tout bon Français doit avoir pour des crimes qui inculpent la Nation tout entière tant qu'ils restent impunis... Devant les menaces et les insultes des tribunes, plusieurs d'entre nous se sont retirés d'une délibération qui leur paraissait manquer de liberté » [1].

Quarante-sept autres députés approuvèrent ce manifeste, quelques-uns avec la restriction qu'ils ne croyaient pas à la culpabilité de Mirabeau ou se déclaraient incompétents. La crânerie du fougueux orateur lui valut quelque indulgence, et puis bien des initiés estimèrent fort impolitique son inculpation, sachant que ces poursuites avaient presque occasionné la rupture des pourparlers secrets déjà engagés entre le tribun et la Cour. Qui sait si en 1790 Mirabeau ne serait point parvenu à enrayer le mouvement révolutionnaire ?

Si l'on ajoute à ces cent soixante-dix voix de la minorité une quarantaine de Représentants, témoins dans la procédure qui ne prirent point part au vote [2],

<hr>

[1] *Compte rendu par une partie des membres de l'Assemblée. — Opinion sur le rapport de la Procédure du Châtelet.*

[2] Le *Mémoire ou Pièces justificatives de M. d'Orléans,* etc., se plaint

et ne signèrent pas la protestation, on arrive, sans compter *trois cents* Représentants réfugiés prudemment dans leurs provinces, dont bien peu devaient être orléanistes, au chiffre de deux cent vingt députés convaincus de la culpabilité du duc d'Orléans. Un tel nombre a son éloquence.

Les adversaires du Châtelet triomphèrent bruyamment, c'était leur droit, comme le nôtre consiste à rechercher qui avait raison, car un acquittement politique, devant une Haute-Cour d'occasion, paraît une assez médiocre preuve d'innocence. Malheureusement on éprouve quelques scrupules et beaucoup d'embarras à vouloir juger une Procédure dont il subsiste si peu de chose.

Nous ne possédons même pas le texte de toutes les dépositions recueillies par le Châtelet, un certain nombre, et non des moindres, n'ayant pas été publiées. On verra un peu plus loin que *quarante* ou *cinquante* témoins chargèrent Reine Audu. Bien que la Reine ait répondu à un conseiller du Châtelet « avoir tout oublié », on ne possède aucun compte rendu *officiel* des déclarations de la famille royale ; celle de Madame Adélaïde aurait pourtant été fort intéressante à connaître en entier. Comment encore expliquer l'absence dans la Procédure des dépositions d'un certain nombre de députés qui ne purent cependant, comme Margueritte, prendre part au vote par

que sur 57 députés cités, 47 fussent des adversaires déclarés du duc. D'après notre calcul, il y eut 61 députés récusés dont 42 seulement assistèrent aux débats.

suite de leur qualité de témoins devant le Châtelet ?

Comme nous, Duveyrier, l'avocat du duc d'Orléans, s'étonne dans ses *Souvenirs* de n'avoir pas retrouvé dans la Procédure deux dépositions d'officiers particulièrement graves pour son client; Chabroud cite des témoignages *recueillis par le Châtelet*, notamment celui de Louis Poterne, dont il ne subsiste pourtant plus aucune trace, et la même regrettable lacune se produit au sujet de l'arquebusier Bouillet interrogé, peut-être même arrêté au commencement de novembre à propos d'une fourniture d'armes faite par lui à un valet de chambre du duc d'Orléans[1].

Dans ces conditions on hésite à se prononcer. Néanmoins, tout en combattant les conclusions du rapport de Chabroud, il faut bien reconnaître que le Châtelet paraît avoir commis deux fautes capitales.

Les Conseillers, à moins que ce ne soit le fait du Comité des Rapports, eurent d'abord le plus grand tort de présenter cet indigeste fatras de quatre cents témoignages sans y mettre un peu d'ordre et sans faire la moindre distinction sur leur valeur respective. Une bonne moitié ne présente aucune espèce d'intérêt, une soixantaine auraient demandé à être soigneusement contrôlés, et une centaine seulement méritaient d'être retenus. Ensuite, la plupart des dépositions furent recueillies beaucoup trop longtemps après les événements, et trop de témoins cités ne parlent que

____

[1] *Le Fouet national,* nᵒ 5.

par ouï-dire, alors que tant de personnes avaient vu de près tous les incidents de l'émeute.

La seconde faute du Châtelet paraît autrement plus grave puisqu'elle permet, jusqu'à un certain point, de mettre son impartialité en doute. Le Tribunal se dispensa de recueillir des témoignages pourtant indispensables, comme ceux de Saint-Priest, des ministres, de d'Estaing, de Luxembourg, de Narbonne, de Mme de Tourzel, sans doute pour ne pas forcer ces hauts personnages à s'expliquer sur les préparatifs de départ de la famille royale, et oublia systématiquement de citer la plupart des « Patriotes » dont il pouvait craindre les dépositions hostiles au Roi ou à son entourage. Le Châtelet était dans son droit de se méfier de Hulin, de Lecointre et de son second Durup de Baleine, mais il devait néanmoins les entendre.

Les procès-verbaux qui nous sont parvenus sont même trop succincts pour qu'on puisse souvent deviner les questions posées aux témoins; pourtant on peut s'étonner que les Conseillers ne soient pas parvenus à obtenir du duc d'Ayen, de La Fayette et de tant d'autres des dépositions un peu moins courtes ou un peu plus précises. Comment l'enquête d'ailleurs aurait-elle pu aboutir quand les juges ne purent jamais obtenir qu'un témoin *capital*, le directeur général des postes Rigolley d'Ogny, fût délié du secret professionnel ! [1]

---

[1] Le 24 septembre 1798 le Châtelet enregistra une liste de 17 témoins à entendre indiqués par Chabroud.

Le Châtelet commit en outre une faute grave en dédaignant trop longtemps les simples comparses, pour concentrer tous ses efforts contre deux grands personnages bien difficiles à atteindre. Quand les chefs présumés du mouvement lui eurent échappé, il n'était plus temps d'arrêter les vulgaires assassins, disparus comme par enchantement. Des dix-neuf inculpés — d'Orléans et Mirabeau mis à part — les cinq suivants avaient seuls pu être désignés nominativement : Nicolas, Armand, Blangey, Théroigne de Méricourt et Louise-Reine Le Duc (Audu) [1].

Le premier nommé fut la seule personne sérieusement recherchée par la police de la Municipalité. Le Grand Nicolas, surnommé l'*Homme à la Grande Barbe*, ancien bourreau du Sultan du Maroc (?), portait toujours une coiffure particulière appelée « un bonnet très élevé ». « Il était assez bien fait, d'une corpulence moyenne, les cheveux bruns, d'une taille de cinq pieds quatre ou cinq pouces ($1^m,75$), paraissait âgé de quarante à quarante-cinq ans. » Deux taches blanches le marquaient sur la poitrine et sur le dos et complétaient son signalement. Il était à la fois modèle, chiffonnier, décrotteur et commissionnaire.

On croit qu'il s'appelait Jourdan, et nombre d'historiens l'ont identifié longtemps avec Nicolas Jouve-Jourdan, le triste héros des massacres de la Glacière à Avignon (Octobre 1791) ; pourtant il semble maintenant presque certain que malgré cette bien extraor-

---

[1] Le Châtelet semble avoir également fait une enquête sur la conduite de l'abbé Dillon, curé du Vieux Pouzauges (Vendée).

dinaire coïncidence de noms, de prénoms et de fana-
tisme sanguinaire, les deux Nicolas Jourdan n'ont
rien de commun entre eux.

Quelques auteurs, par contre, ont déclaré que
l'Homme à la Grande Barbe ne s'appelait pas Jourdan ;
le Châtelet, qui ayant retrouvé facilement sa femme,
devait connaître son véritable nom, l'appelle toujours simplement Nicolas.

Lescène des Maisons et l'abbé Mulot envoyés
comme « Commissaires-médiateurs entre les peuples
d'Avignon et du Comtat-Venaissin », dans leur rapport
du 10 septembre 1791, affirment que le *colonel* Jourdan
vendait à Avignon de la garance le 6 octobre 1789[1].
« Le surnom de *Coupe-têtes*, ajoute Lescène, naquit
de la méchanceté de ses concitoyens et d'un propos tenu
par sa grossière franchise. Il avait dit[2] que se trouvant à Paris dans les temps de ces actes effroyables
(massacre de Launay et de Foulon), un homme de la
Garde nationale emprunta son sabre et lui dit, en le
lui rendant, qu'il avait blessé une des victimes de ces
jours de troubles et de sang. »

Un mois plus tard, « cet homme calme, ce paisible
commerçant » (qui ne savait pas lire et signait les
ordres d'exécution au moyen d'une griffe), montrait
à ses concitoyens qu'ils ne s'étaient point trompés en

---

[1] Les deux enquêteurs font preuve d'une telle partialité que
leurs assertions toutefois n'ont pas grande valeur.

[2] Jouve Jourdan, né en 1749, ancien garçon boucher, condamné
à mort comme contrebandier par le tribunal de Valence, se cachait
alors à Paris sous le nom de Petit, et fut palefrenier du maréchal
de Vaux, puis du malheureux gouverneur de la Bastille, de Launay.
Il mourut sur l'échafaud le 27 mai 1794.

lui décernant par anticipation (?) cet odieux surnom.

D'après un grand nombre d'auteurs[1], l'Homme à la Grande Barbe se vantait, comme son homonyme, d'avoir arraché, le 22 juillet précédent, le cœur de Foulon[2]. Nous avons déjà raconté les exploits de ce sinistre bandit à l'Hôtel de Ville[3]. Ce fut lui qui coupa la tête de Deshuttes et de Varicourt ; tous les témoins sont unanimes à cet égard, et plusieurs rapportent quelques-uns de ses horribles propos : « En voilà un de tué, ce ne sera pas le dernier ! — Bon ! je n'ai que deux têtes : je comptais sur trois cents ! — C'était bien la peine de me faire aller là-bas pour deux têtes[4]. »

« On trancha, raconte Borg, près de moi la tête à un grand Garde du corps, malgré les cris des honnêtes gens qui demandaient grâce pour lui, sous la porte du grand corps de garde et on le dépouilla ; plusieurs trempèrent les mains dans son sang et s'en frottèrent la figure... Les grenadiers me répondirent qu'ils ne pouvaient rien empêcher, deux dragons et un soldat du régiment de Flandre fondaient en larmes. Deux officiers de la Garde nationale dont l'uniforme était un habit bleu avec revers et parements jaunes s'avancèrent ensuite, exigeant qu'on leur montrât les Gardes

---

[1] Notamment Sébastien Mercier. *Nouveau Paris.*

[2] Simon Mézières, dit Versailles, fut arrêté pour s'être glorifié d'avoir accroché Foulon à la lanterne. La tête de ce malheureux ne fut rapportée à la Commune que très tard dans la soirée « par un petit pâtissier, dans sa manne » (Arch. nat., Y. 10, 649 et 11, 285).

[3] Voir p. 37.

[4] Dépositions 127, 131 et 132.

massacrés et s'écrièrent : « Comment ! il n'y en a que deux ? »

Vaquier de la Mothe faillit également devenir la victime du Grand Nicolas. « Pendant, raconte-t-il, qu'on discutait pour savoir s'il fallait me pendre ou me couper la tête, il s'empressa autour de moi trois ou quatre fois un homme de cinq pieds deux ou trois pouces, barbe longue assez noire, un chapeau extrêmement retapé à la suisse, et une espèce d'uniforme sur lequel il me sembla voir des galons de livrée comme celui des tambours, qui portait une hache ensanglantée. »

Cette hache dérobée au greffe de l'Hôtel de Ville semblait prédestinée, car elle avait déjà servi au mois d'octobre 1787 au nommé Achmet Bender (aliàs Ali Moustapha) à tuer deux personnes et à en blesser sept sur le coche d'Auxerre[1]. Ainsi cette arme tragique, à deux ans de distance passa des mains d'un fou épileptique entre celles d'une brute sanguinaire, tous deux, coïncidence encore bien étrange, anciens esclaves marocains !

Achmet Bender étant mort quelques jours après son crime, à l'hôpital de Sens, des blessures qu'il avait reçues de la maréchaussée, on peut se demander si on ne se trouve pas en présence d'une nouvelle confusion, et si l'Homme à la Grande Barbe était bien également un ancien esclave du sultan du Maroc.

Après avoir réclamé du tabac au sieur Dupont,

____

[1] Voir page 36 et le *Journal de Paris* du 4 novembre 1787.

suisse de Mme de Talaru, le Grand Nicolas prit
la précaution « d'abriter sa barbe pour que la pluie
n'enlève pas le sang qui la souillait ». On le vit
ensuite couper un pain en deux avec la hache ensanglantée, puis en manger la moitié[1].

Quelques jours plus tard, *Coupe-têtes* déclara à son
logeur Pouget, demeurant rue Champ-Fleury[2] « que
c'étaient les poissardes qui l'avaient forcé à couper
la tête du Garde du corps, lequel était mort, et qu'il
ne s'est déterminé à cette opération que pour éviter
d'être lui-même massacré par les femmes ! » Il
ne quitta le domicile où il résidait depuis deux
ans que le 16 octobre, après avoir pris la sage
précaution de faire couper sa barbe révélatrice,
soi-disant « parce que les enfants la lui tiraient ».
Pouget déclare « qu'il n'avait jamais reconnu en lui
rien de contraire à la probité ». Peu de temps après,
Nicolas fut aperçu pour la dernière fois au cabaret
des Porcherons, où sa femme s'était réfugiée après
l'avoir quitté.

Le 25 octobre *La Chronique de Paris* annonça : « On
a cru l'avoir arrêté, mais on dut bientôt reconnaître
que le personnage barbu n'était qu'un modèle d'atelier qui ne s'était pas rendu à Versailles. » Le même
journal raconte, le 28 janvier suivant, « que la femme
du Coupeur de têtes est venue, comme M. de Rutlidge,
se mettre sous la protection du district des Cordeliers.

---

[1] *Relation très exacte.*

[2] Cette rue se trouvait sur l'emplacement actuel des magasins du
Louvre.

Ce district a pensé qu'il n'y avait lieu de délibérer, et a signifié à tous les deux de se retirer ».

Cet homme à longue barbe, effroi du souvenir!

eut bien tort de ne point reparaître un peu plus tard, car il eut, sinon des admirateurs, du moins d'ardents défenseurs; Barthélemy le chante dans ses *Douze Journées de la Révolution.*

> Quand son œuvre est finie il en demande une autre.
> Il dépèce en lambeaux de tièdes intestins...
> Que savez-vous ? peut-être une injuste sentence
> Vingt ans dans les cachots broya son existence!
> Peut-être qu'un Seigneur de cette même Cour
> Souilla son chaste hymen d'un impudique amour,
> Ou que du Parc aux Cerfs une trame infernale
> Emporta dans la nuit sa fille virginale,
> Ah! ne condamnons point ces hommes délirants
> Qui rendent des forfaits à des forfaits plus grands !

Armand, domestique du marquis de Saint-Maixant, député de la Manche, s'empara le 6 octobre d'une paire de pistolets appartenant à son maître et tira sur Deshuttes. Le meurtrier, qui avait perdu dans la bagarre une de ses armes, la remplaça par le pistolet d'ordonnance de sa victime. Plusieurs témoins affirmèrent l'avoir entendu se vanter de son exploit à l'Hôtel des Fermes et dans la loge du suisse de M. Parseval Dechesnes[1]. Comme le Grand Nicolas, Armand échappa à toutes les recherches.

Les faits reprochés à Blangey, domestique de

---

[1] Dépositions 266. 273 et 320.

M. Hément directeur de la Ménagerie, remontaient au mois de septembre précédent, et il ne faudrait pas prendre trop au sérieux les propos de cet ivrogne qui se vanta d'avoir reçu de l'argent pour assassiner la Reine[1]. Chabroud prit chaleureusement sa défense.

Le rôle de Théroigne de Méricourt semble avoir été assez effacé le 5 Octobre, même si on l'identifie avec l'Amazone versaillaise qui, vêtue d'une veste écarlate et armée d'un sabre, cavalcada sur la place d'Armes. Pourtant sa fuite fournit contre elle une présomption de culpabilité ; dès le mois de mai, elle passa la frontière, d'ailleurs bien utilement, car elle fut emprisonnée... par les Autrichiens !

Sur les indications de Mercy-Argenteau, la célèbre révolutionnaire fut en effet arrêtée près de Liège le 16 février 1791, et conduite aussitôt dans la forteresse de Kufstein en Tyrol. Toutefois, à la suite d'interrogatoires dont elle se tira à son avantage, l'Amazone obtint d'être simplement placée à Vienne sous la surveillance de la police. Peu de temps après l'Empereur lui accorda une audience et, subjugué sans doute par ses charmes, la gratifia le 24 novembre d'un passeport et de six cents florins.

Tous les autres inculpés, dont on ne possédait d'ailleurs qu'un signalement tout à fait insuffisant, par exemple : le chasseur des Trois-Évêchés, le prétendu chevalier de Malte, « vêtu d'un uniforme de la Garde de Paris ou de Versailles », qui exhortaient les femmes

---

[1] Dépositions 330, 351, 352.

« à n'épargner que le Dauphin et le duc d'Orléans »,
le quidam déguisé·en femme portant un fourreau de
mousseline et un bonnet assez élégant, le milicien
« ayant les mains gercées et noires et fort peu de cheveux », le quidam avec un jupon très blanc, trois
quidams déguisés en femmes, avec des culottes de
casimir, un quidam ayant un habit vert, un quidam de
la rue Saint-Honoré, un quidam charpentier, demeurèrent, on le conçoit facilement, introuvables.

Il en fut de même pour la « quidame rousse, grande,
ayant un tablier et tenant une faucille », et pour « une
petite femme brune de peau » qui assiégea les appartements de la Reine en criant : « Ah! la g... c'est
par là! Si nous tenons la b..., nous l'arrangerons[1]! »

Bref, de toutes les personnes décrétées par le Châtelet, Reine Leduc (Audu) fut la seule appréhendée.
Bien piètre capture pour tant d'efforts!

---

[1] Déposition de Rodolphe de Bercy (100).

CHAPITRE XV

ARRESTATION ET INTERROGATOIRE
DE REINE AUDU

La malchanceuse Amazone qui allait bientôt, grâce à son incarcération, devenir l'infortunée victime puis la grande Héroïne des Journées d'Octobre, fut arrêtée à Versailles, dans la nuit du 20 au 21 septembre 1790, par Damien, huissier à cheval du Châtelet, et immédiatement écrouée dans la prison du Châtelet.

Louise-Reine Leduc déclara alors être née à Château-Gontier, et se nommer en réalité Reine Audu. « Elle s'appelle, dit la *Chronique de Paris* du 25 Septembre, Audru (*sic*) et a pour bon ami un nommé Cœur-de-Roi. » Ce Cœur-de-Roi, militaire de son état, d'après le logeur Angle (Déposition 135), était encore le 8 avril détenu dans la prison de Saint-Denis « pour s'être trouvé au Champ de Mars avec d'autres militaires ». Il s'agit évidemment de l'émeute du 12 janvier à la suite de laquelle deux cent sept soldats furent arrêtés à Paris ou à Saint-Denis. La liste des prisonniers, conservée aux Archives Nationales, n'indique malheureusement pas leurs surnoms.

« Ces sobriquets, ajoute la *Chronique*, paraissent avoir été pris à plaisir. » On serait assez tenté de la croire en constatant l'impossibilité d'établir le véritable état civil de l'inculpée. La naissance d'aucune Louise, Renée, Leduc ou Audu ne se trouve portée, de 1740 à 1770, sur les registres de baptêmes de la ville de Château-Gontier, ni sur ceux de ses faubourgs d'Azé et de Bazouges. La *Chronique de Paris* place bien ce Château-Gontier en Franche-Comté, seulement le Dictionnaire des Postes n'indique en France qu'une seule localité de ce nom.

La même incertitude règne à l'égard des véritables prénoms de la prisonnière ; elle se trouve indifféremment dénommée René, Renée, Reine, ou Reine-Louise, et les deux signatures informes que nous connaissons d'elle ne nous renseignent aucunement : l'une porte *Reinu Odu*, l'autre *Renne Audu !*

Pour compliquer encóre le problème, Nodier l'appelle Jeanne, et Magloire Robert, dans ses *Causes en partie inconnues des Evénements depuis trente-deux ans*, déclare qu'Anne-Marguerite Audu était veuve de François Revel, la confondant incontestablement avec la lingère Anne-Marguerite Andelle, veuve de François Ravet, dont nous avons déjà parlé plusieurs fois. Notre héroïne ne devait pas être mariée, puisque la procédure la qualifie toujours de fille, et le *Moniteur* de mademoiselle.

D'après la *Biographie Moderne*, publiée en 1815, Audu avait été surnommée la « Reine des Halles » « à cause, ajoute Lairtullier[1], de sa beauté remar-

---

[1] *Les Femmes célèbres de la Révolution.*

quable et de la puissance subjuguante de son ascendant poissard ». Le *Journal de la Cour et de la Ville* confirme qu'une des femmes qui houspillèrent et allèrent embrasser l'évêque de Langres était connue sous le nom de Reine de Hongrie. D'après l'*Histoire authentique et suivie*, ce titre aristocratique[1] appartenait à la première Dame de la Halle, suivant un arrêté du district Saint-Joseph, pris le lendemain de l'assassinat de Foulon, pour demander aux vendeuses des Halles de vouloir bien concourir au rétablissement de l'ordre.

L'Envoyé de Saxe prétend bien que la Reine de Hongrie était, le 15 octobre, une des citoyennes qui allèrent demander au Roi et à la Reine de venir assister à la représentation du *Souper d'Henri IV*, mais cela prouve simplement que les Bonnes Citoyennes du 8 Octobre avaient déjà remplacé Reine Audu.

Aucun doute ne peut subsister sur l'identification de l'Amazone et de la Reine de Hongrie. « Une femme, déclare au mois de février 1791 l'*Orateur du Peuple*[2], vulgairement appelée la Reine de Hongrie,... est plongée depuis quatre mois dans les prisons du Châtelet... que n'aurait-on pas à alléguer pour la justification de la Reine de Hongrie qui alors combattait pour notre liberté commune ! » Ce sobriquet royal permet d'expliquer la transformation de son prénom

---

[1] M. Tourneux signale l'existence au British Museum d'une brochure de cette époque, intitulée *Le Roi d'Yvetot et la Reine de Hongrie.*

[2] Tome IV, p. 392.

de Renée en celui de Reine que lui donna toujours son avocat Chenaux, en y joignant parfois celui de Louise.

Sa *Requête à l'Assemblée Nationale* nous apprend qu'elle était la neuvième enfant d'une mère née en 1712 et que cinq de ses frères avaient servi dans les armées ; en 1791, l'un d'eux était chasseur des Barrières [1]. Un certain Michel Audu, de la section de Popincourt, fut arrêté en floréal an II pour avoir tenu des propos inciviques en apprenant qu'un lot de baguettes de fusil de sa fabrication venait d'être refusé [2], toutefois rien n'indique qu'il fût parent de l'Héroïne.

Il est curieux de constater que nous n'avons pas rencontré une seule fois le nom de Leduc-Audu dans les nombreux libelles contemporains des Journées d'Octobre. Les journaux ne commencent à parler d'elle qu'après son incarcération, et la *Mère Duchesne* ne la prend parfois comme interlocutrice qu'à partir de 1791.

Aucun auteur, pendant longtemps, ne semble avoir pris au sérieux le rôle de celle à qui Charles Nodier attribue, d'après des sources que nous n'avons pu découvrir, le surnom fort peu mérité de « Jeanne d'Arc de la Révolution ! » Peut-être fait-il allu-

---

[1] « Les chasseurs nationaux, créés pour aller au-devant des ennemis de l'Etat, ne sont plus que les suppôts des commis de barrières et les destructeurs des infortunés qui cherchent à se procurer les moyens de vivre en introduisant en fraude — puisque c'est l'expression des cinq fermes réunies — les denrées qui payent de grosses entrées. » *Le Nouveau Tableau de Paris.*

[2] Arch. nat., F⁷ 4582.

sion à un discours prononcé à la Société des Citoyennes Révolutionnaires, dans lequel la citoyenne Monique, chef des tricoteuses des tribunes de la Convention, comparait Lacombe et Audu à Déborah, Thamyris, Judith, Panthée, Catherine et Jeanne d'Arc [1].

Plus tard Magloire Robert [2] l'appellera « une des caissières de l'insurrection. Cette femme, déclare-t-il, avait sur elle 150.000 livres en billets de caisse d'escompte. » George Duval ajoute que Coroller du Moustoir, le député dont certains propos compromettants avaient été dénoncés au Châtelet, s'était vanté « d'avoir recruté Théroigne, Leduc, Curé et Maillard ».

Pierre Curé, ancien matelot devenu papetier, fut condamné par le Châtelet, le 15 mars 1790, à trois jours de carcan et aux galères à perpétuité pour avoir essayé de soulever la population de Cornod-en-Bresse en proclamant « que le Tiers, ayant beaucoup moins d'esprit et de connaissances que les Aristocrates et le Clergé, devait les détruire pour ne pas en être les victimes ». [3] C'était, d'après les *Intrigues secrètes de Louis-Philippe d'Orléans dans sa résidence actuelle en Angleterre*, un agent du duc; il prêchait « qu'il fallait faire du boudin avec le sang de la Reine [4] ».

Roussel, dans son *Château des Tuileries* publié en 1802, cite simplement Audu à propos de sa conduite au 10 Août et la fait mourir folle à une date incontes-

---

[1] Voir notre *Histoire des Clubs de femmes et des Légions d'Amazones*.

[2] *Causes des événements survenus depuis trente-deux ans.*

[3] *Moniteur*, 17 mars 1790.

[4] *A Messieurs du district des Cordeliers.*

tablement fausse. Enfin Nodier, après en avoir fait une massacreuse de Septembre, alors qu'elle était retenue dans son lit par une blessure reçue lors de la prise des Tuileries, la confond avec Aspasie Carlemigelli, la meurtrière plus ou moins authentique de Féraud.

Ces renseignements bien vagues sont les seuls que nous possédions sur notre Héroïne, en dehors de quelques pièces d'archives et des affirmations plus que suspectes émanant de son avocat.

Les amis ou les complices de Reine Audu ne l'abandonnèrent point dans sa prison et chargèrent immédiatement un homme de lois nommé Chenaux[1] de s'occuper de sa défense. Dès le 23 septembre, ce procureur déposa une *Protestation d'incompétence dictée par Reine Audu.*

« Auparavant de vouloir répondre à aucun interrogat, même de nommer conseil... elle proteste de l'incompétence du tribunal devant lequel elle est traduite... attendu que, soit que l'on considère l'instruction, soit que l'on considère la nature du délit que l'on suppose exister, soit enfin que l'on s'arrête aux lieux où il s'est passé, le tribunal du Châtelet, soit comme juge du Châtelet, soit comme tribunal de lèse-nation est incompétent : 1° en ce qu'il n'est qu'un tribunal territorial et n'a de compétence que pour connaître

---

[1] Sept discours ou factums de Louis Barthélemy Chenaux, du district de l'Oratoire, ont été imprimés. Deux d'entre eux concernent l'organisation de la maison nationale des Invalides.

les délits qui se passent sur son territoire ; 2°... en ce que, de par les lois et édits, qui ne sont révoqués par aucun décret de l'Assemblée, tout délit ou crime de lèse-majesté royale sont attribués au Parlement de Paris, les princes et pairs y séant... Ce ne sera en conséquence que comme contrainte, et pour obéir à la justice, qu'elle répondra aux interrogatoires qui pourront lui être faits... »

Ce déclinatoire d'incompétence n'empêcha pas M. de La Hurproye, conseiller au Châtelet, de continuer l'instruction : le 22 septembre et jours suivants, on donna lecture à l'inculpée des pièces de la procédure engagée contre elle, qui ont toutes disparu ; le 24, on donna assignation à dix sept témoins absents ; le 25, on fit le récolement de quelques témoins avec observation « que copie d'une lettre représentée par M. de La Morte est restée annexée au dossier[1] ». Enfin le 5 octobre 1790, un an jour pour jour après la marche sur Versailles, M. de La Hurproye interrogea l'inculpée.

A défaut des minutes de la Procédure, le *Moniteur* du 11 octobre nous a heureusement laissé un compte rendu fort détaillé de cet interrogatoire. « ... On a demandé à Mlle Louise-Renée Audu, désignée dans la Procédure sous le nom de Leduc, pourquoi elle s'était transportée à Versailles le 5 Octobre ; si elle n'avait point dit en partant qu'elle apporterait la tête de la Reine au bout de l'épée dont elle était armée ; si elle

---

[1] Voir *Les Forfaits du 6 Octobre*, pièces annexes, numéros III et IV.

n'était point accompagnée d'une troupe de femmes et d'hommes armés de haches ; si elle n'avait point reçu de l'argent, si elle avait connaissance qu'il en eût été distribué pour exciter elle et ses compagnes à se porter aux excès de ces deux journées; si elle ou ses compagnes n'ont point participé au massacre des Gardes du corps et à tous les désordres qui se sont commis à Versailles, à l'Assemblée nationale et au Château ; si elle n'avait pas été chez le président de l'Assemblée nationale (M. Mounier) dans des intentions criminelles ; si elle n'avait point été excitée à se transporter avec d'autres compagnes à Versailles pour engager le régiment de Flandre à la défection ; s'il n'y avait pas dans leur troupe des hommes déguisés en femmes, d'autres mal vêtues munies de beaucoup d'argent, d'autres qui vomissaient des imprécations contre la fidélité due à l'Assemblée nationale et au Roi, etc. On a fini par lui faire observer que tous ces faits étaient consignés dans la Procédure, et qu'elle y était désignée comme complice de ces mêmes faits.

« L'accusée, avant de répondre, présenta au juge une protestation contre la procédure : 1° parce que le délit, s'il en existe, n'a point été commis dans son territoire ; 2° parce que les crimes de lèse-majesté sont de la compétence de la Cour suprême. Cette protestation finit par une réserve de l'accusée de prendre à partie les dénonciateurs, les juges, etc., pour raison de dommages-intérêts.

« L'accusée, après cette lecture, a d'abord nié qu'elle ait jamais été à Versailles. Le juge lui a

observé que *cinquante* témoins déposaient l'y avoir
vue, l'accusée alors a dit qu'elle se rappelait en effet
y avoir été ; que, passant du côté de la Grève, plusieurs femmes bien et mal vêtues l'avaient forcée de
partir avec elles pour demander au Roi et à l'Assemblée
nationale pourquoi Paris manquait de pain ; que ces
motifs lui avaient paru raisonnables et l'avaient déterminée à les suivre, car, si elle les avait entendues
tenir les propos qu'on leur prête contre le Roi et
l'Assemblée, elle aurait *caponné* et se serait esquivée ;
qu'elle n'a point tenu d'abominables propos dont on
l'accuse contre la Reine, propos d'autant plus
absurdes qu'elle n'avait point d'épée et n'était armée
que d'un manche à balai [que les femmes lui mirent
entre les mains [1]] ; qu'elle n'a point reçu d'argent et
qu'elle ignore s'il en fut distribué, qu'elle était partie
de Paris avec trois sous dans sa poche, puisqu'on
n'avait pas voulu lui laisser le temps d'aller chercher
de l'argent chez elle ; qu'arrivées à Versailles exces-
sivement mouillées, elle et ses compagnes avaient
été se réfugier dans les écuries de Mgr le comte d'Artois où un palefrenier les avait recueillies dans une
chambre où elles avaient mal dormi à cause de la
générale et du tocsin ; [qu'elle n'a point été blessée
par un Garde du corps] ; que la faim les avait forcées
de sortir de leur chambre. Que dans les rues de Versailles elles avaient rencontré un Garde du Roi blessé
et malade qui leur avait fait donner un sac de pru-

[1] Les additions entre crochets proviennent du compte rendu de
la *Gazette universelle* (8 octobre).

neaux et une carafe d'eau qui étaient toute sa provision ; que dans le temps de l'invasion du Château et du massacre des Gardes du corps, elle était à boire avec des canonniers du district de l'Oratoire [qu'elle connaissait]; qu'elle n'avait point été séduire les soldats du régiment de Flandre, qu'elle ignorait si on avait envoyé de ses compagnes dans ce dessein ; qu'elle ne s'était point aperçue qu'aucun de ceux qui avaient été à Versailles eût beaucoup d'argent : qu'hommes, femmes et enfants, tous criaient misère ; qu'elle n'a aucune connaissance des autres faits portés dans la plainte et l'information, et qu'elle avait suivi avec les autres le Roi à Paris, et ne s'est rendue coupable d'aucun crime dans les Journées des 5 et 6 Octobre. »

Un autre compte rendu, publié par le *Journal de Paris* du 7 octobre, complète sur certains points les détails donnés par le *Moniteur*. « La défense de l'inculpée est une dénégation formelle de tous les délits à elle imputés. Elle a dit avoir été excitée à partir pour Versailles par une multitude de femmes à elle inconnues et dont plusieurs étaient habillées en Dames de la Halle... que partie de Paris avec trois sols et demi, elle était revenue avec un sol... qu'elle n'était point au massacre des Gardes du corps et qu'elle *n'avait point mis les pieds dans le Château...* qu'elle avait bien vu plusieurs femmes d'une forte corpulence et très hardies [riches de taille, dont les airs étaient vifs et très hardis] [1], mais qu'elle ignorait si c'étaient des

---

[1] *Gazette universelle.*

hommes déguisés; enfin que personnellement, elle n'avait jamais manqué à la fidélité et au respect dus au Roi, à la famille royale et à l'Assemblée nationale. »

Le récit de la *Chronique de Paris* (7 Octobre) apporte une note plus pittoresque : « ... La fille Reine Leduc a réitéré ses protestations contre la compétence du Tribunal... qui devait se renfermer dans le cercle étroit que le Comité des Recherches lui pouvait prescrire... Elle a été même jusqu'à soutenir qu'elle n'avait pas été à Versailles ; mais, lui ayant remontré qu'elle ne pouvait le nier d'après la quantité de témoins qui déposaient l'y avoir vue et ses premières déclarations, — Oui, oui, je ne m'en souvenais pas —, répondit-elle, et, avec un air assez assuré, elle protesta à la fin de la séance qu'elle était une bonne p... qui avait toujours fait son métier avec honneur. »

Ce journal, peu suspect de partialité puisqu'il déclarait quelques jours auparavant « qu'il fallait détruire le tribunal inique du Châtelet », ajoute : « Le public, très nombreux à cette séance, n'a rompu le silence que pour marquer son improbation contre l'indécence de cette accusée. »

CHAPITRE XVI

CAPTIVITÉ DE L'HÉROÏNE
MÉMOIRES PRÉSENTÉS PAR SON AVOCAT

Malgré les dénégations de Reine Audu, son procès fut réglé à l'extraordinaire, et Chenaux reçut le 23 octobre copie de toutes les pièces concernant sa cliente.

Dès le lendemain, l'avocat vint lire à la Société des Amis de la Constitution une *Requête présentée par Reine-Louise Audu.* Il la fit imprimer immédiatement, et la remit le 26 octobre à l'Assemblée nationale, en même temps que la *Protestation d'incompétence* déjà signifiée au Châtelet. « ... La femme infortunée, dit ce plaidoyer emphatique, qui sollicite votre attention, gémissante depuis longtemps sous le joug du malheur, s'est vue tout à coup conduite dans les cachots. Elle descend dans son cœur, trouve sa conduite innocente... pourtant elle se soumet et gémit en silence... Épouvantée de la témérité de ses adversaires, ne pouvant pas prévoir quel en serait le but, elle attaque le Tribunal par l'autorité duquel elle était privée de la liberté. Sa réclamation fut vaine, elle fut obligée de subir publiquement ses interrogatoires. Sa fermeté à nier tout ce que la calomnie a inventé

de plus atroce, sa franchise à avouer ce que le patriotisme le plus pur se fait un devoir d'accorder, ont
convaincu tout esprit juste de son innocence. Ses
juges seuls, calculant froidement ses malheurs, y
restèrent insensibles... Un nouveau jour est venu luire
sur cette affaire au moment où, au nom de votre
Comité des Rapports, l'éloquent Chabroud vous en a
tracé l'effrayant tableau... Maintenant qu'il ne nous
est plus possible d'apercevoir dans cette affaire qu'une
conspiration ourdie contre la Constitution ; actuellement que vous pouvez apprécier les justes causes de
l'insurrection des 5 et 6 Octobre vous ne pouvez
laisser plus longtemps sous le glaive de la justice
ceux sur la tête desquels il est suspendu.

« Vous devez donc, Messieurs, dans votre sagesse,
décréter les moyens d'enlever à un tribunal, qui, suivant l'expression de M. le Rapporteur, *a cessé d'être
lui, et s'est, par un principe d'erreurs, laissé entraîner
on ne sait pas trop comment, à la pensée d'autrui*, la
décision d'un procès qu'il n'aurait jamais dû s'approprier. Votre équité peut-elle permettre en effet que
ce tribunal use d'un pouvoir dont il est convaincu
d'avoir abusé ?... C'est de vous qu'émanent les pouvoirs qu'exerce le Châtelet ; c'est à vous seuls qu'il
appartient de juger s'il les a outrepassés .. »

La Requête se terminait ainsi : « Veuillez donc,
Messieurs, prendre en considération cette pétition et
déclarer : 1° Constitutionnellement, que la seule personne du Roi est inhérente à la Constitution, et peut
être l'objet d'un crime de lèse-nation ; 2° Que l'accu-

sation des 5 et 6 Octobre ne porte pas sur un crime de lèse-nation ; 3° Casser et annuler, comme incompétemment faite, la procédure du Châtelet de Paris relative à ces délits ; 4° Et, comme les juges ont outre-passé leurs pouvoirs... réserver les droits de l'accusée, pour la prise à partie, et ordonner que l'accusation sera envoyée devant les juges du délit. 5° Ordonner pareillement que, provisoirement, les accusés (*sic*) seront mis en liberté, à la charge par eux de se présenter en tout état de cause. »

Les Patriotes comptaient très certainement arriver pour le moins à obtenir « que ce serait aux juges du lieu où le délit a été commis de connaître d'un crime qui n'était pas de lèse-nation ». Aussi avaient-ils pris la précaution de faire élire, dès le 5 octobre 1790, Robespierre président du tribunal de Versailles.

L'Assemblée nationale refusa pourtant d'examiner cette pétition, et s'empressa de passer à l'ordre du jour. Les députés, qui venaient de mettre hors de cause les deux chefs présumés du mouvement, jugèrent impolitique de faire relâcher la seule personne arrêtée par le Châtelet. C'est ainsi que la malheureuse Audu assuma, d'abord bien malgré elle, le périlleux honneur d'avoir mis à la raison les Gardes du corps et ramené la famille royale à Paris.

Si l'on en croit un *Mémoire* adressé par Chenaux au ministre de la Justice[1] l'accusation reposait uniquement sur les quatre dépositions suivantes, bien

---

[1] Arch. nat., BB¹⁸ 701.

que le *Moniteur* parle d'une cinquantaine, et la *Chronique de Paris* d'une quantité de témoins qui auraient dénoncé l'Amazone.

La première (n° 135 de la Procédure) était celle du sieur Angle, dit l'Agrément, logeur rue Bailleul, qui affirme que Reine Le Duc habitait chez lui avec le nommé Cœur-de-Roi, et qu'elle s'est rendue le 5 octobre à Versailles.

Nous avons déjà reproduit la seconde[1] émanant du graveur Lefebvre qui déclare avoir retrouvé le 5, *armée d'un sabre*, et le 6, juchée sur un canon, l'oratrice qui haranguait le 4 octobre la foule au Palais-Royal. Toutefois, mis *au bout d'un an* en présence de Reine Audu, il aurait, d'après Chenaux, déclaré ne point la reconnaître.

La troisième déposition retenue (n° 82) était celle de la garde-malade Jeanne Martin, femme Lavarenne. d'après laquelle « une femme qu'elle ne connaissait pas, mais qui était *armée d'une épée*, dit : — Oui, oui, nous allons à Versailles et nous rapporterons la tête de la Reine au bout d'une épée ». Jeanne Martin, qui habitait le petit hôtel d'Aligre rue Bailleul, connaissait sûrement Audu, mais étant certainement elle-même une des lieutenantes de Maillard, elle ne voulut pas dénoncer sa voisine.

Le dernier témoignage (n° 83) semble un peu plus probant : il émane de Madeleine Glain, faiseuse de ménages, épouse de François Gaillard. « Une femme,

[1] Voir p. 12.

dit-elle, qu'elle sait être une femme du monde [1] et *qui a depuis demeuré chez L'Agrément* a dit qu'elle allait à Versailles pour en rapporter la tête de la Reine, cette femme fut fort réprimandée par les autres ; qu'arrivées aux avenues de Versailles, cette même femme a arrêté un Garde du Roi qui était à cheval, auquel elle a dit beaucoup d'injures, le menaçant d'une *mauvaise épée rouillée* qu'elle avait à la main ; que ce Garde du corps lui dit qu'elle était une malheureuse, et, pour lui faire lâcher la bride de son cheval qu'elle tenait, lui porta un coup dont elle fut blessée au bras. »

Le rapprochement de l'interrogatoire de Reine Audu et de ces quatre dépositions permet de reconstituer en partie les charges retenues contre elle ; il montre que les conseillers du Châtelet avaient cru pouvoir identifier Reine Audu avec l'oratrice du Palais Royal et la femme de la rue Bailleul qui se rendit à Versailles armée d'une mauvaise épée [2], pour en rapporter la tête de la Reine, ameuta les femmes, distribua de l'argent et fut blessée d'un coup de sabre à la main pendant qu'elle se cramponnait aux rênes du cheval d'un Garde du corps.

Les Parisiennes n'avaient traîné à Versailles que deux ou trois pièces de canon ; mais à leur retour, toutes les gravures de l'époque nous montrent au moins quatre ou cinq d'entre elles juchées à cali-

---

[1] Voir la note [1] page 258.

[2] La plupart des femmes partirent sans autres armes que des bâtons ; un très petit nombre seulement portaient des piques.

fourchon sur chacun des quatorze (ou vingt-deux) canons de la milice parisienne. Le dernier renseignement fourni par Lefèvre paraît un peu vague, puisque Reine Audu partagea cet honneur avec nombre de ses compagnes, mais comme elle avait la langue bien pendue et prit la parole à l'Assemblée nationale, le Châtelet l'identifia avec l'oratrice du Palais Royal.

Autre présomption : Reine Audu fut légèrement blessée à la main dans les mêmes circonstances et à la même heure que la mégère qui se vantait, d'après Madeleine Gaillard et bien d'autres témoins, d'aller chercher la tête de la Reine. Aussi Chenaux, d'habitude démesurément prolixe, glisse avec une rapidité remarquable sur la quatrième déposition, et insiste sans cesse « sur ce que la *seule* personne du Roi peut être l'objet d'un crime de lèse-nation », thèse que Mirabeau avait soutenue, dès le 5 Octobre, en proposant à l'Assemblée de décider que la personnalité du Roi était seule sacrée. Chenaux semble ainsi reconnaître implicitement que sa cliente faisait partie de l'aimable groupe de citoyennes qui ne cessaient de réclamer « les tripes de l'Autrichienne et les tronches des Gardes du Corps ».

D'autre part, Audu, qualifiée parfois d'ancienne combattante de la Bastille (?), avoue qu'elle connaissait très bien Maillard, et ajoute même ce propos passablement compromettant pour elle, « qu'il peut certifier de sa sagesse et de sa *bravoure* pendant *toute* la journée ». On verra un peu plus loin que la Municipalité parisienne décerna à Audu une épée d'honneur en récompense « des services qu'elle a rendus à la Patrie dans la journée du 4 *au* 5 *octobre* (sic)[1]. »

Aussi n'hésitons-nous pas à reconnaître notre héroïne dans la Prêtresse, Lieutenante, Capitaine ou Générale qui criait sans cesse à ses compagnes : — Marchez donc ! sans cœur ! Cette femme montrait, raconte Rétif de la Bretonne, une partie de ses charmes et ne s'en embarrassait guère, elle ajouta même, dit-on : — Ce sera pour le grenadier qui fera le mieux son devoir. » Ce propos ne semble pas autrement déplacé dans la bouche de celle qui se vantait devant les conseillers « d'être une bonne p... qui avait toujours fait son métier avec honneur ».

Ce fut également Audu qui avec sa *mauvaise épée*, chercha à transpercer le Suisse des Tuileries et poursuivit à Versailles dans l'avenue de Paris le page de Lastours. Fut-elle également la « caissière » de l'insurrection, comme le prétendent Magloire Robert et George Duval ? Aucun document ne le prouve ; toutefois, puisqu'il y eut de nombreuses distributions d'argent, il semblerait bien invraisemblable qu'une des principales organisatrices n'y ait point pris quelque part.

Audu n'eut jamais sans doute à sa disposition 250.000 livres, mais nous ne sommes pas forcé de la croire quand elle prétend qu'elle n'avait, le 5 Octobre, dans sa poche que trois sols et six deniers. Son insis-

---

[1] Voir p. 345.

tance à parler du maigre contenu de sa bourse prouve que les Conseillers du Châtelet l'inculpaient d'avoir soudoyé des complices.

D'après l'interrogatoire qu'il fit subir à sa prisonnière, le Châtelet devait en outre lui reprocher d'avoir guetté Mounier une partie de la nuit devant la porte de sa maison et, d'après l'*Orateur du peuple* (1791, n° 48), elle était encore accusée « d'avoir coupé la tête à un Garde du corps le jour de l'escarmouche de Versailles ».

Cent autres femmes avaient vomi contre la Reine les mêmes injures ou brandi des armes plus ou moins meurtrières. Somme toute, question d'éducation à part, la conduite de Reine Audu ne se différenciait pas sensiblement de celle de Maillard réputé alors le « modèle des patriotes », et qui exploita le 5 Octobre un peu à la façon de Palloy qui trouva moyen de battre monnaie avec les pierres de la Bastille.

Vers le milieu d'octobre, le Comité des Recherches de l'Assemblée enjoignit au Châtelet « de ne plus donner cours à aucune des instructions relatives aux crimes de lèse-nation parce qu'elle doit incessamment s'occuper de l'organisation de la Haute-Cour nationale pour juger les dits crimes[1] ». Le 28, profitant d'un débat sur les attributions de la Cour de Cassation, Robespierre vint déclarer : « Vous avez une disposition plus pressante, plus importante à

---

[1] *Gazette universelle.*

prendre en ce moment. Il existe un tribunal inconstitutionnel et frappé de la haine de tous les bons citoyens. Vous ne pouvez pas laisser subsister le Châtelet. Je demande que, sur-le-champ, il soit supprimé! (*On applaudit*)[1]. »

Moins exigeant, Le Chapelier proposa de n'enlever au tribunal que la connaissance des crimes de lèse-nation et, sur l'heure, les députés, malgré l'abbé Maury, décrétèrent « que l'attribution donnée au Châtelet de juger les crimes de lèse-nation est révoquée, et, dès ce moment, toutes procédures faites à cet égard par ce Tribunal sont et demeurent suspendues ».

Faute de juges compétents, l'instruction engagée contre Reine Audu se trouva ainsi complètement arrêtée, et aucune magistrature ne se trouva même plus compétente pour lui rendre la liberté.

Regnaud de Saint-Jean-d'Angély eut beau, dès le 16 novembre, demander la création d'un tribunal provisoire « auquel on attribuerait la commission de confirmer les jugements criminels du Châtelet, parce qu'on ne peut plus contenir les prisonniers qui réclament *un jugement ou la mort* », les députés, sur la remarque de Prieur qu'il était impossible d'organiser un tribunal dont on n'avait aucun élément, passèrent à l'ordre du jour.

L'Assemblée nationale finit pourtant par voter le 5 mars 1791 « qu'il serait établi provisoirement à Orléans un tribunal commis pour instruire et juger

---

[1] *Archives parlementaires,* XX.

en dernier ressort les affaires criminelles qui ont été
renvoyées jusqu'à présent aux tribunaux successivement désignés pour prononcer sur les crimes de lèse-
nation... »

A la nouvelle que sa cliente, au lieu d'obtenir enfin
sa mise en liberté, allait simplement être traduite
devant un autre tribunal, Chenaux entreprit de nouvelles démarches, et remit le 13 avril, au ministre
de la Justice la requête suivante : « Victime du pouvoir judiciaire, détenue depuis sept mois dans les prisons de la capitale, je gémissais en silence sous le
poids des fers qui m'enchaînaient dans l'espérance
qu'ils allaient être brisés, lorsque, tout à coup, je me
suis vue accablée de nouveaux malheurs... Depuis la
création du tribunal d'Orléans, ce n'est plus qu'à ce
tribunal que je puis espérer d'obtenir ma liberté et y
jouir de la faculté d'y faire entendre mes réclamations
et d'y être jugée...

« Entraînée dans mon quartier et en présence de
tous mes voisins par une horde de femmes qui se
disaient aller à Versailles pour obtenir de la clémence
du Roi quelques soulagements aux maux du peuple, je
partis le 5 Octobre 1789 sans intention, sans réflexion
n'ayant que 3 sols 6 deniers dans ma poche... Aucune
personne enfin n'a annoncé par quelle trame et quel fil
on serait parvenu à me pratiquer et à me gagner[1]. »
Audu se plaint également, si on la transfère à Orléans,
de se trouver séparée de son généreux conseil.

[1] Arch. nat., BB¹⁶ 701.

Chenaux terminait un autre Mémoire adressé au ministre de la Justice par cette observation : « ...La nommée Audu est la seule arrêtée, et ce sera beaucoup de dépenses pour une affaire qui a déjà trop coûté. » Pour n'être pas juridique cet argument avait sa valeur ; le duc d'Orléans répondit devant Duveyrier à La Clos qui trouvait exagérée la somme de deux mille écus payée pour se procurer une copie secrète de la Procédure : « Ce n'est même pas l'intérêt de ce qu'elle a coûté ! »

Duport répondit le 14 mai : « C'est au Corps Législatif seul qu'il appartient de prononcer sur la réclamation de votre cliente, et, dès qu'il n'a pas accueilli la requête qu'elle a présentée au mois d'octobre, je ne puis ni ne dois me mêler de cette affaire[1]. » Une pièce datée du mois d'avril porte : « L'instruction contre Reine Le Duc n'est pas terminée[2] ».

Repoussé par l'Assemblée, éconduit par le Ministre, Chenaux recommença dans les clubs une nouvelle campagne en faveur de la prisonnière. « Au mois de juin de cette année, dit-il dans le factum intitulé *A tous les Citoyens dignes de ce nom*, le club des Cordeliers, ayant appris ses malheurs, s'empressa de lui procurer secours et consolations ; mais dans le moment où il s'occupait de l'arracher aux fers, arriva l'événement de la fuite du Roi, ensuite le massacre du Champ-de-Mars qui dispersa pour quelque temps les Sociétés patriotiques, et empêcha la sortie de la

---

[1] Arch. nat., BB¹⁰ 704.
[2] Arch. nat., BB³ 19.

procédure de l'antre du Comité des Rapports, pour la faire porter à un Tribunal dont elle pût obtenir justice... »

Au mois de juillet 1791, la Haute-Cour d'Orléans [1] ne se trouvait point encore saisie de la « poursuite des crimes commis au Château de Versailles, ni de la conjuration de Septembre » ; c'est Duveyrier, l'avocat du duc d'Orléans, qui nous l'apprend, et d'après le *Compte rendu des travaux de la Haute-Cour*, il paraît certain qu'elle ne le fut jamais. Aussi Reine Audu en quittant la prison du Châtelet, au mois de janvier 1791 [2], fut-elle écrouée à la Conciergerie ; un brouillon portant la liste des inculpés justiciables de la Haute-Cour porte « la fille nommée Renne (*sic*) à la Conciergerie [3] ».

[1] Ce tribunal provisoire, installé le 25 mars 1791, fut dissous le 26 octobre suivant et une nouvelle Haute-Cour le remplaça l'année suivante. Ses archives ne renferment aucune pièce concernant Audu.

[2] *L'Orateur du peuple*, IV, n° 48.

[3] Arch. nat., BB³ 19.

CHAPITRE XVII

MISE EN LIBERTÉ DE REINE AUDU
HONNEURS QU'ELLE REÇOIT. — SA CONDUITE AU 10 AOUT
SES DERNIÈRES AVENTURES

La malheureuse Amazone finit par sortir enfin de prison le 16 septembre 1791, grâce à l'amnistie générale votée la veille sur la proposition de La Fayette. « Toutes procédures, avait décrété l'Assemblée nationale, instruites sur des faits relatifs à la Révolution, quel qu'en puisse être l'objet, et tous jugements intervenus sur de semblables procédures sont irrévocablement abolis. » On n'attendit même pas pour rendre à Reine Audu la liberté que la loi fût sanctionnée.

L'infatigable Chenaux avait remis le 13 septembre au Comité de Constitution l'adresse suivante. « Messieurs, au moment où vous rédigez une loi de paix et de calme, permettez que je rappelle à votre ressouvenir une victime de la Révolution. Reine Audu, pour laquelle j'ai présenté à l'Assemblée nationale une requête le 24 octobre de l'année dernière, gémit dans les prisons depuis un an sous le prétexte de la monstrueuse procédure faite pour l'affaire des 5 et 6 Octobre 1789. Si elle n'a pu avoir justice, faites au moins qu'en ce moment elle obtienne grâce, et daignez comprendre cette procédure dans l'anéantissement de toutes celles que vous vous proposez de faire anéantir... »[1]

La mise en liberté de sa cliente ne satisfit pourtant pas plus son défenseur que ne l'avait été Duveyrier de voir le duc d'Orléans refuser de poursuivre le Châtelet. Les termes mêmes de l'amnistie l'empêchaient, hélas! d'entamer tous les beaux procès en dommages-intérêts qu'il avait toujours espéré pouvoir engager au nom de l'Héroïne.

Pour se consoler, Chenaux continua à noircir beaucoup de papier, et s'empressa de rédiger le factum intitulé *Aux Citoyens dignes de ce nom*, où il reconnaissait, et même exagérait outrageusement, tous les faits qu'il avait niés jusqu'alors. «... C'est ainsi, disait ce document dont nous avons déjà reproduit les principaux passages, que la tyrannie enlève à l'opprimée faible les moyens de réclamer contre ses persécuteurs, et celle à qui les Athéniens eussent accordé le Prytanée, a la douleur de ne devoir la liberté qu'à un décret décerné pour sauver les coupables! Ce décret, en lui enlevant la faculté de se pourvoir contre ses oppresseurs, a donc substitué pour elle, à un état horrible, une détresse qui était moins difficile à peindre que douloureuse à exprimer, quand les Amis de la Constitution ont répandu sur les plaies de cette infortunée victime de l'amour de la patrie le baume de la bienfaisance. Une pétition a été adressée par elle

[1] Arch. nat,. D. IV, 49 (1420).

à l'Assemblée nationale... qui n'a point encore prononcé sur sa demande... »

Avant de venir lire cette nouvelle pétition à la barre de l'Assemblée le 29 janvier, Chenaux avait pris la précaution de la faire signer par trois cents citoyens actifs : « Parmi les Journées célèbres de la Révolution, déclama-t-il, dont l'histoire fidèle conservera le ressouvenir à la postérité, celle du 5 Octobre 1789 sera mise au premier rang... L'homme sensible versait des pleurs sur les suites de cette victorieuse journée, sur le sort de ces hommes rebelles qui se révoltèrent contre la volonté générale et devinrent les victimes de leur impardonnable erreur, lorsque les ennemis de la Révolution s'emparèrent du glaive de la justice, et, couverts de son égide, n'en faisaient plus jouer les ressorts que pour servir leur impitoyable vengeance et persécuter les fondateurs de la Liberté.

« Vous en avez frémi d'horreur, mais, ce dont vos cœurs sensibles ne se rappelleront point sans intérêt, c'est que des *300.000 âmes* qui se sont transportées à Versailles, Reine Audu, neuvième enfant d'une mère de soixante-dix-huit ans, enlevée de ses bras, fut la seule enfermée sous la voûte d'un cachot obscur pour s'être distinguée par sa fermeté et son civisme à maintenir l'ordre dans ce jour de chaos... Couchée sur la paille, nourrie au pain et à l'eau, obligée de se priver d'une partie de sa nourriture pour se procurer du tabac, elle serait morte de misère sans le secours de quelques âmes patriotes et bienfaisantes.

« Sa captivité s'est perpétuée onze mois au delà de

l'époque où l'Assemblée nationale a déclaré qu'il n'y avait pas lieu à inculpation contre MM. Mirabeau et d'Orléans, comme si le même décret, qui déclarait qu'il n'y avait pas délit, ne devait pas également mettre hors de cause ceux qui ne pouvaient en être que les complices !

« Une seule chose étonnera la postérité... c'est qu'une réparation ostensible ne soit pas venue décerner la couronne civique à celle qui s'était si généreusement conduite et avait fait tant de sacrifices pour la patrie. Ce que la postérité surtout se refusera de croire, c'est qu'elle n'ait obtenu sa liberté que par l'effet d'une amnistie qui couvre de honte tous ceux qu'elle lave ! et, comme si tous les malheurs devaient s'appesantir sur cette infortunée, ce décret lui ôte encore la terrible consolation de poursuivre ses ennemis et d'obtenir contre eux la juste réparation du préjudice qu'ils lui ont causé.

« Législateurs !... La nature, qui doit se glorifier de lui avoir donné le jour, pourrait-elle souffrir qu'elle gémisse sous le poids de la misère pour avoir si courageusement combattu pour la Liberté !... Ce que les circonstances n'ont pas permis à vos prédécesseurs de faire, vous appartient ; votre humanité, votre patriotisme vous y obligent... Vous aimerez à avouer qu'elle a bien mérité de la Patrie et qu'elle a droit à ses bienfaits.

« Les pétitionnaires soussignés vous conjurent donc, au nom de la justice, de l'équité et de leur amour pour la Révolution, de voter des secours en faveur de Reine-

Louise Audu ; ils vous attestent le besoin qu'elle en a, et l'utile emploi qu'elle veut en faire. »

Reine Audu ne devait pourtant pas se trouver dans une bien grande misère, car beaucoup de citoyens s'étaient occupés d'elle depuis sa sortie de prison. Prudhomme, ayant ouvert dans les *Révolutions de Paris* une souscription destinée à élever un monument en l'honneur de Rousseau, avait déjà recueilli près de quinze cents livres, quand l'Assemblée nationale décréta de faire ériger aux frais de la Nation une statue à l'auteur du *Contrat Social*. Renonçant alors à son idée, le fougueux journaliste proposa, le 19 novembre 1791, à ses souscripteurs de diviser leurs offrandes en trois parties égales, d'en donner une aux soldats de Château-Vieux, une autre « aux veuves et aux orphelins des patriotes immolés à Avignon », enfin de remettre la dernière à Reine Audu « qui contribua à rassurer les représentants de la Nation, à ranimer leur zèle et à les mettre à l'abri des perfidies de la Cour. C'est au dévouement de cette femme étonnante que Paris dut la cessation de la famine et l'avortement des plus noirs complots contre la Constitution et la Liberté... »

Tous les donataires consentirent : Louis Pio, l'ancien secrétaire du Cercle Social et l'ami d'Etta Palm appela Audu la Clélie des Parisiennes et le citoyen Marigny Follet proposa même de lui offrir la somme tout entière.

Quatre mois plus tard, le 18 mars 1792, le club des Jacobins décida, « sur la demande motivée de

MM. Collot d'Herbois et Broussonnet, qu'une contribution volontaire serait accordée à Reine Audu, victime des Journées des 5 et 6 Octobre. » En fin de séance, le secrétaire annonça « que la collecte avait produit une somme de 357 livres et 5 sols qui serait remise à Mlle Le More pour qu'elle la fasse agréer à cette infortunée ».

La citoyenne Lemore ou Lemort était une « demoiselle respectable » qui avait recueilli Reine Audu dans son logement situé au numéro 5 de la rue des Vieilles-Garnisons[1] et « partageait avec elle sa subsistance[2]. Cette amie dévouée[3] retourna le 9 mai aux Jacobins « rendre compte de l'honneur que Reine Audu a reçu de la Municipalité qui lui a donné une épée en reconnaissance de son patriotisme. Jamais, dit cet orateur, Audu n'emploiera cette arme que pour le service de la patrie »[4].

Le 5 avril précédent, plusieurs citoyens vinrent en effet « rappeler au Conseil général[5] les services rendus à la patrie dans la journée du *quatre au cinq* octobre par une femme qu'ils ont présentée à l'Assemblée, Reine Audu. Ils ont demandé par leur pétition que le

---

[1] Cette rue se trouvait sur l'emplacement actuel du bazar de l'Hôtel de ville.

[2] *Révolutions de Paris*, 19 novembre 1791.

[3] Mlle Le More présenta l'année suivante à la Commune les *victimes* de l'insurrection d'Étampes, lit « un discours simple et touchant », puis une collecte qui produisit six cents livres (*Courrier des 83 départements*, 12 septembre 1792).

[4] Aulard. *Histoire du club des Jacobins*, III, p. 437 et 570.

[5] *Extrait du registre des délibérations du Conseil général de Paris du vendredi 5 avril* 1792.

Conseil Général voulût bien prendre en considération les services de cette citoyenne, les persécutions qui en avaient été le prix, et les besoins qui s'étaient accumulés sur elle ; ils ont demandé que Reine Audu fût décorée d'une épée, et qu'elle reçût en outre des magistrats une pension viagère convenable à celle qui doit la recevoir, et au peuple qui doit la donner.

« M. le Maire, répondant aux pétitionnaires, a dit : Messieurs, l'Histoire nous offre des exemples fréquents de femmes d'un grand courage. Si, dans le cours paisible de la vie, nos usages et nos mœurs les éloignent du bruit des camps et de la fureur des combats, dans le moment du danger, lorsque la patrie est en péril, elles ne sentent pas moins qu'elles sont citoyennes... Quelle influence n'a pas sur les plus grands événements des empires un sexe que la nature a comblé de tous ses dons !...

« Reine Audu, vous avez échappé à l'esclavage de l'éducation de votre sexe ; vous avez déployé une grande énergie, vous avez rendu d'importants services, la persécution en a été le prix. Les magistrats du peuple, dont les plus belles fonctions sont de réparer les injustices, de récompenser les bonnes actions, sensibles à vos malheurs, prendront votre demande en considération. — Reine Audu et les pétitionnaires ayant pris séance sur l'invitation de M. le Maire, le procureur de la Commune a requis qu'il fût à l'instant délibéré sur la pétition. »

Une discussion s'engagea aussitôt entre les admirateurs de l'Amazone qui voulaient immédiatement accorder satisfaction aux pétitionnaires et les membres du Conseil, moins enthousiastes, qui proposaient simplement de nommer des commissaires « pour examiner la nature des services de Reine Audu et proposer le genre de récompense ». La légende de ses exploits n'était donc point, même à cette époque, admise sans quelques réserves.

Finalement le Conseil donna satisfaction à tout le monde en décidant de remettre à l'héroïne une épée d'honneur dans une de ses premières séances, et de nommer deux commissaires, MM. Hurel et Boucher-René, pour examiner « les moyens qui leur paraîtraient les plus convenables pour récompenser Reine Audu et la faire jouir d'une pension proportionnée à ses services et à ses besoins ». Nous ignorons les résultats de cette enquête.

Vers la même époque, la Société Fraternelle des Minimes admit l'héroïne au nombre de ses membres, et le club des Enragés suivit cet exemple [1].

Professionnelle des émeutes, Reine Audu prit une part active à la Journée du 10 Août, et reçut en combattant une balle dans la cuisse. « Les Fédérés, raconte le *Moniteur* du 3 Septembre 1792, viennent de décerner des couronnes civiques à Mlles Lacombe [2], Théroigne et Reine Audu qui se sont distinguées dans la Journée du 10 Août. »

---

[1] *Histoire des Jacobins depuis 1789 jusqu'à nos jours.* 1820.

[2] Nous avons raconté l'histoire de cette autre héroïne de la Révolution dans l'*Histoire des Clubs de femmes et des Légions d'Amazones.*

La Biographie moderne, publiée en 1815, prétend que « plusieurs soldats suisses furent immolés de sa main ». En tous cas, les mégères des faubourgs se firent remarquer par leur acharnement : « Les femmes Lavarenne et Tournay, raconte Bailly dans ses *Mémoires*, renversèrent tout ce qui se trouvait sur leur passage, faisaient un carnage de Suisses épouvantable, et méritaient que la Commune leur décernât des médailles. »

« On voyait, dit le comte de Paroy, des groupes de femmes, vraies furies dont quelques-unes portaient des têtes au bout de manches à balai. Chacun s'écartait avec des signes d'horreur de ces forcenées qui avaient endossé les habits des Suisses en façon de spencer. Elles s'arrêtaient à chaque marchand de vin, les forçant de les servir à boire et disant que la nation les payerait. Cela était horrible à voir. »

A défaut de renseignements plus précis sur le rôle de Reine Audu dans la prise des Tuileries, les Archives nationales[1] possèdent un certificat médical de sa blessure : « Je soussigné, médecin, professeur de chimie, de matière médicale et de pathologie, certifie que la citoyenne Renée-Louise Audu porte au pli de la cuisse gauche, vers le milieu des muscles abducteurs, une cicatrice qui provient d'un coup d'arme à feu qu'elle a reçu dans l'affaire du 10 Août; que, dans les temps pluvieux, elle ressent encore des douleurs qui lui reviennent dans cette partie et qui la mettent hors

[1] F¹⁵ 3274.

d'état de sortir de sa maison ; que, par conséquent, elle a droit aux récompenses promises d'après la loi. Ce 13 novembre 1792. F. Leyménie. »

La Section de 1792 lui délivra cette autre attestation : « Nous soussignés, citoyens et citoyennes de la Section de 1792, chargés par l'Assemblée Législative de surveiller les soins à donner aux blessés qui se sont présentés à notre section pour y recevoir les soins qu'exigeait leur état, nous y avons distingué la citoyenne Louise-Reine Audu qui avait la cuisse traversée d'un coup de balle ; que, pendant quinze jours, nous lui avons administré tous nos soins, et que nous lui avons procuré, comme à une bonne patriote, tous les secours qui dépendaient de nous et que pouvait procurer notre section dans une circonstance et pour une action aussi méritante que celle du 10 Août qui nous a procuré l'abolition de la royauté et la souveraineté du Peuple... Ce 28 novembre an I de la République Française. » Cette pièce est signée par la femme Larrivée et par quatorze autres personnes.

Le visa des commissaires de la Section, daté du 4 Décembre, nous apprend que Reine Audu avait habité l'hôtel garni Sainte-Catherine, 42 rue Saint-Germain-l'Auxerrois, du commencement de juillet au 8 septembre, mais qu'elle demeurait alors rue de la Joaillerie. (Cette rue se trouvait sur l'emplacement actuel de la place du Châtelet.)

Le 26 octobre, Reine Audu demanda aux Jacobins « l'appui de la Société pour obtenir de l'emploi dans les armées. Sa pétition est appuyée par Bentabole ; la Société lui donne deux commissaires »[1].

Tout le monde s'occupait alors de l'héroïne : le 17 novembre, Pétion écrit au trésorier de la Section de 1792 : « Je connais déjà, citoyens, les soins particuliers qu'a déjà éprouvés de votre part la brave citoyenne Reine Audu à la suite de la blessure qu'elle avait reçue dans la Journée du 10 Août. La récompense à laquelle son patriotisme distingué lui donne droit de prétendre n'a pu être déterminée, et elle éprouve dans cette attente les atteintes des plus ardents besoins. Je vous conjure, citoyens, de vouloir bien encore vous intéresser à son sort... En mon particulier, je me féliciterai d'avoir à partager la reconnaissance de la citoyenne Audu[2]. »

La Convention n'aimant guère voir de femmes dans les armées, la belliqueuse Amazone dut se contenter d'une place de gardienne des magasins de farine de la rue de Seine-Saint-Victor (actuellement rue Cuvier). Dès lors on cessa de s'occuper d'elle, et sa popularité s'évanouit. Le beau mérite d'ailleurs d'avoir ramené à Paris un tyran[3], alors qu'on regrettait de ne pouvoir en guillotiner qu'un seul, et que plus d'un héros du 10 Août allait même, sans tarder, faire connaissance, comme de vulgaires aristocrates, avec le *Rasoir national !*

---

[1] Aulard. *Histoire du club des Jacobins,* IV, p. 447.

[2] Bibliothèque nationale, Mss. N. A. 2660 (f° 86).

[3] « Mesdames, disait dès le mois de juin 1791 *Les Révolutions de Paris,* ne vous vantez pas tant ; vous ne nous avez pas fait un si grand cadeau. »

Malgré l'ingratitude de ses concitoyens, le zèle patriotique de Reine Audu ne se ralentit point : le 5 juin 1793, elle dénonce au Comité Révolutionnaire de la Section du Finistère un nommé Félix-Moïse Worms, déclarant « qu'étant au magasin à farine dans l'exercice de ses fonctions, elle a aperçu un particulier décoré de deux épaulettes et d'un habit bleu orné d'un grand sabre à la hussarde qui lui a paru suspect, et a couru sus pour l'arrêter. En a été empêchée par un particulier qu'elle a traduit devant nous et dont elle a été invectivée »[1].

Le citoyen Worms, marchand forain, déclara n'avoir vu aucune personne avec des épaulettes d'argent «... et à lui demandé ce qu'il avait répondu à la citoyenne lorsqu'elle l'avait interpellé de l'aider à arrêter un particulier suspect, a répondu : — Est-ce moi que vous demandez à arrêter ? — déclare qu'alors la citoyenne armée René (*sic*) Audu lui a dit : — Est-ce que vous êtes aristocrate ?... — puis elle lui a demandé sa carte de citoyen... »

Finalement les commissaires donnèrent tort à Reine Audu et relâchèrent ce bon citoyen qui devait monter la garde le lendemain. On ne croyait même plus au témoignage de celle « qui, selon Prudhomme, avait sauvé l'Assemblée des perfidies de la Cour! » Après ce minime incident, qui montre surtout le danger qu'il pouvait y avoir à cette époque à se promener dans les rues, nous perdons pendant deux ans toute trace de Reine Audu.

[1] Arch. nat., F⁷ 2517 (f⁰ 17).

Nous la retrouverons en thermidor an III prisonnière à Sainte-Pélagie, mais ignorons malheureusement les motifs de son incarcération. Sans doute se trouva-t-elle compromise dans les Journées de Prairial ; « *Jeanne* Leduc, déclare Nodier l'annotateur des *Mémoires de Georges Duval*, a paru dans les Journées d'Octobre, à celle du Champ de Mars ; elle a égorgé les Suisses au 10 Août, massacré dans les prisons au 2 Septembre. On la retrouve au 2 Prairial parmi les mégères qui vinrent assièger le Convention, et on la voit enfoncer un couteau dans le cadavre du député Féraud. On l'arrête, et elle déclare sans hésiter que la veille elle s'est présentée chez Boissy d'Anglas dans l'intention de le tuer. Cette misérable fut enfermée à la Conciergerie d'où elle sortit après le 13 Vendémiaire. » [1] Seulement, comme cet auteur, outre de nombreuses inexactitudes, la confond évidemment avec Aspasie Carlemigelli — qui d'ailleurs fut guillotinée — son témoignage ne présente pas grande valeur ; toutefois, comme un grand nombre de femmes prirent part à l'envahissement de la Convention, cette explication de la détention d'Audu paraît assez plausible, étant donné le caractère belliqueux de l'Héroïne du 5 Octobre et du 10 Août.

Le 24 thermidor (11 août 1795), un secrétaire de la Convention donna lecture d'une pétition de la prisonnière « dans laquelle elle expose les services

[1] Nous avons déjà fait remarquer qu'Audu se trouvait en prison lors du pillage du château de Bellevue et de l'émeute du Champ de Mars et que la blessure dont elle avait été atteinte le 10 Août dut l'empêcher de prendre part aux massacres de Septembre.

qu'elle a rendus à la Patrie, et demande sa mise en liberté ». Cette requête, renvoyée au Comité de Sûreté générale, a malheureusement disparu, et les Archives nationales ne possèdent plus que l'ordre de son élargissement : « Du 19 fructidor (5 septembre) le Comité arrête, vu les motifs d'arrestation de la citoyenne Audu, qu'elle sera mise à l'instant en liberté, et que les scellés seront levés[1]. »

Nous n'avons pu découvrir ce qu'elle devint ensuite. En 1802, Roussel, dans *Le Château des Tuileries*, déclare : « Sa tête s'était perdue pendant sa détention, et elle est morte folle à l'hôpital en 1793. » Cette date est manifestement erronée, mais Roussel a pu ne pas se tromper en racontant qu'elle avait perdu la raison. Ce serait une seconde explication de son dernier emprisonnement; et on pourrait également admettre que son exaltation révolutionnaire la conduisit à la folie comme Théroigne, comme Aspasie Carlemigelli, l'héroïne du 1er Prairial[2].

Si cette explication était exacte, ne serait-il pas vraiment piquant de voir les deux légendaires Héroïnes du 5 Octobre mourir toutes deux misérablement dans un cabanon ?

---

[1] F⁷ 4582.

[2] Charlotte Carlemigelli — dite Aspasie — avait été enfermée comme folle dans sa jeunesse. Elle voulait à toute force être guillotinée ! Au lieu de l'envoyer à la Salpêtrière, après un an d'hésitations, d'étranges juges firent droit à son singulier désir.

TABLE DES MATIÈRES

PREMIÈRE PARTIE

LES LÉGENDES DU 5 OCTOBRE

Chapitre I. — Le départ des Parisiennes fut-il spontané ? — Paris manquait-il de pain ? 1

Chapitre II. — Nombre exact des manifestantes 22

Chapitre III. — Composition et exploits de l'armée des Parisiennes (Poissardes soudoyées ; ménagères crédules ; bourgeoises recrutées de force ; coupe-jarrets des faubourgs et hommes déguisés en femmes). 28

Chapitre IV. — Mésaventures héroï-comiques des volontaires de la Bastille 99

Chapitre V. — Prouesses de Reine Audu... ou de la milice versaillaise 108

Chapitre VI. — Victimes réelles et imaginaires. 116

Chapitre VII. — Rôle de La Fayette. 140

Chapitre VIII. — Causes du succès de la Journée révolutionnaire du 5 Octobre. 154

DEUXIÈME PARTIE

L'ÉMEUTE DU 6 OCTOBRE

Chapitre IX. — L'assaut du Palais. 169

Chapitre X. — Comment périt Jérôme L'Héritier. 205

Chapitre XI. — Excès commis par les émeutiers. — Rétablissement de l'ordre. — Le Roi à Paris. 228

Chapitre XII. — Les « Bonnes Citoyennes du 8 Octobre ». . . 247

TROISIÈME PARTIE

LA PROCÉDURE DU CHATELET

Chapitre XIII. — L'enquête de la Municipalité. — Campagne des Cordeliers contre l'instruction du Châtelet. — Le rapport de Chabroud 265

Chapitre XIV. — L'Assemblée nationale refuse au Châtelet l'autorisation de poursuivre Mirabeau et le duc d'Orléans. — Disparition des assassins des Gardes du corps 295

Chapitre XV. — Arrestation et interrogatoire de Reine Audu . 315

Chapitre XVI. — Captivité de l'Amazone. — Mémoires présentés par son avocat. 326

Chapitre XVII. — Mise en liberté d'Audu. — Honneurs qu'elle reçoit. — Sa conduite au 10 Août. — Ses dernières aventures. 338

ÉVREUX, IMPRIMERIE CH. HÉRISSEY

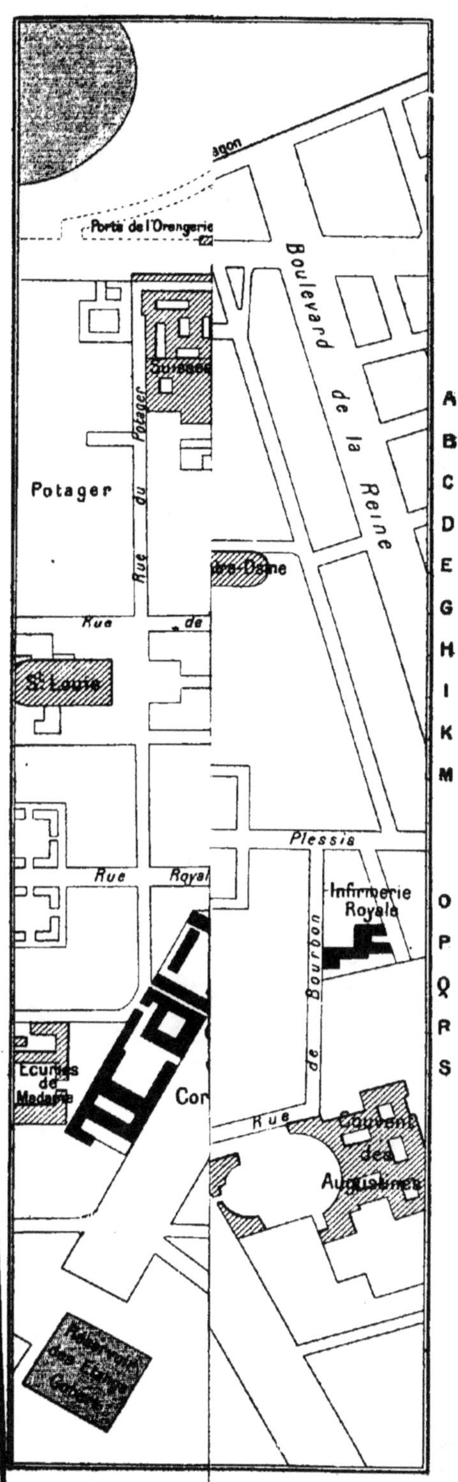

A	Cour de marbre
B	Cour de la Chapelle
C	Cour des Princes
D	Corps de garde des Suisses
E	Corps de garde des Gardes Françaises
G	Ministère de la Guerre
H	Ministère des Affaires Étrangères
I	Hôtel du Contrôleur Général
K	Caserne des Gardes Françaises
M	Hôtel du Garde-Meuble (Municipalité)
O	Gardes du Corps
P	Dragons
Q	Chasseurs
R	Régiment de Flandre
S	Garde Nationale de Versailles

PLAN DE VERSAILLES EN 1789

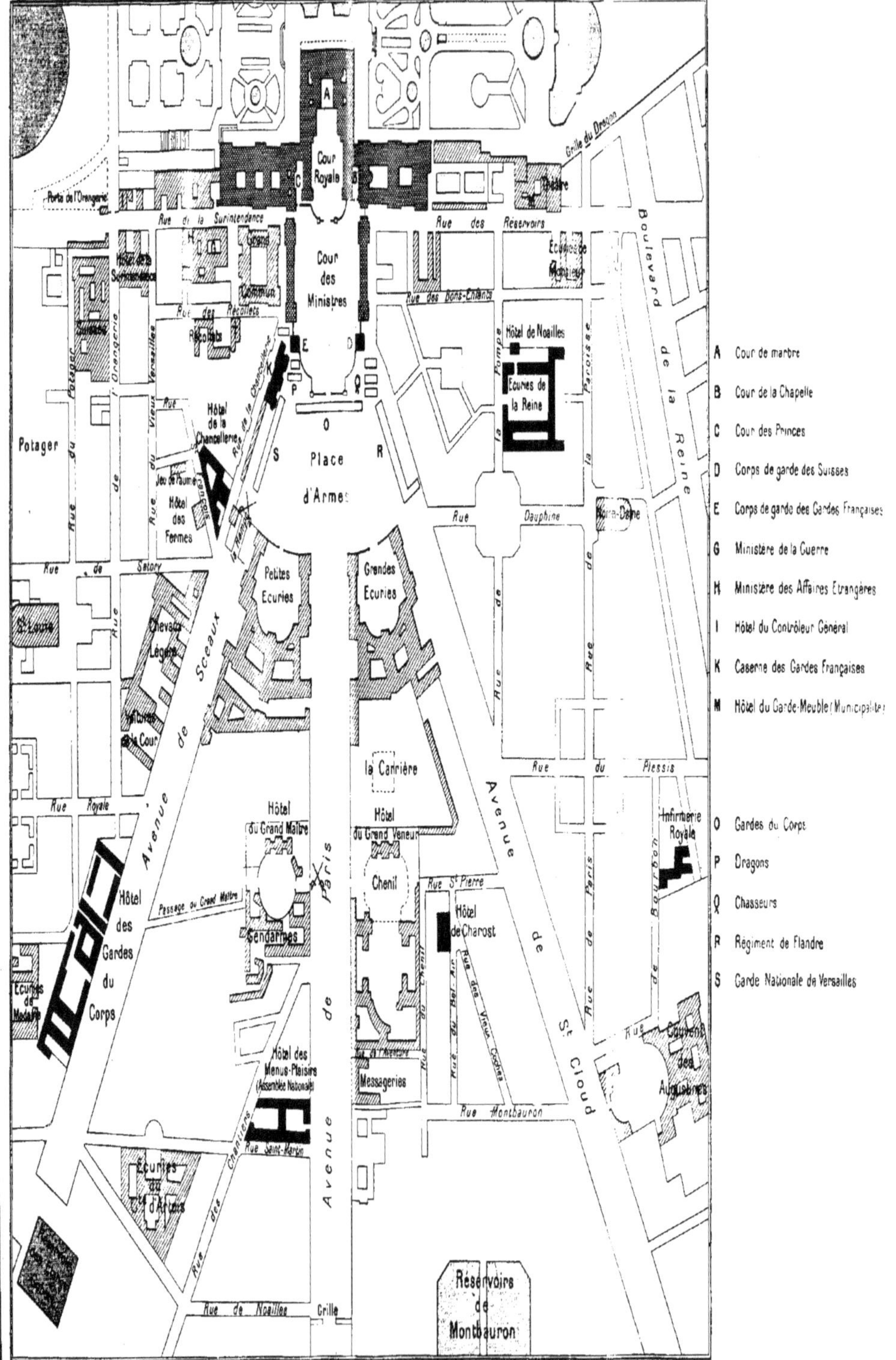

A	Cour de marbre
B	Cour de la Chapelle
C	Cour des Princes
D	Corps de garde des Suisses
E	Corps de garde des Gardes Françaises
G	Ministère de la Guerre
H	Ministère des Affaires Étrangères
I	Hôtel du Contrôleur Général
K	Caserne des Gardes Françaises
M	Hôtel du Garde-Meuble (Municipalité)
O	Gardes du Corps
P	Dragons
Q	Chasseurs
R	Régiment de Flandre
S	Garde Nationale de Versailles

Char

A Escalier de marbre et vestibule.

B Salle des Gardes du Roi

C Antichambre du Roi

D Chambre de Louis XIV

E Salle du Conseil

F Chambre de Louis XVI

G Cabinet de la Pendule

H Cabinet du Roi

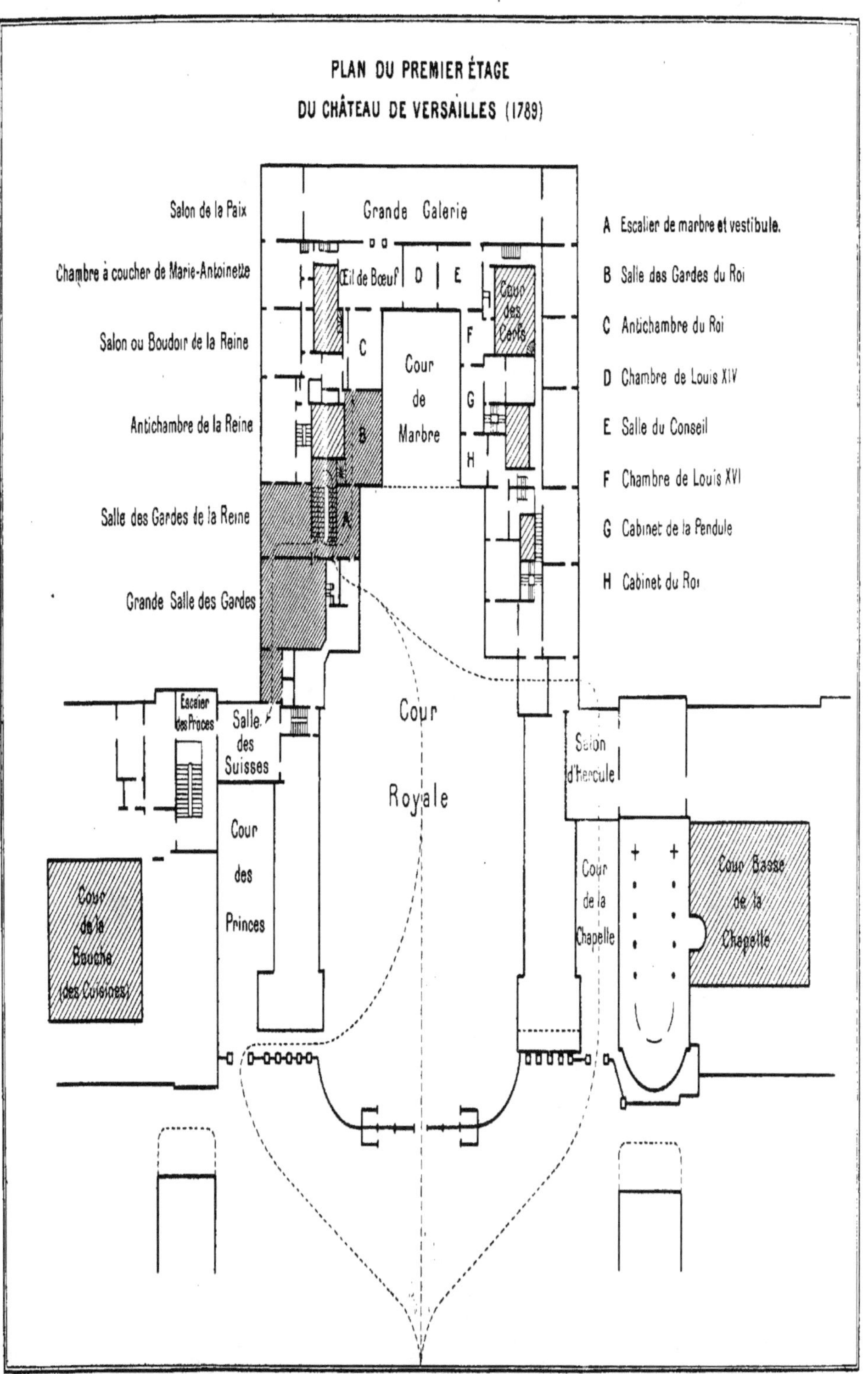

PLAN DU PREMIER ÉTAGE
DU CHÂTEAU DE VERSAILLES (1789)
Salon de la Paix
Chambre à coucher de Marie-Antoinette
Salon ou Boudoir de la Reine
Antichambre de la Reine
Salle des Gardes de la Reine
Grande Salle des Gardes
Grande Galerie
Œil de Bœuf
D
E
C
F
G
H
Cour des Cerfs
Cour de Marbre
B
A
Escalier des Princes
Salle des Suisses
Cour des Princes
Cour de la Bouche (des Cuisines)
Cour Royale
Salon d'Hercule
Cour de la Chapelle
Cour Basse de la Chapelle
A Escalier de marbre et vestibule.
B Salle des Gardes du Roi
C Antichambre du Roi
D Chambre de Louis XIV
E Salle du Conseil
F Chambre de Louis XVI
G Cabinet de la Pendule
H Cabinet du Roi